外语中文译写规范研究
论文集

教育部语言文字应用研究所 组编

商务印书馆
创于1897 The Commercial Press

图书在版编目（CIP）数据

外语中文译写规范研究论文集 / 教育部语言文字应用研究所组编 .—北京：商务印书馆，2024
ISBN 978-7-100-23185-5

Ⅰ.①外…　Ⅱ.①外…　Ⅲ.①外语—翻译—规范—文集　Ⅳ.①H3-53

中国国家版本馆 CIP 数据核字（2023）第 210046 号

外语中文译写规范研究论文集
教育部语言文字应用研究所 组编

商 务 印 书 馆 出 版
（北京王府井大街 36 号　邮政编码 100710）
商 务 印 书 馆 发 行
北京捷迅佳彩印刷有限公司印刷
ISBN 978-7-100-23185-5

2024 年 1 月第 1 版　　开本 787×1092　1/16
2024 年 1 月北京第 1 次印刷　　印张 $15^1/_2$

定价：70.00 元

目 录

第一部分 译写的历时考察

第二部分 译写的方法

第三部分 译写的规范

第四部分 译写的应用

第一部分　译写的历时考察

术语译名的共时性与历时性及其规范化

陈大亮
（天津外国语大学中央文献翻译研究基地）

一　术语翻译与术语译名

术语是学科与行业的专业词汇，是新理论与新技术的主要载体，术语链构成了学科理论体系的骨架。术语翻译在实践方面具有悠久的历史，但在理论方面却是一个崭新的研究领域。“术语翻译实际上是目前术语建设的前沿，同时也是实施术语规范化、标准化须要把守的第一关”（郑述谱，2012：103）。郑先生此言不虚，可谓一语中的。术语翻译在国内并没有得到深入有效的探讨，研究成果也屈指可数。据统计，12年（2000—2011）里的15种核心期刊发表术语翻译的论文总数为114篇，如果以平均数来计算，平均每年每种刊物发表的论文不到1篇。如果把这些文章按照学科领域进行分类统计的话，译学领域23篇，占总数的20.18%，术语学领域19篇，占总数的16.67%，文学术语翻译研究缺失（陈智淦、王育烽，2013：60）。由此可见，术语翻译是一个新的研究领域，其研究现状尚存在很多问题：术语翻译实践者不熟悉术语学理论，不知晓术语翻译规范，误译与乱译现象还很严重。术语翻译研究者只有少数一部分关注术语翻译问题，更谈不上建构术语翻译的理论体系了。术语词典编纂者描写多于规范，一个术语对应多个译名，同一个术语在不同词典里彼此不能统一，让读者无所适从，达不到术语标准化目的；术语使用者缺乏术语意识，对于已规范的术语不遵守统一的译名，对于没规范的术语不知如何选择，盲从困惑现象普遍存在。这些问题在翻译研究领域表现得更为突出，正如方梦之先生说得那样：“任何成熟的学科都有比较完善的术语体系，但任何学科也不能回避术语中存在的问题。作为新兴学科的译学，其术语和术语体系存在的缺陷或不足或许还更多一些。”（方梦之，2011：103）翻译研究作为一门新兴的综合性学科，术语研究尚处于初级阶段，术语建设不成熟是正常现象，我们应该坦然面对这些问题，探索译学术语的翻译问题，以更好地推动学科的发展。

“译名”这个概念看似简单，实则不然。梁启超、严复、章士钊、胡以鲁、朱自清等人都谈论过译名问题，但并没有界定过“译名”这个概念本身的内涵与外延。根据王英姿的研究结果，“典型的译名包括所翻译的各种名称、学科或专门领域的术语或准术语”（王英姿，2007：81）。这样看来，译名既包括专业术语，也包括普通名词，外延比较宽泛。本文研究的对象既不是普通名词，也不是一种语言内的专业术语，而是翻译过来的术语（Translated terms），即术语的译名。任何外来术语的译入与本国术语的译出都会面对术语译名问题。术语译名从跨语言与跨文化的视角凸显了术语背后错综复杂的语言差异、文化差异、思维差异、体制差异、地域差异、行业差异、时空错位差异、意识形态差异等复杂多变的语际转换问题。术语译名问题是一个双语术语学与多语术语学不可回避的研究领域，其复杂性和重要性是不言而喻的。笔者在现有的研究成果基础上把上述问题放在共时性和历时性两个维度构成的坐标系中进行综合考察，选取一些有代表性的译学术语为案例，分析术语译名的共时性与历时性特征，提出术语译名规范化的原则与方法，希望这种研究方法可以从一个新的视角探究术语翻译与学科发展的内在关联性，并为术语的规范化增加新的认识。

二　术语译名的共时性

索绪尔的《普通语言学教程》对术语学研究具有方法论意义，影响了很多术语学家。加拿大术语学家隆多指出：“所谓‘术语’在本质上就是索绪尔所定义的语言符号——由能指和所指组成的语言统一体。”（隆多，1985：19）隆多借助索绪尔的“能指”和“所指”来定义术语，并且用“名称”代替“能指”，用“概念”代替“所指”，可谓是继往开来，颇有创意。奥地利术语学家维斯特认为：“概念在术语学中的优先地位不可避免地导致术语学的语言研究是共时性的。”（维斯特，2011：24）这位现代术语学的奠基人把术语理解为一个专业领域的概念指称系统，指出概念系统是在共时性语言基础上建立起来的，但他没有具体说术语研究的共时性到底指什么。不过，索绪尔说过：“在语言状态中，一切都是以关系为基础的。”（索绪尔，1980：170）语言状态，在索绪尔书中指的就是语言的共时性。借鉴索绪尔、隆多、维斯特等人的研究成果，笔者认为术语译名的共时性，就像语言的共时性一样，也是由关系构成的。既然术语是由概念与名称构成，那么术语的共时性就表现为概念与名称之间的语义关系以及相互对应关系。下面，我们选择典型性译学术语的译名分别从这两个方面展开论述，以客观描写的方法具体讨论术语译名在共时性维度的不同表现。

（一）概念与名称的语义关系

一个术语是由名称与概念构成，名称是语言形式，概念是本质内容。在语义上，概念先于名称，决不能让名称凌驾于概念之上；名称与概念之间表现出理据性，而不是任意性。这种语义关系有两层意思，一是说翻译方法应该遵循概念意义优先于语言形式，二是说选择译名应该依据术语的理据性特点做到名副其实。“术语为名，概念为实，名实相符才能使术语具备科学性”（孙迎春，2009：165）。

在翻译研究中，术语分为源术语与目标术语，两者在结构和语义上拥有同术语一样的性质。译名实质上就是目标术语的另一种说法，其结构也是由名称与概念构成，其语义也遵循“概念先于名称”的术语学原则。这个原则是隆多在《术语学概论》一书中提出的，对于术语翻译应该采取什么方法具有重大的参考价值。概念先于名称是什么意思呢？根据隆多的说法：“术语的语义外延是根据所指的关系而不是根据能指的关系而定义的。术语学家从概念（所指）出发去思考这个概念的名称（能指）是什么。”（隆多，1985：19）正是这一点把专业术语符号与普通词汇符号区别开来，因为前者的形成遵循从所指到能指的顺序，而后者的形成遵循从能指到所指的顺序。这种看似无关紧要的顺序却对术语译名的方法产生重要的影响。请看实例分析：

目前，译学术语 abusive fidelity 有很多译名，主要有：妄想的忠实、泛滥的忠实、放纵式的忠实、反常的忠实、出格的忠实、存异型的忠实等六种，反映出译名在共时性上的多样性与个体性。在这六种译名中，前三种属于望文生义的字面翻译，在语义理解与表达上遵循的是从能指到所指的顺序，违背了术语“概念先于名称”的重要原则。后三种译名虽意义有别，但在方法上遵循的是从所指到能指的顺序，符合术语学以及术语翻译的原则。至于哪种译名最规范，笔者认同“反常的翻译”这个译名，因为王东风（2008：73）从概念出发对术语进行了来龙去脉的考证，揭示了该词的语义发展过程，指出了该术语赖以生成的学术语境，结论令人信服。

有人认为术语翻译应该采用“字面对等”的直译法，使读者透过译文的字面看到源语语言文化的特征。笔者以为这种主张是与术语学原则背道而驰的，容易导致误解与误译。以 Abusive Translation 的翻译为例，当读者看到“滥译”这个译名的时候能透过译文的字面看到源语语言文化的特征吗？显然不能！不但不能，而且还会让读者误以为路易斯提出了一种“滥译”的翻译思想。可见，追求字面对等并不能实现术语翻译的准确性与透明性。术语翻译应该追求概念对等，而不是字面对等。概念对等才能做到准确性，名实相符才能做到透明性，二者相辅相成，互为表里。

（二）概念与名称之间的相互对应关系

共时性研究不但关注译名结构的构成要素分析，更关心译名的构成要素在系统中的关系分析。在同一种语言内，术语一般情况下能做到“至少在一个学科领域内，一个术语只表述一个概念，同一个概念只用同一个术语来表达”（冯志伟，1997：1）。但这个术语学原则在两种语言的翻译过程中就很难做到，至少不能完全做到。一个术语对应一个译名，这是术语翻译的理想状态，但在实际翻译中，一个概念很可能对应不同的术语，一个术语也很可能对应不同的概念。一个术语具有不同的译名是术语翻译中实际存在的现象，是遵照事实描写的结果，不是人为规定的原则。下面，我们运用描写的方法分析译名在实际翻译中的两类对应关系。

1. 概念与名称之间的一对一关系

名称与概念之间的一对一关系就是人们常说的单义性和单名性原则。单义性是从概念上说的，是指一个术语只表达一个概念意义；单名性是从名称上说的，是指一个术语只对应一个译名。单义性和单名性共存并互为依托。只有单义性才能保证单名性。无论是单义性还是单名性，一个术语的翻译都表现为概念与译名之间单参照性关系。

在译学术语的诸多译名中，这样的例子还是很常见的，如：compensation（补偿）、translatability（可译性）、unit of translation（翻译单位）、text typology（文本类型）。这四个译名在类型上分成两组，前两个属于单词术语，后两个属于词组术语。无论哪个都遵守了术语单义性和单名性原则，一个术语对应一个译名，具有透明性与理据性特点，在翻译界大家都能统一使用，没有分歧，因而已经作为定名后的规范化术语而为大家接受。

还有一类术语的翻译也是一个概念对应一个名称，如 faithfulness 忠实 /fidelity 忠信 /loyalty 忠诚。但与上边四个例子不同的是，这些属于意义接近的近义术语，很容易混淆。单就 faithfulness 与 fidelity 的内涵来说，二者概念基本相同，属于同义术语。然而，faithfulness 与 loyalty 的概念则大不相同，前者是指源文本与目标文本之间的忠实关系，后者是指作者、译者与读者等人与人之间的伦理关系。所以，两个术语的译名必须有所不同，正如郑述谱所说的：“理想的术语是不应该存在同义词的。”（郑述谱，2004：465）谭载喜在《翻译研究词典》中就遵循了一词一译的原则，分别译成了“忠实”“忠信”“忠诚”，彼此互不替换。

术语的单义性与单参照性是术语学的基本原则，在功能上类似于索绪尔的“语言”（langue），是约定俗成的术语规则与规范化的法则，凡是经过术语权威机构审核公布过的术语都遵守这个原则，因而规范化之后的术语译名就具有社会性、规定性、统一性、稳定性等特点。社会性体现在术语的约定俗成性，可以为社会群体理解与接受；规定性体现在术语学制定的规范与原则，强制性大于任意性；统一性体现在一个术语对应一个译名，不仅上下文一致，而且术语的意义不受语境的影响，不因语境的改变而改变；稳定性体现在公布后的术语在一定时期内能够保持相对的不变性。

2. 概念与名称之间的不对应关系

译名具有单义性与单参照性只能说明术语翻译"应该"如此，但"事实"并非如此，可能与现实存在很远的距离。名称与概念之间的不对应关系非常复杂，大致说来表现为以下四种情况：①一个术语，一个概念意义，对应多个名称；②一个术语，多个概念意义，对应多个名称；③不同术语，不同概念，对应同一个名称；④一个术语，多个概念意义，对应一个名称。这说明术语的单义性与单名性原则在实际的翻译操作层面存在着困难。

在第一种情况中，一个术语，一个概念意义，对应多个译名。由于不同译者理解、表达以及译法的不同，源语中表达一个概念意义的术语在目标语中产生了不同的译名。这样的例子很多，如 source language 有源语、原语、始发语、出发语、译出语、源发语言、原文语言、原作语言等至少八个译名；thick translation 至少有厚译、厚翻译、厚译法、厚度翻译、增量翻译、深度翻译六个译名。这两个英文术语的概念意义基本是明确的，并非是多义词，但每个术语的译名却五花八门，非常混乱。Source language 在英文中的概念是：the standard term describing the language in which the text being translated (or SOURCE TEXT) is written（Shuttleworth & Cowie，2004：157），英文中这个术语具有单义性，只表达一个概念，按照术语标准化原则应该对应一个译名，但结果它却出现了八个译名。这种乱名情况并非因为源术语有多种意义，而是译者的个人所为，属于应该规范化的一类。这些译名经过一些术语词典规范之后，乱用现象大大减少，但问题依然存在。《翻译研究词典》把 source language 定名为源语；原语，一个术语，两个译名，没有遵循单名性原则。术语 thick translation 经过词典标准化后，仍有两个不同的译名，《翻译研究词典》（2004 年版）定为"增量翻译"，《中国译学大辞典》（2011 年版）定为"深度翻译"，两部译学词典译名仍不统一，需要再次规范。笔者认为"深度翻译"无论是在概念还是在名称上都更好地反映了源术语的内涵与外延，名称与概念相符，因而是最佳译名。

在第二种情况中，一个术语，多个概念意义，对应多个译名。由于两种语言在概念内涵与外延上的巨大差异，有些术语在跨越语言与文化的界限时就会出现一对多的情况。与第一种情况不同，第二种情况是不同语言文化命名世界的方式不同造成的，属于客观原因，而不是译者的主观行为。例如：翻译 translate；interpret；put... into；transcribe；render；translation；interpretation；translator；interpreter（孙迎春，2001：25）。中国翻译

translation (studies) in China/Chinese translation/Chinese-related translation（方梦之，2011：1）。汉语中的“翻译”是一个相当模糊的概念，“它既可以指翻译活动的主体，即翻译者；也可以指翻译的行为和过程；还可以指翻译活动的结果即译文。翻译一词集三种含义于一身，主体、行为与结果交织在一起，更使对翻译的界定和对其的研究显得复杂”（许钧，2009：4）。其多义性使术语翻译显得更为复杂，结果出现一个术语对应八个译名。前四个译名侧重于翻译的行为和过程；中间两个译名侧重于翻译活动的结果即译文；最后两个译名侧重于翻译活动的主体，即翻译者。同样的道理，在“中国翻译”这个术语中，“中国”也具有多义性，作为一个地缘与政治概念上的国家，其定义包括“主权”“国界”“政府”等；译成英语时，倾向于用 China's 或 in China；而作为一个人类学概念上的民族，其定义更突出地包含“血统”“文化”“语言”等因素，译成英语时，倾向于用 Chinese 一词（方梦之，2011：1）。鉴于“中国翻译”的多义性，在翻译时存在概念与技术上的困难，该术语的英文视其指涉范围对应三个译名。通过这类例子，我们可以看出术语不依赖语境是相对的，没有语境，就很难对多义术语进行命名。

在第三种情况中，不同术语，不同概念，对应同一个译名。这种情况是译者由于概念不清，混淆了不同的术语造成的误译，source language (text) 与 original language (text) 的译名就是一个让人困惑不解的实例。笔者查阅了《英汉人文社会科学词典》《汉英双向翻译学语林》《中国译学大辞典》以及《翻译研究词典》，结果如下：source language 源语言（苗力田，2001：913）；original language 源语言；original text 原文（苗力田，2001：712）；the original (text)；source (language) text；SL text 原文（孙迎春，2001：222）source language 源语；原语（谭载喜，2004：214）在第一种情况中，我们提到了 source language 译名的问题，但没有展开分析。首先，source language 与 original language 在英文中是两个完全不同的术语，表达的是两个不同的概念；其次，中文中的“源语”与“原语”也不是一个概念，应该加以区分，不能混为一谈。以《圣经》翻译为例最容易说明两者的区别：《圣经》最初写成的语言是希伯来语，后来被翻译成希腊语，再后来又被翻译成拉丁语、英语、德语等多种语言。在《圣经》转译的过程中，只有希伯来语叫作 original language，其他转译语言都属于 source language。所以，这两个不同概念的术语应该对应两个不同的译名，即“原语”与“源语”。这样看来，《中国译学大辞典》（2011 年版）的译名是正确的：source language 源语；original language 原语（方梦之，2011：154）。可是，让读者感到不解的是，该辞典把“原文本”和“源语文本”都译成了 source text，这样就前后矛盾，混淆不清了（参见第 87 页）。

在第四种情况中，一个术语，多个概念意义，对应一个译名。这样的例子在 Shuttleworth 与 Cowie 合编的 Dictionary of Translation Studies 中可以找到很多，如：direct translation（直接翻译）、transfer（转译）、adequacy（充分）、correspondence（对应）、equivalence（对等）、linguistic translation（语言翻译）、science of translation（翻译科学），等等。这里我们选择direct translation（直接翻译）为代表展开论述概念与名称的对应情况。《翻译研究词典》中给出了这个术语的四种不同的概念意义：一是图里使用的术语，指目标文本直接产生于最初源文本而非转译自另一篇用其他语言所作中介译文的翻译程序；二是凯利使用的术语，指为译者译入而非译出其本族语的翻译类型；三是格特使用的术语，指译者试图在最大程度上忠实于原文内容和形式的翻译；四是维纳和达而贝勒纳使用的术语，指以平行语法范畴或平行概念为基础的翻译程序（谭载喜，2004：55—56）。这些术语从表面上看，一个术语对应一个译名，但由于一个术语有多种概念意义，实质上违背了单义性原则。如果不从历时的角度考察这些术语的来龙去脉，学术渊源，上下文语境，一般人是不可能真正理解其意义的。

当然，概念与名称在双语与多语翻译转换过程中的对应情况并不仅仅局限于以上四种情况，但这些足以反映了术语译名的复杂性。这四种情况都在不同程度上违反了术语的单义性和单名性原则，容易引起混乱，需要进一步规范化。

三　术语译名的历时性

术语研究者大多主张采用共时性方法，很少有人提出历时性的方法，但这并不能影响历时性方法的重要性。术语译名的历时性指的是译名在时间上的动态发展与历史演变，体现了译名的动态性与可变性特征。其动态性与可变性又具体表现为译名会随着时代的发展而发生动态性的演变，其概念会随着时间的推移发生动态性变迁。

（一）译名的演变

从 20 世纪 80 年代开始，中国开始大批引进外国翻译理论，同时也逐渐把中国翻译理论用外语介绍到国外。经过 30 多年的译介与传播，不同的术语译名在长时间的碰撞、争鸣、修正、融合、统一中逐渐走向规范化，从而为大家普遍接受。译名的演变可以从不同时期的书刊杂志和不同时期的译学词典中反映出来。

在 20 世纪 80 年代译介的国外翻译理论中，奈达的 dynamic equivalence 在国内产生的影响最大，引发的争议也最多。谭载喜在 1983 年发表的《奈达论翻译的性质》一文首先把 dynamic equivalence 译为“灵活性等值”，他在 1984 年出版的《奈达论翻译》译为

“灵活对等”，在1989年出版的《新编奈达论翻译》中译为“动态对等”；1996年张经浩认为把dynamic equivalence译为“动态对等”实在让人难懂，同意译为“灵活对等”；1997年林煌天主编的《中国翻译词典》采用“动态对等”；2001年孙迎春主编的《汉英双向翻译学语林》提供了“动态对等、灵活对等”两个译名；2001年林克难在《为翻译术语正名》中说动态对等的译法好，反对译成“灵活对等”；2004年方梦之主编的《译学辞典》译为“动态对等”；2005年李田心认为把奈达的dynamic equivalence译成“动态对等”是误译，主张译为“动力相当”；2005年谭载喜在《翻译研究词典》中译为“动态对等”；2011年方梦之主编的《中国译学大辞典》中也译为“动态对等”，至此，该术语的译名再没有引起争议。

不同时期的术语词典同样见证了译名的演变与学科的发展，下面我们以方梦之在2004年与2011年主编的两部译学词典为例加以说明。通过比较，我们发现在6年的时间里有些术语的译名发生了演变，列举几例如下：“异化”的译名由2004年版的alienation演变为2011年版的foreignization；over-translation的译名由2004年版的“过载翻译”演变为2011年版的“超额翻译”；thick translation由2004年版的“厚翻译”演变为2011年版的“深度翻译”；resistancy由2004年版的“抵抗”演变为2011年版的“阻抗”；等等。

译名演变的过程符合达尔文的进化论原则，优胜劣汰，适者生存。经过大浪淘沙，译名在演变过程逐渐成熟，所谓后来居上。学科术语的变迁反映了学科成长的历程。术语译名的演变反映了术语在不同时期的规范程度，折射出学科在不同阶段的发展水平。

（二）概念的变迁

概念是术语符号的所指，是术语研究的重点，翻译术语就是用另外一种语言给该术语的概念进行重新命名。有些术语在学科发展过程中概念内涵与外延不断发生变迁，结果导致其名称也随之变化，出现一个术语有多种概念意义，对应多个译名，或者一个术语有多种理解与解释，引起很多争议。

在中西翻译史上，“直译”与“意译”两个术语引起的争议最多，持续的时间也最久，其主要原因在于这两个术语的概念内涵与外延在漫长的翻译史上流变不居，不同时期有不同的理解，很难达成统一的认识。在我国，直译与意译之争早在佛经翻译时期就初见端倪。进入20世纪之后又出现了两次争论高潮，一次是在30年代，一次是在80年代。在西方，直译与意译之争可以追溯到西塞罗（Cicero）与哲罗姆（Jerome），焦点问题集中在word-for-word (i.e.literal) or sense-for-sense (i.e.free)，争论一直持续到20世纪下半叶（Munday，2001：19）。西塞罗、哲罗姆、贺拉斯（Horace）等人都认为literal translation

也叫作 word-for-word translation（Baker，2004：125），也就是说，直译就是逐词翻译或词对词翻译。到 20 世纪 50 年代，literal translation 的概念内涵与外延发生了变迁。维纳（Vinay）和达贝尔内（Darbelnet）在 1958 年将它列为七种翻译程序之一，认为它是一种直接翻译（direction translation）。奈达在 1964 年将 literal translation 的概念表述为 formal equivalence。卡特福德（Catford）在 1965 年认为，literal translation 以词对词翻译为起点，最终的目标文本也可能会呈现出词组对词组或从句对从句的对等。纽马克（Newmark，2001：69）在 1988 年提出把 literal translation 与 word-for-word and one-to-one translation 区别开来，认为前者的范围包括词对词、词组对词组、搭配对搭配、从句对从句、句子对句子。从术语概念的流变可以看出，literal translation 的概念内涵不同了，外延也扩大了。这样一来，概念的动态性变迁就给术语的翻译带来困难，《翻译研究词典》给出的译名为“字面翻译；直译”（谭载喜，2004：129），《翻译研究关键词》给出的译名为“直译 / 逐字翻译 / 字面翻译”（孙艺风、仲伟合，2004：83）。这样译是否意味着三个译名表达同样的意思？如果意义不同，又如何区分这些不同的意义？为解决这一棘手问题，笔者建议采取术语分离法，把 literal translation 与 word-for-word 分离开来，看作是两个不同术语，各有译名。前者译为“直译”，取消“字面翻译”的译名，以避免误解；后者译为“逐字翻译”。这样，英文直译的概念才能与中文语境下的直译对接，达到功能对等。

在中国翻译理论史中，“重译”概念也经历了历史的演变。根据百度解释，重译在《尚书》《三国志》《史记》中是“辗转翻译”之意。宋朝高僧赞宁在“六例”中提到了“重译直译”说法，他所说的“直译”指的是直接从印度的原文翻译，与西方的“直译”概念不同；他说的“重译”，指的是经西域传来后从胡语间接翻译。另根据《翻译研究论文集》与《翻译论集》，1921 年，郑振铎首先在《论文学书的三个问题》中谈到“重译”问题，他指出“重译就是把一种文学书从一种的媒介里转译出来的意思”（郑振铎，1984：88）。1928 年，梁实秋在《论翻译》中用到“转译”概念，意思与郑振铎的“重译”相同。1934 年，鲁迅在《论重译》与《再论重译》把重译理解为从他国语转译的翻译，也就是间接翻译。1935 年，鲁迅在《非有复译不可》中又提到“复译”的概念，意思是在原有译本的基础上重新翻译。在现代的用法上，重译专指已有译本之后，不同译者重新译出的译本。由概念的历史演变我们可以看出，重译、转译、复译、间接翻译几个术语纠缠在一起，彼此的概念意义既有交叉，又有区别，显得有些混乱，需要规范。笔者认为，凡概念意义在历史上发生流变的术语，其译名应该根据当代意义命名，因为旧的意义已经废弃不用，而被新的意义所取代。按照概念优先的术语原则，当表达“已经有了译本，但译者本人或别人又重新翻译”这个概念意义时，术语用“重译”，对应的英文译名为 retranslation；当表达“不直接译自最初源文本，而译自另一语言为中介的翻译”这个概念意义时，术语用“间接翻译”，对应的英文译名为 indirect translation。至于“重译”曾经具有的古代意义已经被当代意义取代。

四　结论

术语译名的共时性与历时性分析一方面从横切面和纵切面两个维度解剖了术语翻译存在的种种问题，另一方面也提供了译名规范化的原则与方法。从术语的共时性看，准确把握术语的概念与名称之间的各种关系是给术语定名的必要条件，翻译要遵循概念对等优先于名称对等的原则。从术语的历时性看，考证术语的词源，追溯术语概念的历史演变，探究术语译名的动态性变迁，有助于理解一个学者思想的发展历程，有助于系统地掌握一个理论的精髓。共时性与历时性不是彼此对立的，而是相互依赖的，任何一个术语都可以在由横向的时间轴与纵向的译名轴上找到自己的位置，见证了其产生、成长、发展、演变的进化轨迹。译名不同于定名，前者具有个体性、多样性、可变性、过程性、描写性等特点，后者则具有社会性、统一性、稳定性、系统性、规范性等特点。术语译名的规范化是定名不是译名，定名要遵循准确性、单义性、理据性、系统性、科学性、能产性原则。总之一句话，术语译名的规范化是共时性与历时性的统一、描写与规范的统一、译名与定名的统一。

参考文献

[1] 陈智淦、王育烽. 中国术语翻译研究的现状与文学术语翻译研究的缺失. 当代外语研究，2013（3）：59—67.

[2] 方梦之. 译学辞典. 上海：上海外语教育出版社，2004.

[3] 方梦之. 中国译学大辞典. 上海外语教育出版社，2011.

[4] 方梦之. 译学术语的演变与创新——兼论翻译研究的走向 . 中国外语，2011（3）：99—104.

[5] 冯志伟. 现代术语引论. 北京：语文出版社，1997.

[6] 林煌天. 中国翻译词典. 武汉：湖北教育出版社，1997.

[7] 林克难. 为翻译术语正名. 中国翻译，2001（1）：14—16.

[8] 李田心. 不能用“等效”原则解读奈达的翻译理论. 外语学刊，2005（2）：72—74.

[9] 隆多. 术语学概念. 刘刚、刘健译 . 北京：科学出版社，1985.

[10] 苗力田、邬沧萍. 英汉人文社会科学词典. 北京：中国人民大学出版社，2001.

[11] 戎林海、戎培珏. 术语翻译刍议. 魏向清、裴亚军主编. 术语翻译研究. 南京：南京大学出版社，2011.

[12] 索绪尔. 普通语言学教程. 高名凯译. 北京：商务印书馆，1999.

[13] 孙艺风、仲伟合. 翻译研究关键词. 北京：外语教学与研究出版社，2004.

[14] 孙迎春. 译学大词典. 北京：中国世界语出版社，1999.

[15] 孙迎春. 汉英双向翻译学语林. 济南：山东大学出版社，2001.

[16] 孙迎春. 译学词典论. 上海：上海外语教育出版社，2009.

[17] 谭载喜. 奈达论翻译的性质. 中国翻译，1983（9）：37—39.

[18] 谭载喜. 奈达论翻译. 北京：中国对外翻译出版公司，1984：12.

[19] 谭载喜. 新编奈达论翻译. 北京：中国对外翻译出版公司，1999：21.

[20] 谭载喜. 翻译研究词典. 北京：外语教学与研究出版社，2005.

[21] 王东风. 译学关键词：abusive fidelity. 外国语，2008（4）：73—77.

[22] 王英姿. 谈“译名”. 解放军外国语学院学报，2007（4）：78—82.

[23] 维斯特·欧根. 普通术语学和术语词典编撰学导论. 北京：商务印书馆，2011.

[24] 许钧. 翻译概论. 北京：外语教学与研究出版社，2009.

[25] 郑振铎. 论文学书的三个问题. 翻译研究论文集（1894—1948）. 北京：外语教学与研究出版社，1984.

[26] 郑述谱. 术语翻译及其对策. 外语学刊，2012（5）：102—105.

[27] 郑述谱. 词典、词汇、术语. 哈尔滨：黑龙江人民出版社，2004.

[28] 郑述谱. 术语学是一门独立的学科. 中国术语学研究与探索. 刘青主编. 北京：商务印书馆，2010.

[29] 朱自清. 译名. 翻译研究论文集（1894—1948）. 北京：外语教学与研究出版社，1984.

[30] 张经浩. 不能提倡这种译法. 中国翻译，1996（2）：47—48.

[31] Baker, Mona. *Routledge Encyclopedia of Translation Studies*. Shanghai: Shanghai Foreign Language Education Press, 2004: 125.

[32] Newmark, Peter. *A Textbook of Translation*. Shanghai: Shanghai Foreign Language Education Press, 2001: 69.

[33] Munday, Jeremy. *Introducing Translation Studies: Theories and Applications*. Shanghai: Shanghai Foreign Language Education Press, 2001: 19.

[34] Shuttleworth, Mark & Moira, Cowie. *Dictionary of Translation Studies*. Shanghai: Shanghai Foreign Language Education Press, 2004.

［原载《沈阳师范大学学报》（社会科学版）2014 年第 2 期］

中国古代及近现代译名研究回顾

王英姿[1]　许　宏[2]

（1. 华东师范大学对外汉语学院；2. 解放军外国语学院英语系）

一　引言

"译名"一词可以有两种解释，一种是所译之名，另一种是名之翻译。前者是静态的结果，后者是动态的过程。讨论过程往往会涉及结果，因此讨论有关"名之翻译"的研究，其实也包括了对"所译之名"的研究。本文拟对佛经翻译以来有关译名的研究作一梳理，对各个时期的研究加以评述，从中理出该领域研究大致的发展脉络及得失。

二　佛经翻译时期的译名研究

汉语中外来语词的输入由来已久。早期的外来语词一直可以追溯到汉族与周边民族、特别是与匈奴的交往时期。而有关外来语词输入的讨论，则是佛经翻译开始之后的事。佛经翻译从东汉一直到宋代，持续了一千年左右的时间，此间的译名研究主要涉及这几个方面：译名之难、音译之法、译名统一和名实、名义关系。

译名之难的问题，在佛经翻译早期谈论较多。三国时期支谦就在《法句经序》里谈到了东西方语言的差异给翻译带来的困难："天竺言语，与汉异音。云其书为天书，语为天语。名物不同，传实不易。"（陈福康，1992/2000：6）宋初的赞宁在《宋高僧传》中描述佛经翻译之初的情形是"方圆共凿，金石难和""咫尺千里，觌面难通"（赞宁，988/1987：52—53）。可见当时的论者已经注意到语言差异和译者水平是造成翻译困难——自然也包括译名翻译困难的原因。

音译之法的提出，当属隋唐时的大亮法师和唐朝的玄奘法师。两人先后有"五不翻"之说，对几类汉语中无对应说法的语词提出了"不翻"的处理办法。"不翻"其实就是采用一般称为音译的办法，如陀罗尼、释迦牟尼、般若等。从时间上看，大亮的论述要早一些，但从身后的影响看，还是玄奘的"五不翻"流传较广，常为后人所提及。虽然音译的方法已经采用，但“音译”的说法此时尚未出现，不过赞宁有“译音”的提法。他提出的佛经翻译“六例”中，第一例便是“译字译音”，包括“译字不译音”“译音不译字”“音字俱译”和“音字俱不译”四种情形，所以赞宁或许是最早将音译（译音）、义译（译字）作为并行的两种译法一起提出来的人。

在译名统一问题上，这个时期的人们注意到存在一名多译的现象。南朝齐、梁间的僧祐在《胡汉译经音义同异记》中提到，不少新旧译名看来似乎大不一样，其实或是“言殊而义均”，或是“立义之异旨”，或是“国音之不同”。这里僧祐实际上是指出了译名不统一的三个原因：用字不同（言殊）、立义不同和读音不同。至于应当如何实现译名统一，遵守哪些原则等，此时还不见有深入探讨。

名实问题是先秦哲学的重要论题，老子、孔子、墨子、荀子等有关名实的看法对后世产生了深远的影响，反映在译名研究中，就是译名中的名与实、名与义的关系问题。最早将名实、名义关系与译名联系起来的可能是后秦的僧睿，他首先注意到翻译中存在名实不相符合的问题。僧睿在《大品经序》中指出，在佛经译为“秦言”（即汉语）的过程中，存在“名实丧于不谨”（由于翻译时不慎重、不严谨而使所译之名与实际含义不相符合）的现象，以至于对经义的理解“求之弥至，而失之弥远”（越钻研离经义越远）。隋代名僧颜琮的《辩证论》提到了翻译要例十条，其中第四条是“名义”，只可惜文中没有详论，我们无从了解其具体内容。宋代的法云在《翻译名义集序》中首次谈到何为名与义：言名义者，能诠曰名，所以为义（所谓名与义，能用来表示事物的叫作名，用来解释名的叫作义）。

与后世相比，佛经翻译时期的译名研究，虽说论述较为零散，也不够深入，但译名研究的一些重大论题如译法问题、译名统一问题、名实、名义关系问题等却都已经涉及，一些重要的术语如音译（译音）、义译（译字）、名实、名义等，也已在这个时期出现。

三　明代科技与宗教翻译时期的译名研究

到了明代，以利玛窦为代表的耶稣会士和以徐光启为代表的士大夫合作翻译西方宗教和科技书籍，又一次掀起了汉语吸收外来语词的小高潮。同佛典的译者一样，这时的耶稣会士和士大夫也都慨叹翻译的不易。李之藻说“文言复绝，喉轻棘生，屡因苦难阁笔”（李之藻，1628：152—153），利玛窦说“东西文理，又自绝殊；字义相求，仍多阙略。了然于口，尚可勉图；肆笔为文，便成艰涩矣”（利玛窦，1607：200—201）。

从事佛经翻译和从事科技、宗教翻译的译者都同样感受到了翻译之难和译名之难，细究起来大概有两个原因：一是语言差异大。佛经翻译和明代的宗教与科技翻译都是在汉语与印欧语之间进行——前者主要是汉语与属印欧语系的吐火罗语、巴利文和梵语等之间的转换，后者主要是汉语与拉丁语之间的转换，不论哪一种情况，原语与译语都存在巨大差异；二是译者语言能力有限。佛经翻译和明代的科技与宗教翻译的翻译方式非常相似，主要都是中外人士合作译书，都相对缺乏兼通原语和译语的译者：无论原语不好还是译语欠佳，都会很自然地强烈感受到翻译的不易。

这一时期最引人注目的是李之藻在《译〈寰有诠〉序》中首次提到“创译”一说：“……乃先就诸有形之类，摘取形天土水气火所名五大有者而创译焉。”（李之藻，1628：153）“创译”就是创立新名，李氏其实说出了这么一个道理：翻译新名就是创立新名的过程，“创译”一词体现了译名与命名的密切关系，只可惜李未对“创译”予以详细论述。一直到了当代，这一重大论题才重新引起部分译名研究者的重视。

四 晚清西学翻译时期的译名研究

19 世纪兴起的西学翻译，以甲午战争为界分为两个阶段，之前的西学传播主要通过官方的洋务机构和在华的教会机构，内容以科学技术书籍为主，之后则主要通过维新派等创办的各种刊物，内容以哲学、政治等社会科学为主。这一次的翻译高潮，其规模和影响之大，远远超出了佛经翻译和明末清初的科技、宗教翻译。新产生的名词术语几乎覆盖了人类知识的各个领域，相应的译名研究也得到了极大的发展。本期的译名研究在译名之难、译名之法和译名统一三个方面均有进一步发展。

如果说在佛经翻译时期和明代，人们还只是笼统地说到翻译的困难，那么这个时期则有译家明确提到了译名翻译的困难，其中最著名的莫过于翻译大家严复的“一名之立，旬月踟蹰”了，他还发出过这样的慨叹：“新理踵出，名目纷繁，索之中文，渺不可得，即有牵合，终嫌参差。”（严复，1896：6—7）

值得注意的是，比之前人，严复在这里直接提到了译名的两大难：一是新的概念层出不穷，表达相应概念的语词接连产生，在汉语中难以找到对应的说法，陷于“渺不可得”的困境；二是即便能找到貌似对应的语词，仔细体会起来仍然觉得差强人意。

赞宁、李之藻、利玛窦、严复等的慨叹主要还是从语言差异的角度来谈译名之难，还有一种更为极端的观点是认为汉语本身就比较糟糕，无法用来表现其原本没有的内容。傅兰雅在《江南制造总局翻译西书事略》中引用了某些西人的议论：

西人尝云：中国语言文字最难为西人所通，即通之亦难将西书之精奥译至中国。盖中国语言文字最古最生而最硬，若以之译泰西格致与制造等事，几成笑谈。……况近来西国所有格致，门类甚多，名目尤繁；而中国并无其学与其名，焉能译妥，诚属不能越之难也。（傅兰雅，1880：14—15）

对于这种论调，傅兰雅提出了有力的驳斥：然推论此说，实有不然。盖明时利玛窦诸人及今各译书之人，并未遇有甚大之难，以致中止。译西书第一要事为名目，若所用名目必为华字典内之字义，不可另有解释，则译书之事永不能成。然中国语言文字与他国略同，俱为随时逐渐生新，非一旦而忽然俱有。故前时能生新者，则后日亦可生新者，以至无穷。（傅兰雅，1880：14—15）

傅氏从各国语言均有“随时逐渐生新”能力的角度出发，论证了汉语同样具有产生新名的能力。虽然有关汉语语言文字优劣的问题在语言学界后来还有过偏激的观点，但在译名研究上，随着译事的发展，新名源源不断地落户汉语，历史事实已充分证明汉语强大的生命力和自新力，傅氏的观点是相当正确的。

在译名之法方面，佛经翻译时期人们关注的主要是音译一种方法，明代的李之藻有“创译”一说，但没有详细论述，本期在译法方面有了新的突破。首先，在创译方面德国传教士罗存德（W. Lobscheid，1822—1893）提出了明确具体的创译之法。他在其编纂的《英华字典》（1869）中首先提出了用合成造字法为化学元素命名的方案并付诸实施：

It now remains for us to explain the Principle on Which we have formed some of the words used in chemistry. The Chinese character for element is 行. All words combined With this radical are placed between the right and left division of the figure of the character. Acting upon this principle we had no difficulty in exhibiting in the simplest form the names of most of our elements.（W. Lobscheid，1869；转引自沈国威，2004：243）

（现在再来说明一下命名的办法，我们已照此办法造了一些化学元素名。元素的对应汉字是“行”，因此我们将该字拆为左右两半，作为左右偏旁，中间嵌入汉字，就构成了新字作为元素名。采用此法，我们用最简便的形式轻而易举就为大多数元素进行了命名。）

罗的办法是在汉字“行”[①] 中间夹嵌汉字，比如碳元素就在“行”中间嵌入“炭”字。可以说罗是较早明确提出造字创名法的人。不过他这种夹嵌汉字的造字办法并没有通行开来，但造字或造字译的方法后来倒是有多人提及（傅兰雅，1880；梁启超，1897；朱

① “行”为“五行”之行、表“元素”之义。

自清，1919），其中傅兰雅提出的“以平常字外加偏旁”这种造字法影响深远，后来的化学元素命名几乎都照此办理。不过需要指出的是，这种方法早在佛经翻译时期就已经采用了，如魔（Mâra）、塔（stūpa）、僧（Sangha）、袈裟（Kasâya）等。只是佛经翻译中的造字，有的并非一开始就为引入新概念而专门造字，而是经历了一个演变过程。例如“魔鬼”的“魔”是针对Mâra而造的译名，但其早期译名是“磨罗”，后略作“磨”，南朝梁武帝改“石”从“鬼”而成“魔”。可见佛经翻译时期多少还缺乏一种自觉造字创名的意识。而罗存德、傅兰雅则明确提出了需要时可通过主动造字来创立新名，这无疑是向前迈进了一大步。

罗存德只是提到了造字译名一种办法，他之后的傅兰雅则提出了较为系统的译事三法。傅氏所定的三法中有两条涉及译法，一是如何对待“华文已有之名”，二是如何“设立新名”，其中第二条“设立新名”又分三种办法：“以平常字外加偏旁”或“以字典内不常用之字释以新义”“用数字解释其物，即以此解释为新名”和“用华字写其西名”。从论述看，傅氏是倾向于首先考虑采用“华文已有之名”，尽量设法搜来采用，如确定华文“果无此名”，则可酌情使用造字、借字、义译或音译等法。虽说傅氏的译事三法乃针对江南制造总局翻译科技类书籍而定，但其适用范围远远超出于此，具有普遍意义。应该说，傅氏在译法问题上的见解达到了相当的高度，后世学者提出的种种译名之法或更为详尽，或有所侧重，但基本都不出傅氏所论范围。

高凤谦在《翻译泰西有用书籍议》（1897）一文中论述了“辨名物”和“谐声音”两条“译书之要”，前者侧重在如何义译西名，指出需要创名时，要“酌度其物之原质与其功用”，后者侧重如何统一译音，他的建议是给罗马字母标注中音，“外国用英语为主”“中国以京音为主”。高的见解与傅兰雅类似，但更为具体，他还在文中分析了中西名物不同和译音不统一的原因。梁启超对高的意见非常赞同，在其同年发表的《论译书》（1897）一文中大段引用，又作进一步的发挥和补充，对人名、地名、官制、名物、律度量衡、纪年等应当如何翻译分门别类，详加论述，其详尽程度超出了以往任何一位论者。

从罗存德到傅兰雅，再到高凤谦和梁启超，他们在译法问题上的论述，都是为了一个目的：统一译名。这一目的在后面三位的论述中表达得非常明确。如傅兰雅说希望各位译员在翻译时要按所定法则行事，“配准各名”“用相同之名”，以避免混淆；高凤谦希望将编定的中西名物对照表和中西译音对照表由政府审定颁行，要求各译局和私家撰述“一体遵照”；梁启超也因深感译书“名号之不一”带来的诸多问题而详细论述了各种名号应如何翻译才能“尽善”“画一”。梁之后，还有罗振玉在《译书条议》（1902）中再次强调翻译用语“必须划一”，人名地名等诸名目“必须一定”。

与当年佛经翻译时期的译经者和译经组织者们相比，本期论者在译名统一问题上视野更加开阔，不再仅局限于佛教名词，而是扩展到科技乃至所有类别的译名统一问题；在态度上也更为积极主动，佛经翻译的论者是在佛经翻译历经古译、日译、新译之后，译名不一的问题非常严重时谈论这个问题的，他们也做了比较、清理和厘定译名的工作，但主要属事后补救性质，而本期的论者显然是希望能在翻译之初便尽可能把译名统一起来，这是在译名统一问题上的一大进步。在实际工作方面，江南制造局翻译馆、京师大学堂译学馆、编译局等有政府背景的翻译机构都做了诸如编定中西名目表乃至外汉双语专科辞典等实实在在的名词整理和统一工作。中国历史上第一个审定学术名词的官方机构——编订名词馆也于1909年成立，由严复担任总纂。译名统一工作得到政府的重视和支持当自本期始。

五　民国时期的译名研究

民国时期、特别是民国初期的译名研究达到了一个新的高度，有学者认为20世纪初这一段是近现代译名研究的高潮期。（程永生，2002：37）本期最引人注目的是几位学者围绕译法问题展开了一场讨论，焦点在音译与义译孰优孰劣上，名实、名义关系的问题也在讨论中得到阐发，此外译名统一问题依然是本期的一大关注点。

1910年，章士钊以“民质”笔名在《国风报》第29期发表《论翻译名义》。该文在译名研究史上具有重要意义：（1）详细阐述了以义译名的种种弊端；（2）旗帜鲜明地提出并倡导“音译”。章氏此文引起了不少读者的关注，纷纷来信来稿讨论音译、义译问题，其中请教者有之，支持者有之，反对者亦有之，章氏也发表了一些回应文章（1911、1912a、1912b、1912c、1912d、1914a、1914b、1914c、1914d、1915），一再强调音译的好处。与章氏持相反意见的一派以胡以鲁为代表，他于1914年在《庸言》第二卷第1、第2期合刊上发表了著名的《论译名》，强调义译之重要性，文章主要内容有：（1）指出“音译”二字不可通；（2）从约定俗成、汉语特点等角度论述汉语译名应以义译为原则；（3）详细提出应当义译的20种情形和10种不妨音译的情况。除了章士钊和胡以鲁，这场讨论中还有容挺公（1914）、张礼轩（1912）的文章也值得重视。

一般认为，章、胡二人的文章分别代表了音译派和义译派，但这里需要指出的是，两人虽然对各自认同的译名方法从理论上作了深入分析，但谁也不是绝对地只认为自己的方法是唯一可行的译名方法，章在后来的文章中就多次提到他主张音译，“特谓比较而善之方，非以为绝宜无对之制”（章士钊，1914d：36）。胡氏虽力主义译，也在文末提到了那些“终不可题号者，无妨从其主称”，也就是音译。

1919年，朱自清以佩弦笔名发表《译名》一文，译名讨论到此暂告一段落。朱文比较全面地总结了前人的译名方法和见解，进而提出自己的观点，既鲜明地提倡义译，也不简单地排斥音译和借用。此文实际上是对译名问题做了历史总结，基本解决了这方面的理论问题。（陈福康，1992/2000：252）

这次译名讨论意义重大，它不仅继承了以往译名讨论从实际出发、重在解决具体译名问题的传统，更重要的是还在此基础上，进一步探究了音译、义译两大译法背后的道理，使得译名讨论上升到了理论层面，而不再满足于解决特定的、具体的译名问题。

在这场译名讨论中，名实、名义问题得到了进一步阐发。讨论各方往往用先秦诸子有关名实的言论来支持各自的观点。胡以鲁（1914）在论述“音标语”“意标语”没有高下之分时，一上来就摆出老子的看法，认为“天地之始无名也”，而不论何种语言，其“名之起”，皆“缘于德业之模仿”，而原始人对于德业的模仿不出感觉感情二事，因此所有语言的名词都有“粗疏迷离”的先天之病；他还援引《庄子·逍遥游》中的话“名者，实之宾也”，来说明名不过是从属于实的，人们只要习惯了义译的“名”与外来的“实”的联系，便也能像借用语一样，在心中引起“自发之联想”；在最后总结30条译法时，胡又引《荀子·正名》中的话来说明“有其名者”“无其名者”和“无缘相似者”分别该如何处置。朱自清（1919）借墨子的“以名举实”指出，由于“名是拿来表示实的”，所以名要是不恰当，其所表示的实也就会跟着不恰当。由此可见先秦诸子的名实观对译名论者的影响之深。

除了引用先秦诸子的话来支持自己的观点，讨论者对译名研究中的名实、名义关系也有自己的理解和看法。梁启超在章士钊《论翻译名义》（1910）一文前所加按语中指出，“翻译名义，译事之中坚也”，也就是说名义问题是翻译的核心问题。而此次讨论中对译名的名实、名义关系更为深入的阐发是关于“立名”与“作界”（即下定义）两者关系的探讨。章士钊（1910、1912d、1914a、1914d）反复指出，以义译名，所译者“非原名，乃原文之定义”，认为义译名词之最感困苦者，“则名为译名，实则为其名作界说”，应当把译名与定义区分开来，这样才不至于引起争论。他还说音译的最大好处便在于“其名不滥，学者便于作界”。朱自清（1919）则反对章的立名等于作界说，他说，译名不等于作界，用界说的意义来译名，目的只在立名，不在作界，而且名只能将含义表示出大部分来，不能全部表示，因此仍然是名字，而不是界说。

在统一译名问题上，本期的突破是有学者首次谈到了人文学科领域的名词统一问题。郑振铎是较早意识到这一问题的人，他在《审订文学上名词的提议》（1921）中具体谈到了包括文学家名字、文学史上地名、文学作品名称、作品中人名地名和批评文学上诸名词在内应如何翻译以达成统一的问题。

除了关注范围的扩大，本期人们对如何统一译音（用字）表现出了浓厚的兴趣。从钱玄同 1917 年写给陈独秀的信中，我们得知当时有不少人热心制订译音表或译音规则，除了陈独秀的《西文译音私议》(1916)，还有蔡孑民、李石曾的《译名表》和俞凤宾的《对于译音之商榷》，之后还有林语堂的《关于译名统一的提议》(1924)，他们都希望通过这个办法来达到“执简驭繁、一劳永逸”（陈独秀语）之功。

民国时期的译名统一工作实际上先由学术团体启动，继而引发政府部门之重视。1915年10月，驻欧留学生赵元任等发起组成中国科学社，该社《社章》之第(三)条即为:“编订科学名词，以期划一而便学者。”（黎难秋，1998：37）之后还有中华医学会等团体也参与了名词术语的审订。政府性质的机构则依次有：科学名词审定委员会（1919)、大学院译名统一委员会（1928）和国立编译馆（1932)。国立编译馆成立后，该馆译名委员会各学科组，与各学、协会下设的译名审定组织密切配合，为译名审定做了大量工作。

六 结语

纵观自佛经翻译到民国时期的译名研究，有两点值得注意，一是目的性强，注重实用。无论是佛经翻译时期的“五不翻”说、明代的“创译”说，还是清代的“造译”“造字译”，乃至民国时期胡以鲁等提出的各类译名方式，其出发点都是为了解决实际翻译中出现的词汇空缺、词义不对应等问题，而如何统一译名则几乎是每一时期都需面临的难题，所以也就几乎成了一以贯之的讨论话题；二是理论意识逐步增强。从大亮、玄奘的“五不翻”音译原则、赞宁的“六例”，到傅兰雅的“译事三法”，再到章士钊等的音译、义译之争，可以看出译名研究者虽然关注的是实际的翻译问题，但却都在讨论背后的理论问题，民国时期的译名讨论，更是在关心具体译法的基础上，进而探讨音译、义译这两种相对立的译法背后的理论问题，特别是在有关名实、名义问题上，学者们提出了许多有价值的观点。可以认为，民国时期的译名研究在理论上达到了一个高峰，为后来的译名研究打下了一个很好的基础。之后的译名研究，一方面继承了历来译名研究注重实践应用的优良传统，另一方面在理论探讨的深度和广度上都得到了进一步的深入和拓展。

参考文献

[1] 陈独秀. 西文译音私议（1916）. 张岂之，周祖达. 译名论集. 西安：西北大学出版社，1990：11—17.

[2] 陈福康. 中国译学理论史稿（修订本）. 上海：上海外语教育出版社，1992/2000.

[3] 程永生. 中国近现代译名研究述评. 淮南工业学院学报（社科版），2002（2）：37—41.

[4] 傅兰雅. 江南制造总局翻译西书事略（1880）. 张静庐，辑注 . 中国近代出版史料初编 . 北京：中华书局，1957：9—28.

[5] 高凤谦. 翻译泰西有用书籍议（1897）. 黎难秋 . 中国科学翻译史料. 合肥：中国科学技术大学出版社，1996：331—333.

[6] 胡以鲁. 论译名（1914）. 中国翻译工作者协会、《翻译通讯》编辑部. 翻译研究论文集（1894—1948）. 北京：外语教学与研究出版社，1984：21—32.

[7] 黎难秋. 民国时期科学译名审订概述. 中国科技翻译，1998，11（2）：37—38.

[8] 李之藻. 译《寰有诠》序（1628）. 徐宗泽. 明清间耶稣会士译著提要. 上海：上海书店出版社，1949/2006：151—153.

[9] 利玛窦. 刻《几何原本》序（1607）. 徐宗泽. 明清间耶稣会士译著提要. 上海：上海书店出版社，1949/2006：197—201.

[10] 梁启超. 论译书（1897）. 中国翻译工作者协会、《翻译通讯》编辑部. 翻译研究论文集（1894—1948）. 北京：外语教学与研究出版社，1984：8—20.

[11] 林语堂. 关于译名统一的提议（1924）. 林语堂名著全集（23 卷）. 长春：东北师范大学，1995：322—328.

[12] 罗振玉 . 译书条议（1902）. 黎难秋 . 中国科学翻译史料 . 合肥：中国科学技术大学出版社，1996：340—342.

[13] 容挺公. 致甲寅记者论译名（1914）. 中国翻译工作者协会、《翻译通讯》编辑部 . 翻译研究论文集（1894—1948）. 北京：外语教学与研究出版社，1984：33—35.

[14] 沈国威. 近代英华词典的术语创造 . 邹嘉彦，游汝杰. 语言接触论集 . 上海：上海教育出版社，2004：235—257.

[15] 严复. 天演论 · 译例言（1896）. 中国翻译工作者协会、《翻译通讯》编辑部 . 翻译研究论文集（1894—1948）. 北京：外语教学与研究出版社，1984：6—7.

[16] 赞宁. 宋高僧传（上）. 北京：中华书局，988/1987.

[17] 张礼轩. 轩致《民立报》记者函（1912）. 章士钊全集（2）. 上海：文汇出版社，2000：305—306.

[18] 章士钊（民质）. 论翻译名义（1910）. 章士钊全集（1）. 上海：文汇出版社，2000：448—454.
[19] 章士钊（秋桐）. 译名（1914a）. 章士钊全集（3）. 上海：文汇出版社，2000：67—69.
[20] 章士钊（秋桐）. 译名两则（1911）. 章士钊全集（1）. 上海：文汇出版社，2000：583.
[21] 章士钊（行严）. 答容挺公论译名（1914d）. 中国翻译工作者协会、《翻译通讯》编辑部. 翻译研究论文集（1894—1948）. 北京：外语教学与研究出版社，1984：36—38.
[22] 章士钊（行严）. 论逻辑（1912a）. 章士钊全集（2）. 上海：文汇出版社，2000：198—200.
[23] 章士钊（行严）. 论译名——答张君礼轩（1912c）. 章士钊全集（2）. 上海：文汇出版社，2000：302—304.
[24] 章士钊（行严）. 释逻辑（1912b）. 章士钊全集（2）. 上海：文汇出版社，2000：210—211.
[25] 章士钊. 论逻辑——答吴君宗榖（1914b）. 章士钊全集（3）. 上海：文汇出版社，2000：79—80.
[26] 章士钊. 论逻辑——答徐君衡（1915）. 章士钊全集（3）. 上海：文汇出版社，2000：457.
[27] 章士钊. 论译名——答李禄骥、张景芬两君（1912d）. 章士钊全集（2）. 上海：文汇出版社，2000：541.
[28] 章士钊. 逻辑——答吴市君（1914c）. 章士钊全集（3）. 上海：文汇出版社，2000：167.
[29] 郑振铎. 审订文学上名词的提议 . 小说月报，1921，12（6）：12—24.
[30] 朱自清. 译名（1919）. 中国翻译工作者协会、《翻译通讯》编辑部 . 翻译研究论文集（1894—1948）. 北京：外语教学与研究出版社，1984：39—58.

（原载《外国语文》2009 年第 4 期）

字母词使用六十年

侯　敏　滕永林

（中国传媒大学国家语言资源监测与研究有声媒体中心）

字母词在汉语中的使用已有100多年的历史，但它的大量出现和使用是在改革开放以后，成为现代汉语书面使用系统最大的一个变化。近30年来字母词数量从少变多，使用从专业领域进入通用领域，对汉语语言生活的影响越来越大，围绕字母词的争议也从未间断过。2009年有人提出了“汉语危机论”，认为像NBA、WTO、GDP这些外文缩略词的使用会使得汉语在300年后消亡，提出要打一场“汉语保卫战”。[①] 2012年7—8月间，围绕《现代汉语词典》（第6版）收录的239个字母词，又展开了一场激烈的争论，形成了字母词风波。汉语真的会消亡吗？字母词的使用到底是一种怎样的情况？到底应如何看待它？这些问题，只有在切实掌握了字母词在汉语中使用的生态状况，才能给出科学、可信的答案。

本文使用中国传媒大学国家语言资源监测与研究有声媒体中心开发的字母词监测系统CUCLems，对1955—2015年这60年间《人民日报》的字母词使用状况进行抽样调查，并结合其他一些调查，希望在一定程度上反映汉语中字母词使用的历史变化、发展趋势以及使用实态，为国家制定相关语言政策提供数据参考。

一　字母词界定及其工程分类

很多学者都认为，字母词是指汉语中由字母单独或字母与汉字、数字、符号等一起构成的词（刘涌泉，2002；侯敏等，2007；段业辉、刘树晟，2014）。但这个定义只说明了字母词的内涵，并没有界定它的外延。汉语书面表达中字母使用现象纷繁复杂，字母词只是其中的一部分，从语言监测的角度，有必要对其进行工程分类，通盘考察。

字母词来源复杂，形式多样，用途广泛，有典型字母词与非典型字母词之分。典型

① 傅振国《英语蚂蚁在汉语长堤打洞》，人民网，2009年11月25日，http://www.people.com.cn/GB/32306/33232/10449570.html。傅振国《300年后汉语会消亡吗？》，《文汇报》2010年2月28日。

字母词，在形式特征和语言运用上都要具备一定条件：形式上，邹玉华（2012：31）提出最典型的字母词具有四个特征：（1）与汉字组合；（2）读字母名称音；（3）形体大写；（4）缩略。语言运用上，侯敏等（2007、2016）提出最典型的字母词要符合四个条件：（1）语义上具有概括性；（2）认知上具有公众性；（3）使用上具有较高频度；（4）具有国际通用性。这形式上四特征和语言运用上四条件是判定一个字母串或带字母串是不是典型字母词或在多大程度上是典型字母词的标准。

从历史来看，19 世纪 60 年代起，汉语文献中开始出现夹用拉丁字母的情形、类似字母词的词语及非典型的字母词；到维新运动前后，比较典型的字母词开始产生，如“X 光”，字母加汉字，这是汉语字母词的第一个原型；民国时期数量有一定增长，分布领域放宽；新中国成立后尤其是改革开放后数量有较大增长；20 世纪 90 年代后，随着通信、计算机和网络技术的发展，字母词大量增加，尤其是外文缩略词，增长速度较快，如“GDP、NBA”，形成了汉语字母词的第二个原型（张铁文，2006、2013；邹玉华，2012：29、30）。此外，汉语中各种字母形式包括外文词语的使用纷繁复杂，至今势头不减。

由此，汉语中出现的字母形式大致可进行三级分类：第一级，根据其是否属于汉语系统分为字母词和非字母词两类；第二级，字母词根据其与原型特征的相似度分为典型字母词和非典型字母词两类；第三级，典型字母词、非典型字母词与非字母词又根据形式或内容特征各自分为多种类别。具体的层级和类别如图 1 所示。

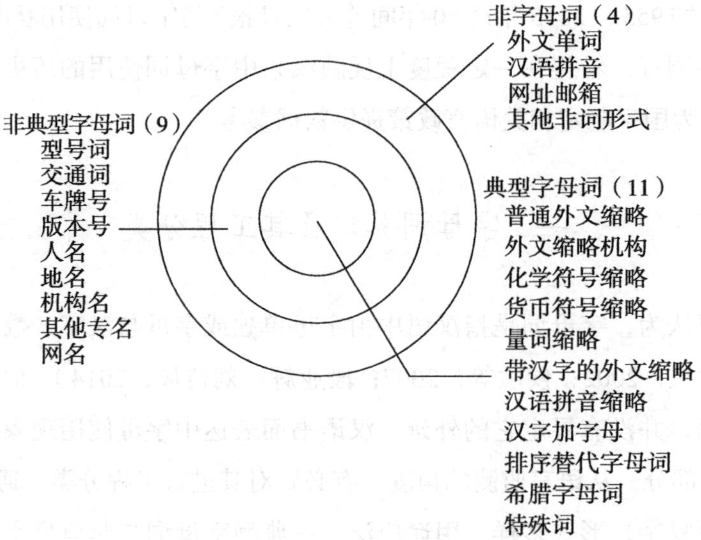

图 1　字母形式不同层级类别

需要说明的是：第一，对于非字母词和非典型字母词来说，其下属的类别是进入该层次的充分条件，如汉语拼音肯定是非字母词，表型号的词肯定是非典型字母词。但典型字母词不同，这些类别只是进入该层次的必要条件，是一种潜在可能性，还要考察它在语言运用条件上是否符合典型字母词的标准。第二，三种类别之间并没有非此即彼的界限，对有些字母形式归入哪个类别合适，难免见仁见智。第三，第三级根据特征的细分是一种工程分类，主要是为字母形式的工程处理奠定基础、提供方便。

本文主要调查典型字母词，也顺带考察非典型字母词以及其他字母形式的使用状况。

二　调查语料与方法

（一）语料概况

本文按照间隔 4 年的方式选取了 1955—2015 年《人民日报》中 13 个年度的语料作为调查样本，共计近 3 亿字次、1.6 亿词次，36 万个文本。其基本数据如表 1 所示。

表 1　调查所用语料基本状况

年份	语料规模（字次）	词种	词次	文本数
1955	16 259 337	128 383	9 211 384	15 659
1960	25 996 869	171 008	14 946 256	23 924
1965	15 768 001	117 734	8 941 158	16 724
1970	11 283 671	77 892	6 256 605	10 853
1975	11 580 980	102 981	6 241 541	13 543
1980	17 498 211	172 588	10 026 866	28 027
1985	19 233 275	203 686	10 836 961	35 292
1990	18 484 262	199 614	10 484 913	33 027
1995	22 569 307	232 198	12 786 731	39 605
2000	23 125 977	221 589	12 934 098	36 828
2005	28 545 090	238 876	15 756 737	36 761
2010	36 924 120	272 708	20 639 676	41 081
2015	35 693 828	274 209	20 103 447	36 901
总计	282 962 928	1 156 455	159 166 373	368 225

（说明：其中的字次只包括汉字和字母，不包括其他符号。词种、词次是用中国传媒大学国家语言资源监测与研究有声媒体中心开发的分词标注系统 CUCBst6.0 切分后统计的结果。）

（二）方法说明

1. 使用中国传媒大学国家语言资源监测与研究有声媒体中心研制的字母词监测软件 CUCLems 提取出语料中所有带字母单位并自动进行分类和标注，对标注结果佐以人工校正。

2. 从这些单位排除英文单词、汉语拼音、网址邮箱、错误书写等非字母词，再根据上述形式和语言运用标准区分典型字母词和非典型字母词。

3. 不区分全角和半角字母，在统计之前，统一将全角字母转换成半角，再进行统计。

4. 不区分同形词与多义词，一个形式不论有几个意义，意义之间有联系否，都作为一个单位。

三　字母词使用状况

在这 60 年间，汉语在字母形式使用的数量和类别上发生了很大的变化，显示出一定的规律性。

（一）字母形式在汉语表达中占据一定的阈值空间

字母，主要是拉丁字母，自 19 世纪进驻汉语记录系统以后，就在汉语中扎下了根，与汉字、阿拉伯数字、标点符号一起记录汉语（郭熙，1992；苏培成，2012），成为汉语书面表达的一个子系统。从在汉语中使用的总体情况来看，一方面，它特有的排序和替代功能使得汉语表达系统少不了它，它的使用比例会有一个最低阈值，即下限；另一方面，它字形稀少、区别性差、与语义无干的特性不符合汉民族的认知习惯，在汉语中又不可能用得太多，它的使用会有一个饱和值，即上限，超过这个量人们就难以接受了。也就是说，字母形式在汉语表达中占有一定的阈值空间。表 2 显示了这 60 年间字母形式在语料中的分布。

表 2　字母形式分布状况

年份	字母形式种数	占语料词种比例（%）	字母形式次数	占语料词次比例（%）
1955	230	0.18	480	0.0052
1960	332	0.19	1198	0.0080
1965	419	0.36	1794	0.0201

续表

年份	字母形式种数	占语料词种比例（%）	字母形式次数	占语料词次比例（%）
1970	81	0.10	289	0.0046
1975	83	0.08	164	0.0026
1980	590	0.34	1257	0.0125
1985	805	0.40	2200	0.0203
1990	944	0.47	2457	0.0234
1995	1847	0.80	6406	0.0501
2000	3150	1.42	12 609	0.0975
2005	3445	1.44	14 592	0.0926
2010	3534	1.30	19 021	0.0922
2015	3823	1.39	20 701	0.1030

表 2 可以看出，即使是在“不学 ABC，照样走天下”的“文革”时期，样本中字母使用最少的 1975 年，字母形式也出现了 83 个，164 次，词种比例占全年语料的 0.08%。在改革开放前，《人民日报》字母形式使用每年大约 200—500 个，500—1500 次，词种占比在 0.2%—0.3%。改革开放以后，字母形式慢慢增多，尤其是 90 年代以后，有一个 10—15 年的急速增长期，词种比例占 1.4%，基本上达到了《人民日报》使用字母形式的上限，随后的 10 年，使用比例有所下降。这种变化趋势如图 2 所示。

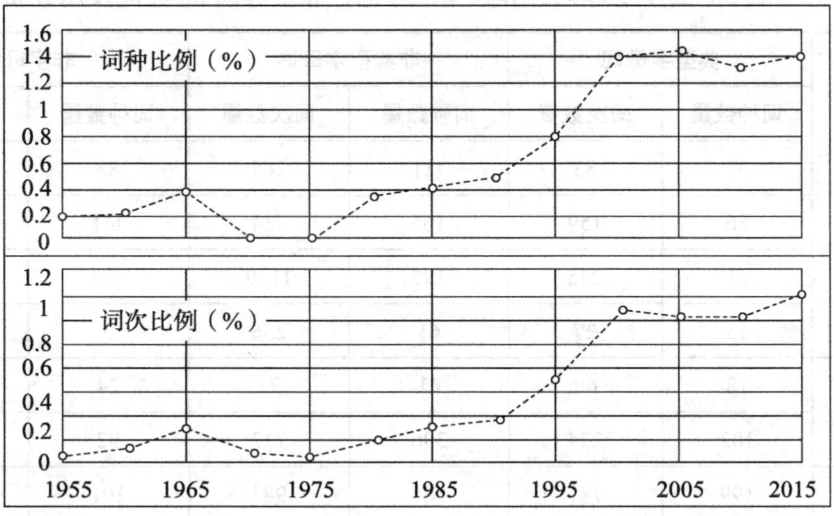

图 2　近 60 年《人民日报》字母形式词种、词次占比趋势变化

图2显示，这60年间字母形式的使用大致呈现为勺形，也叫北斗型，词种比例变化更明显一些。从时间轴来看，大致可以分为三段：1990年之前是勺头，1970—1975年是勺底，尽管是非常时期，仍可看出字母形式在汉语表达中的不可或缺；1990—2000年是向上弯曲的勺柄前部，显示出改革开放到一定程度后，因表达需要，字母形式急速增加；2000—2015年构成了比较平直的勺柄后部，显示字母形式达到一定的量后会平稳下来，甚至由于相关机构的干预作用，呈现减少趋势，这在更多媒体的大规模语料统计中看得更清楚（侯敏等，2016）。

（二）典型字母词的第一个蜕变：数量增多

字母形式可分为典型字母词、非典型字母词、非字母词三类，60年间的使用数据见表3。

表3的词种、词次数量是绝对值，从三种类型每年各占字母形式词种、词次的比例可能更容易看清它们的使用情况和变化趋势。图3和图4分别显示了三种类型占字母形式词种、词次比例的变化趋势。

就词种来看，三种类型字母形式的数量在这60年间是起起落落，最终趋向平稳。典型字母词基本趋势是从低到高，稳定上升；非典型字母词和非字母词前25年（1955—1980）大起大落，其后的20年非典型字母词从高到低，迅速下降；非字母词先降后升。到2000年，三者的变化曲线都归到30%左右，15年中稍有浮动，但一直较平稳地胶着在一起，各占三分之一左右。

表3　典型字母词、非典型字母词、非字母词60年间使用分布

年份	典型字母词		非典型字母词		非字母词	
	词种数量	词次数量	词种数量	词次数量	词种数量	词次数量
1955	33	83	111	268	86	129
1960	56	159	165	734	111	305
1965	51	245	195	1150	173	399
1970	15	27	61	256	5	6
1975	18	68	41	71	24	35
1980	102	274	396	712	92	271
1985	199	787	505	983	101	430

续表

年份	典型字母词		非典型字母词		非字母词	
	词种数量	词次数量	词种数量	词次数量	词种数量	词次数量
1990	278	1357	553	827	113	273
1995	637	3838	838	1448	372	1120
2000	1028	8754	1060	1714	1023	2100
2005	1115	9397	1236	2475	1094	2720
2010	1313	13 022	1112	2774	1109	3225
2015	1229	14 966	1434	2946	1160	2789

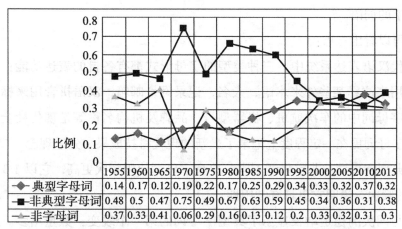

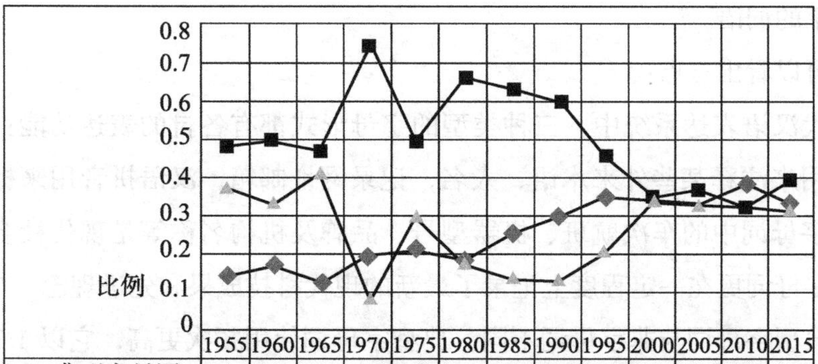

	1955	1960	1965	1970	1975	1980	1985	1990	1995	2000	2005	2010	2015
典型字母词	0.14	0.17	0.12	0.19	0.22	0.17	0.25	0.29	0.34	0.33	0.32	0.37	0.32
非典型字母词	0.48	0.5	0.47	0.75	0.49	0.67	0.63	0.59	0.45	0.34	0.36	0.31	0.38
非字母词	0.37	0.33	0.41	0.06	0.29	0.16	0.13	0.12	0.2	0.33	0.32	0.31	0.3

图 3　60 年间各类型词种占字母形式种数比例变化趋势

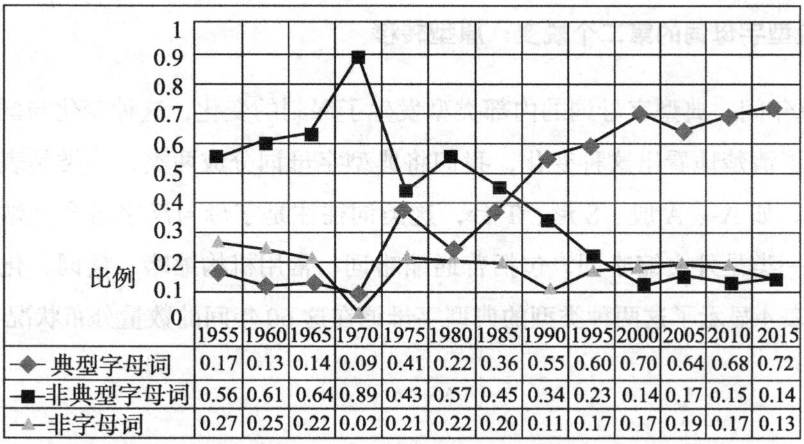

	1955	1960	1965	1970	1975	1980	1985	1990	1995	2000	2005	2010	2015
典型字母词	0.17	0.13	0.14	0.09	0.41	0.22	0.36	0.55	0.60	0.70	0.64	0.68	0.72
非典型字母词	0.56	0.61	0.64	0.89	0.43	0.57	0.45	0.34	0.23	0.14	0.17	0.15	0.14
非字母词	0.27	0.25	0.22	0.02	0.21	0.22	0.20	0.11	0.17	0.17	0.19	0.17	0.13

图 4　60 年间各类型词次占字母形式次数比例变化趋势

词次的情况就不一样了。前10年相对平稳，非典型字母词居高，典型字母词最低；其后的15年大起大落，非典型字母词最高时（1970）占到字母形式词次的89%，查看语料，主要是美国轰炸越南、泰国、巴基斯坦等国使用的飞机型号；典型字母词和非字母词处于低位，非字母词最低时只占2%，仅有两个括注的外国人名和三个单个字母（如：把尼克松名字中的英文字母“X”写成法西斯的标志“卐”）。从1980年开始，非典型字母词急速下降，从57%降到2000年的14%，以后就保持在15%左右；非字母词一直处于较低的位置，最高在1980年，仅为22%，以后就一直徘徊在17%左右，因为非字母词主要包括英文、汉语拼音、网址邮箱等，所以这点最能说明《人民日报》在使用这些字母形式时非常谨慎，尽量不用。典型字母词与前两类相反，一直处于上升状态，从1980年的22%到2015年的72%，足足上升了50个百分点，其中主要是外文缩略词，还有一些字母加汉字的词语。

至此，可以看出三点：

1. 在当代汉语表达系统中，三种类型的字母形式都有各自的表达功能：非字母词中的英文单词用来注释某些外来术语、人名，记录网址邮箱，汉语拼音用来标注某些生僻字；非典型字母词中的车次航班、机器型号、品牌及机构名称等是现代社会生活的重要元素；典型字母词更在一定程度上记录了最新的现代科技成果和先进理念。

2. 与非典型字母词与非字母词不同，典型字母词使用频次更高，它以1/3的词种占据了高于2/3的频次，说明它更具有常用性。

3. 词种与词次的稳定增长显示了典型字母词的第一个蜕变：数量增多。这也是字母词引起世人关注的主要原因。

（三）典型字母词的第二个蜕变：原型转移

在这60年间，典型字母词的内部类型发生了深刻的变化，这种变化与国家的发展直接相关。为了清楚地看出这种变化，我们将典型字母词分成两类，一类是表排序、替代以及借形的，如A-、A股、S形、T台，这类词往往是字母与汉字组合，姑且称之为排序替代词；一类是外文缩略词，包括普通缩略词、常用机构缩略、量词、化学符号和货币符号等。表4显示了这两种类型的典型字母词在这60年间的数量分布状况。

表 4　60 年间典型字母词类型分布

年份	排序替代词		外文缩略词	
	词种数量	词次数量	词种数量	词次数量
1955	23	67	10	16
1960	38	110	18	49
1965	35	196	16	49
1970	13	22	2	5
1975	17	67	1	1
1980	58	161	44	113
1985	80	496	118	290
1990	85	691	193	666
1995	139	1366	498	2472
2000	133	1621	895	7133
2005	119	899	996	8498
2010	172	1719	1181	11 397
2015	158	1277	1126	13 744

就词种、词次数量的绝对值来看，两种类型都是上升趋势，只不过快慢高低不同，如果从它们各自在典型字母词中占的比例来看，却大不相同。图 5 显示了这 60 年间排序替代词、外文缩略词占典型字母词词种的比例变化，词次变化趋势与此基本相同，不再另外出图。

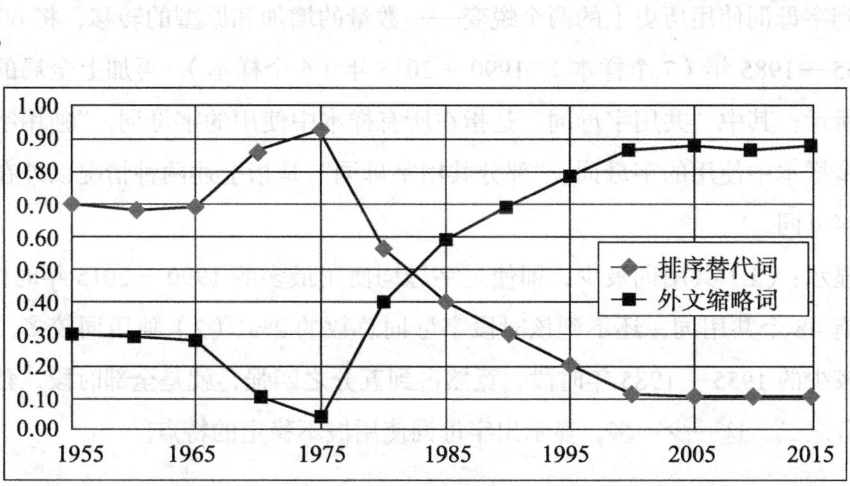

图 5　60 年间排序替代词、外文缩略词占典型字母词比例变化趋势

图中可以看出，60 年间排序替代词与外文缩略词在典型字母词中的占比发生了逆转性的变化。整个图形像一把张开的剪刀，以 1980—1985 年为转折点，是剪刀轴，它的左部是刀柄，外文缩略词处于下部底端，最低时不到 10%，排序替代词处于上部顶端，最高时超过 90%；它的右部是刀身，刀柄部处于底端的外文缩略词上升到刀身的顶部，占比达到近 90%，而排序替代词则下降到底部，仅占 10% 左右。图 5 清晰地显示出典型字母词的两个原型在使用中发生的变化：1985 年前，典型字母词以排序替代词为主流，所以在人们的心理认知中以字母加汉字的形式为原型，最典型的词如“X 光、阿 Q、A 区、维他命 C”；1985 年后，外文缩略词的使用比例急剧上升，人们心理认知中典型字母词的原型发生了变化，转移为外文缩略词，最典型的词如“GDP、WTO、NBA、CT”，由于排序替代词在汉语中仍然使用，于是形成了典型字母词的两个原型。由于外文缩略词是后来居上，在人们的认知中更占优势，所以典型性更强，提到字母词，人们首先想到的是它们，而它们在汉语中起的作用不再仅仅是排序、替代，而是代替汉字直接记录表示具体意义的语词，因而使得某些人产生了它们会取代汉字以致汉语 300 年后消亡的担忧。

（四）字母词使用特征之一：稳定性差

稳定性是鉴别一个词语在词汇系统中所占位置的标准之一。从整体来看，字母词使用并不稳定。典型字母词是字母词中稳定性比较强的，其使用的稳定性可以从共用、独用的情况来考察。在这 60 年间 13 个年度样本中共使用了 3409 个字母词[①]，每个样本中都出现的字母词只有一个“X 光”，12 个样本中出现的有“阿 Q、X 光机”；只在一个样本中出现的独用词却有 2174 个，占字母词的 63.77%。

考虑到字母词使用历史上的两个蜕变——数量的增加和原型的转移，将 60 年分两段统计：1955—1985 年（7 个样本）、1990—2015 年（6 个样本），再加上全局的统计，数据如表 5 所示。其中“共用字母词”是指在所有样本中使用的字母词，“独用字母词”是指仅在一个样本中使用的字母词，“部分共用字母词”是指上述两种情况以外在部分样本中使用的字母词。

表 5 显示：（1）共用词极少，即使是字母词使用最多的 1990—2015 年时段，6 个样本中也仅有 48 个共用词，还不到该时段字母词总数的 2%。（2）独用词较多，且不说字母词使用较少的 1955—1985 年时段，竟然占到五分之四强，就是全部时段，独用词也占到了近三分之二。这一少一多，显示出字母词使用极不稳定的特点。

① 如果无特别说明，下面所说的字母词均指典型字母词。

表 5　不同时段字母词共用、独用情况表

类型 \ 时段		1955—1985	1990—2015	1955—2015
共用字母词	数量（个）	1	48	1
	比例（%）	0.29	1.47	0.03
独用字母词	数量（个）	275	2105	2174
	比例（%）	80.41	64.83	63.77
部分共用字母词	数量（个）	66	1121	1234
	比例（%）	19.30	34.24	36.20
全部字母词	数量（个）	342	3274	3409

字母词使用稳定性差还表现在大量字母词是偶发词。这可以从字母词不同频段的分布看出来。

表 6 显示，13 个样本中使用频次大于 1000 的字母词只有两个：GDP 和 WTO，而只使用一次的有 1279 个，占所有字母词的 37.52%，使用频次在 10 以下的有 2714 个，占总数的 79.61%。这一结果与相关调查（郑泽芝，2009）基本相同。这样的频次分布也充分显示出总体上字母词使用极不稳定。

表 6　不同频段字母词分布情况

频段	词种（个）	比例（%）	覆盖率（%）	词次（次）	比例（%）	覆盖率（%）	例词
＞1000	2	0.06	0.06	6711	12.67	12.67	GDP、WTO
999-500	9	0.26	0.32	5451	10.29	22.96	APEC、CPI、A 组、NBA
499-100	82	2.41	2.73	17 259	32.59	55.55	B 组、3G、IMF、A 股
99-50	93	2.73	5.46	6271	11.84	67.39	甲 B、ABB、K、TD-SCDMA
49-10	509	14.93	20.39	10 512	19.85	87.24	GPRS、R&D、ST、WNBA
9-2	1435	42.09	62.48	5480	10.35	97.59	3Q、4D 级、AP、B 小调
1	1279	37.52	100.00	1279	2.41	100.00	1 型、3D 游戏、3R 原则
总计	3409	100.00	——	52 963	100.00	——	——

（五）字母词使用特征之二：高频词反映时代热点

因13个样本数量较多，不好列表，且前面年度字母词较少，不大能说明问题，所以前9个样本每3个合为一组，后4个样本每2个合为一组，再进行统计。各组数据见表7。

表7　各组频次在前的10个字母词

序号	1955—1965		1970—1980		1985—1995		2000—2005		2010—2015	
	词条	频次	词条	频次	词条	频次	词条	频次	词条	频次
1	三K党	51	阿Q	57	A组	382	GDP	1308	GDP	4071
2	D解放区	44	三K党	28	B组	311	WTO	1121	CPI	604
3	X光机	37	DNA	19	卡拉OK	174	IT	314	APP	551
4	X光	36	X光	19	C组	162	APEC	284	LED	509
5	X射线	22	A角	12	甲A联赛	136	DNA	274	APEC	491
6	阿Q	22	B组	11	BP机	123	CBA	259	3D	412
7	D战区	19	B角	10	甲A	96	CCTV-5	245	4G	408
8	Y病毒	14	维生素C	10	D组	83	NBA	242	PM2.5	400
9	V型	10	ABC	8	X射线	80	IP	193	A股	393
10	X线	9	X射线	8	CIMS	76	IBM	190	IMF	356

从表7可以看出：

1. 前三组高频词中排序替代词（字母+汉字）占绝对优势，30个词中只有两个外文缩略词DNA和CIMS（计算机集成制造系统），其余都是排序替代词（其中ABC使用了8次，均指“最基础的、一般常识”的意思，是借代，不是缩略）；后两组外文缩略词占绝对优势，20个词中仅有一个排序替代词A股，这也印证了上文说到的汉语字母词使用历史上原型的转移。

2. 从第二组开始，最高频词使用频次逐级攀升，57—382—1308—4071，几乎每个时代都涨了3—7倍。说明2000年后的某些字母词代表了社会生活中的热点概念，使用相对集中。

3. 每组词反映了不同时代媒体关注的焦点和时代热点。第一组频次最高的“三K党”是一个美国种族主义团体，“D解放区、D战区”记录了美越战争，作为汉语中最老牌的字母词，与透视相关的一组同义词“X光、X线、X射线”都赫然在榜，这一时期高频词主要用的是字母词的替代功能。第二组“阿Q”跃居第一，“A角、B角”与70年代的革命样板戏有关，90 年代媒体引进并大量播放了意甲联赛、英超联赛以及世界杯比赛，我国召开了历史上规模最大的全国足球工作会议，所以 A 组、B 组等占第三组榜首，甲 A、甲 A 联赛也榜上有名。这两个时期高频词以字母词的排序功能为主。第四组、第五组高居榜首的都是 GDP，反映新世纪以来我国以经济发展为主线的战略思想，第四组中 WTO 的高频记录了我国加入世界贸易组织的艰难历程，第五组中的 IMF 则反映了我国加入世界货币基金组织并成为第三大股东的水到渠成。

（六）字母词使用特征之三：失范现象多

字母词使用中的失范现象主要有两种：一是写错或用错，二是不加注释，令人不知所云。

字母词不是汉语固有的，写惯了汉字的人对字母天生不敏感，加之字母不表意，字数又少，区别特征不明显，书写时很容易产生错误。如下面的例子。

（1）根据大陆与台湾地区 EFCA 贸易协定，从台湾原产地进口化纤布可享受零关税，但骁腾公司却选择绕道从香港交税进口化纤布。（《光明日报》2015 年 12 月 31 日）

（2）销售人员苦笑着说，刷卡刷到手软，POSE 机上的纸都不够用了。（《北京青年报》2012 年 8 月 16 日）

（3）该厂家统一安装的 GSP 定位防盗装置价格在 265 元。（《北京青年报》2015 年 7 月 27 日）

（4）还通过介绍中国防控 SRAS 和血吸虫病的经验，让学员们知道传染病的控制不单单是政府的事情。（《北京青年报》2014 年 12 月 8 日）

（5）明天下午 IUC（国际奥委会）和冬奥申委都将会先后举行新闻发布会，通报这几天评估考察的活动情况。（中央人民广播电台《新闻晚高峰》2015 年 3 月 27 日）

例（1）将《海峡两岸经济合作框架协议》的英文缩写“ECFA”误写成“EFCA”，例（2）将刷卡结账用的“POS 机”写成摆姿势的“POSE”，例（3）将定位系统“GPS”写成“GSP”，例（4）将表示非典的“SARS”写成“SRAS”，例（5）将国际奥委会的缩写“IOC”写成”IUC”。

据调查（邹玉华，2006；侯敏等，2010），除了极少数最常用字母词，大部分字母词不为民众熟悉，陌生化程度很高，如果在大众媒体上直接使用，会造成交际障碍。如下面的例子。

（6）贵州还吸引中国交建、中国铁建等大型央企，通过 BOT+EPC、BOT+EPC+

政府补助等融资建设模式，让贵州高速公路突飞猛进。(《人民日报》2015 年 12 月 30 日)

(7)加多宝鼓励农户按照 GAP 标准种植加多宝凉茶原材料。(《人民日报》2015 年 10 月 27 日)

(8)世界排名仅为 52 位的沃拉斯顿此前与丁俊晖两次交手未尝胜绩，不过他在本赛季排名赛中发挥不错，还曾捧得 PTC3 的冠军。(《人民日报》2012 年 3 月 28 日)

(9)"香草"(犯罪嫌疑人翁某)等五人，主要从事"挂马"，开设"楠天网络科技公司"为掩护，通过种植木马病毒，控制客户主机的方式，大肆开展 DDOS 攻击，帮助"亮亮"传播"QB 马"病毒，导致用户感染。(《人民日报》2012 年 5 月 11 日)

(10)这件事情公开以后，巴拉迪尔在民意测验中的得分率出现下降，在 BVA 民意测验中社会党候选人若斯潘的得分率已名列第一。(《人民日报》1995 年 2 月 23 日)

这些例句中的字母词都是在文本中第一次或唯一一次使用，没有做任何解释，估计读者中能看懂的是少数，绝大部分人看不懂。

除此之外，字母词大小写不统一、是否加符号或空格随意等不规范现象也随处可见。如 vs：VS、mp3：Mp3：MP3、wifi：WiFi：Wi-Fi：WI-FI、Windows 7：Windows7。

四　思考与建议

(一)从国际化、信息化的视角再认识字母词使用问题

字母(尤其是拉丁字母)在汉语中安家是近代以来就存在的事实。改革开放以后，以英文缩略词为主体的字母词大量涌入汉语，这引起一些人的担忧。就我们的调查结果来看，这种担心没有必要。第一，字母具有的排序和替代功能已使其成为现代汉语书面表达不可或缺的子系统。第二，字母词使用在经历了数量大幅增长之后逐渐趋于平稳，说明汉语能吸纳的字母词数量是有限度的，这与语言的工具性及字母词的非汉字性性质有关，语言具有自我调节功能。第三，字母词稳定性差，被高频使用而能够在汉语系统中沉淀下来的共用字母词数量很少，近 30 年的高速增长期中也不超过 50 个，对汉语本体并未构成威胁性影响。第四，字母词使用反映时代特点，具有客观现实需求。网络时代信息通达，科技发展日新月异，每天世界上都会有一些新思想、新观念、新技术、新成果涌现出来，我们可能一时无法将其名称妥帖地翻译成汉语，不妨先用字母形式表达；中国与国际社会联系日益密切，参与国际活动逐渐增多，采用一些国际通用的语言表述

形式，与国际社会的互通更密切，等等。从这些角度来看，字母词在短时间内不可能也不应该从我们的语言生活中消失。

（二）给出一个分级的常用字母词表，帮助解决交流障碍

不管如何看待字母词，字母词的社会使用谁都无法禁绝，哪怕是用行政命令（李宇明，2013）。鉴于字母词在汉语中存在的事实，以及字母词使用的不稳定性，我们建议，在大规模调查基础上，给出一个分级的常用字母词表，每隔两年修订一次。第一，可以帮助百姓了解常用的字母词及一些“国际通用词”；第二，人们遇到不太熟悉的字母词可以有地方去查找，解决阅读障碍；第三，便于媒体在使用时有一个参照的规范，不同级别的字母词可按不同的形式使用：最常用的可不加注释，一般的最好加注释，不常用的及表外的字母词必须加注释。

（三）大众媒体使用字母词须谨慎，防止字母形式滥用

字母词虽然在汉语中被使用，但它毕竟不带有汉语基因，不符合中国人的认知和思维习惯，它本身不显示意义，区别性差，很难记住。所以汉语中不应该也不可能无限制地接受大量缩略形式的字母词。大众媒体应该尊重国人的感受，慎用字母词。第一，能不用的尽量不用。在这方面《人民日报》做出了榜样：2015 年全年《人民日报》954 次用到“伊斯兰国”，但一次也没有使用“ISIS”或“IS”；而《北京青年报》1544 次用到“伊斯兰国”，140 次用到“IS”，21 次用到“ISIS”，显然“ISIS、IS”是可以不用的。第二，除去少数大众已经非常熟悉的如 CT、GDP、PM2.5 之外，那些不得不用的最好同时给出汉语名称，以免造成交际障碍。第三，大众媒体、正式场合尽量避免中外文夹杂的表达方式，防止字母形式在汉语中的滥用。

（四）政府对语言生活的管理是必要的，也是有效的

“语言政策就是有关语言的各种选择”“其中有些选择是由于语言管理的影响而导致的”（博纳德·斯波斯基，2016：2）。本次以及相关语言调查事实（侯敏等，2016）证明，近些年媒体字母词使用比例呈平稳及下降趋势，这一方面是语言系统自身调节的作用，另一方面也是相关机构干预以及媒体自律的结果。可见，政府对语言生活的管理是必要的，也是有效的，应继续做好这方面的工作，使我们的语言生活朝着更加健康的方向发展。

参考文献

[1] 博纳德·斯波斯基. 语言管理，张治国译，北京：商务印书馆，2016.

[2] 段业辉、刘树晟. 权威媒体字母词使用状况的调查与分析. 语言文字应用，2014（1）.

[3] 郭熙. 汉语、汉字和汉语现行记录系统运用中的一些问题及其对策. 语言文字应用，1992（3）.

[4] 侯敏等. 报纸、广播电视、网络（新闻）字母词语使用状况调查. 中国语言生活状况报告（2006）下编，北京：商务印书馆，2007.

[5] 侯敏、滕永林、程南昌 . 2015 年与 2006 年媒体字母词语使用比较. 中国语言生活状况报告（2016）待刊，北京：商务印书馆，2016.

[6] 侯敏、滕永林、邹煜、何伟. 外文缩略词的使用状况及对策研究，研究报告，2010.

[7] 李宇明. 形译与字母词 . 中国语文，2013（1）.

[8] 刘涌泉. 关于汉语字母词的问题 . 语言文字应用，2002（1）.

[9] 苏培成. 谈汉语文里字母词的使用和规范 . 中国语文，2012（6）.

[10] 张铁文.《现汉》“西文字母开头的词语”部分的修订. 语言文字应用，2006（4）.

[11] 张铁文. 字母词使用是语言接触的正常现象 . 北华大学学报（社会科学版），2013（2）.

[12] 郑泽芝. 字母词语跟踪研究. 语言文字应用，2009（1）.

[13] 邹玉华. 字母词知晓度的调查报告. 语言文字应用，2006（2）.

[14] 邹玉华. 现代汉语字母词研究. 北京：语文出版社，2012.

（原载《语言战略研究》2016 年第 3 期）

汉语词典收录字母词的进程

张铁文
（中国社会科学院语言研究所）

一　字母词入典的肇始

汉语字母词产生于晚清时期，汉语辞书编纂者在字母词产生不久就注意到这一变化，开始在汉语词典中收录字母词。随着在汉语中使用的字母词不断增多，民国时期的汉语词典已经收录了不少字母词。

晚清时期出版的收录现代汉语词汇的词典较少。1903 年，《新尔雅》（汪荣宝、叶澜，上海文明书局）收录"X 光线"一词，"X 光线"是 X 射线的早期译名之一。《新尔雅》是近代中国最早的一部新词语词典。由此，汉语辞书发展史上首次有汉语词典收入字母词。《新尔雅》也是目前见到的唯一一部晚清时期出版的收录字母词的汉语词典。

民国时期出版的收录现代汉语词汇的词典约有 40 多种，其中收入字母词的有 18 种，详见下表。

表 1

序号	出版时间	词典名	编者	出版者	收录字母词情况
1	1914 年 11 月	新辞典	汪荣宝、叶澜	明权社	正文收入"X 光线"。与 1903 年出版的《新尔雅》收词释义模式相同。
2	1928 年 5 月	中国教育辞典	余家菊等	中华书局	正文后部设"补遗"部分，专门收录了"ABC 方法"和"T.B.C.F. 制"两个西文字母开头的字母词。
3	1930 年 3 月	中华百科辞典	舒新城主编	中华书局	正文收入"二 P 政策、三 K 党、三 B 政策、三 C 政策"4 个汉字开头的字母词。在正文"附录"中专门收录了"A 调短音阶、C 调长音阶、C.G.T.、C.G.S. 单　位、C.P.、C.Y.、I.W.W.、K.D.、T.B.C.F. 制"9 个西文字母开头的字母词。

续表

序号	出版时间	词典名	编者	出版者	收录字母词情况
4	1931年12月	辞源续编	陆尔奎主编	商务印书馆	正文收入“三K党”一个汉字开头的字母词。
5	1933年6月	新主义辞典	孙志曾	光华书局	正文收入“三K党”一个汉字开头的字母词。
6	1934年6月	自然科学辞典	郑贞文	华通书局	正文最后设“外来字”部分，收入了“α线、β线、C星、γ线、X光线、X线、Z项”7个西文字母开头的字母词。
7	1934年	新名词辞典	邢墨卿	新生命书局	正文收入“S.O.S.、C.P.、C.Y.、X光线、三R、三K党、三M政策、A.B.C.、G.P.U.、Nepman、阿Q精神”11个字母词。 凡例中提到“普通常以原文应用之外来语，如A.B.C.等，亦照其正楷笔画依次列入，如A为三画，S为一画。”
8	1936年	辞林	蔡丏因	世界书局	在该词典补编的附录部分有“缩写名词”专项，收入23个缩写名词，如“C.P.、C.Y.”，类似字母词，只是形式上缩写的色彩更浓。
9	1936年	辞海	舒新城	中华书局	正文收入“三K党”一个汉字开头的字母词。
10	1936年	外来语词典	胡行之	天马书店	正文收录了“三K党、三A政策、三B政策、三C政策、三M政策”5个汉字开头的字母词。这是中国第一部汉语外来词词典，也是中国汉语外来词词典首次收入字母词。
11	1936年3月	现代语辞典（第4版）	李鼎声	光明书局	正文收入“三K党、三A政策、三B政策、三C政策”4个汉字开头的字母词。
12	1936年9月	新术语辞典（第8版）	柯柏年等	南强书局	正文收入“三K党、三K运动”2个汉字开头的字母词。
13	1936年12月	中华百科辞典（增订第4版）	舒新城主编	中华书局	正文收入“二P政策、三K党、三B政策、三C政策”4个汉字开头的字母词。在正文“附录”中专门收入“A调短音阶、C调长音阶、C.G.T.、C.G.S.单位、C.P.、C.Y.、I.W.W.、K.D.、T.B.C.F.制”9个西文字母开头的字母词。续编部分增收“三B、三A政策、三S政策、阿Q精神”4个汉字开头的字母词。

续表

序号	出版时间	词典名	编者	出版者	收录字母词情况
14	1937年5月	现代知识大辞典	现代知识编译社	现代知识出版社	正文收入“C.I.F.、A.B.C.三强、F.O.B.、三K党、三A政策、三B铁道、三C政策、三S政策、阿Q相”9个字母词。
15	1937年6月	新知识辞典（第3版）	顾志坚主编	北新书局	正文收入“三K党、三A政策、三B铁道、三C政策、阿Q相”5个汉字开头的字母词。
16	1940年6月	辞源正续编合订本	陆尔奎主编	商务印书馆	正文收入“三K党”一个汉字开头的字母词。
17	1948年4月	国语辞典（全四册）	中国大辞典编纂处	商务印书馆	正文收入“三B政策、三K党、三C政策、三S政策、三A政策、阿Q正传”6个汉字开头的字母词。
18	1948年10月	辞海合订本	舒新城等主编	中华书局	正文收入“三K党、三A政策、三B政策、三C政策、三S政策”5个汉字开头的字母词。

从晚清民国时期出版的主要收录近现代汉语词汇的汉语词典对字母词的收录可以看到，这一时期的汉语词典编纂为字母词入典解答了以下三个问题：

1. 字母词是否可以收入汉语词典？

字母词的字母形式与汉字形式格格不入，因此字母词在汉语中出现是一种突破，在汉语词典中收入字母词也是一种突破。从清末开始，像阿拉伯数字被国人逐渐接受一样，字母词因其使用的便利性在汉语中开始出现并不断增多，逐渐被国人接受。汉语词典也与时俱进，开始收入字母词。X射线1895年底被德国科学家伦琴发现。时隔仅几个月，上海的《万国公报》就向国人介绍了这一发现。1898年《光学揭要》出现了“X线”一词。1903年有留日背景的汪荣宝、叶澜在其所编的《新尔雅》中已经收录“X光线”这个字母词。可见词典编纂对新事物的反应是十分迅速的。尽管当时X射线译名众多，词形不确定,《新尔雅》还是收入了该词，开创了汉语词典编纂史上的一个新时代。到民国时期，汉语词典收录字母词已经较为常见。在民国时期的汉语辞书编纂中，收录字母词逐渐成为一种常态，成为汉语词典编纂的惯例和通行的做法。

2. 汉语词典收录哪些类型的字母词？

从晚清民国时期出版的汉语词典对字母词的收录可以看到，这一时期收录的字母词主要有两种。

1）汉字跟字母混合构成的字母词

主要有三种构成方式：

a. 字母 + 汉字，如 X 光线、α 线。

b. 汉字 + 字母，如三 B。

c. 汉字 + 字母 + 汉字，如三 K 党、三 A 政策。

2）纯西文字母构成的字母词

这一时期汉语词典所收录的纯西文字母构成的字母词主要是英文缩写词，如 C.P.、C.G.T.。采用传统的缩写形式，多带有“.”。今天的英文缩写词为方便使用，“.”多数已省略掉。这一时期汉语词典所收录的纯西文字母构成的字母词也出现了非纯缩写形式的字母词，如《新名词辞典》（1934）收入了“Nepman”一词，这个英文词由缩写词 nep（新经济政策）和 man 组合构成。

3. 汉语词典怎样收录字母词?

汉语词典收录字母词从排检方式上大致可以分为三种情形：放入正文；在附录部分专收；汉字开头的字母词放在正文部分，字母部分开头的字母词放在附录部分。这三种情形在这一时期都已出现。

1）将字母词放入正文

晚清民国时期汉语词典在正文部分收录字母词已较常见。有 14 部词典在正文中收录了汉字开头的字母词。有 4 部词典在正文收录了西文字母开头的字母词，汉字开头的词语与字母开头的词语混排在一起，如《新尔雅》（1903）和《新辞典》（1914）正文收入“X 光线”；《新名词辞典》（1934）正文收入“S.O.S.、C.P.、C.Y.、X 光线、A.B.C.、G.P.U.、Nepman”7 个；《现代知识大辞典》（1937）正文收入“C.I.F.、A.B.C. 三强、F.O.B.”3 个。这一时期较为权威的汉语词典，如《辞源》《辞海》《国语辞典》等，都只在正文中零星收录了汉字开头的字母词，尚未集中专门收录西文字母开头的字母词。

2）将字母词放在附录部分专收

晚清民国时期汉语词典已开始出现在正文后集中专门收录西文字母开头的字母词的收词形式，先后有三部词典采用了这一方式收录西文字母开头的字母词。

a.《中国教育辞典》（1928）正文后部设“补遗”部分，专门收录了“ABC 方法”和“T.B.C.F. 制”两个西文字母开头的字母词。这是目前见到的最早对西文字母开头的字母词集中专门收录的汉语词典。

b.《自然科学辞典》（1934）正文最后设“外来字”部分，收入了“α 线、β 线、C 星、γ 线、X 光线、X 线、Z 项”7 个西文字母开头的字母词。

c.《辞林》(1936)在该词典补编的附录部分有“缩写名词”专项，收入23个缩写名词，如“C.P.、C.Y.”。

《中国教育辞典》和《自然科学辞典》为专科和百科类词典,《辞林》属普通语文词典。《辞林》是目前见到的最早专项收录西文字母开头的词语的普通语文词典。

3)分别放在正文和附录部分

《中华百科词典》(1930、1936)在正文中收录了汉字开头的字母词，在“附录”中收录了“A调短音阶、C调长音阶、C.G.T.、C.G.S.单位、C.P.、C.Y.、I.W.W.、K.D.、T.B.C.F.制”等西文字母开头的字母词。

从晚清民国时期汉语词典收录字母词的方式可以看到，这一时期汉语词典收录字母词已成为常态。汉语词典主要收录汉字跟字母混合构成及纯西文字母构成的两类字母词。在排检方式上出现了三种方式，今天汉语词典收录字母词的排检方式在这一时期大部分都已出现。

二　字母词入典的发展

新中国成立后，汉语词典对字母词的收录在晚清民国时期的基础上有进一步发展。

1951年黎锦熙主编的《学习辞典》(天下出版社)出版。该词典在凡例中说:“西文字母居首的各词，编在全书最后”，在正编部分的最后设有“西文词头”部分，收入“AB团、CC系、CCC系、S.A.加纳帕西、X行动计划”5个西文字母词开头的字母词。该词典是较早的将西文字母开头的字母词在书后集中收录的综合性辞典。

新中国成立后,《辞海》进行了多次修订，各版本收录字母词的情况见下表。

表2

序号	版本	出版时间	
1	第2版	1965	《辞海》(未定稿)内部发行。正文部分最后设“外文字母”“数字”两部分，收录西文字母开头的偏专业性字母词49个，开创大型综合性辞典在正文后部集中收录西文字母开头的词语的先河。
2	第3版	1979	正文部分最后仍设“外文字母”“数字”两部分，收录西文字母开头的偏专业性字母词63个。
3	第4版	1989	正文部分最后仍设“外文字母”“数字”两部分，收录西文字母开头的偏专业性字母词95个。

续表

序号	版本	出版时间	
4	第5版	1999	正文部分最后设"外文字母"和"阿拉伯数字"两部分，收录西文字母开头的偏专业性字母词126个。
5	第6版	2009	正文部分最后设"阿拉伯数字和外文字母"部分，收录西文字母开头的偏专业性字母词218个。

1956年，国务院在《关于推广普通话的指示》中，责成中国科学院语言研究所（即今中国社会科学院语言研究所）编写以确定词汇规范为目的的中型现代汉语词典。1958年2月《现代汉语词典》(以下简称《现汉》)开始试编，至今先后已有9个版本出版，分别是试印本（1960年）、试用本（1965年）、第1版（1978年）、第2版（1983年）、第3版(1996年)、第4版(2002年)、第5版(2005)、第6版(2012年)、第7版(2016年)。从试印本到第2版共4个版本，《现汉》在正文中都收录了"阿Q、三K党、维生素A、维生素B_1、维生素B_2、维生素B_5、维生素B_{11}、维生素B_{12}、维生素C、维生素D、维生素E、维生素K、维生素P、维生素PP"14个汉字开头的字母词，其中维生素词族的字母词12个。《现汉》从第3版开始在正文后部设"附"部分，集中收录西文字母开头的字母词。《现汉》第3版的正文附之前的部分删除了12个维生素词族的汉字开头的字母词，增加了"卡拉OK"一词。第3—7版的正文附之前的部分所收的汉字开头的字母词都是3个，分别是"阿Q、卡拉OK、三K党"。第3—7版"西文字母开头的词语"部分收录字母词的情况见下表。

表3

版本（出版年）	收条总数	新增条数	删除条数
第3版（1996年）	39		
第4版（2002年）	142	107	4
第5版（2005年）	182	49	9
第6版（2012年）	239	60	3
第7版（2016年）	235	8	12
合计收条数	263		

《现汉》9个版本正文部分合计收录过汉字开头的字母词15个，正文附部分合计收录过西文字母开头的字母词263个，9个版本总共收录过278个字母词。

《新华词典》是以语文为主兼收百科的中型词典，1980 年开始出版，至今已有 4 个版本。2001 年第 3 版开始在词典正文后附西文字母开头的词语，收录字母词 87 个。第 4 版 2014 年出版，收录西文字母开头的字母词 212 个。

中型语文词典《现代汉语规范词典》2004 年开始出版，至今已有 3 个版本，在词典正文后附西文字母开头的词语。2004 年第 1 版收录 132 个，2010 年第 2 版收录 150 个，2014 年第 3 版收录 151 个。

《全球华语词典》2010 年出版，词典正文后附"西文字母开头的词语"，收录字母词 159 个。2016 年《全球华语词典》的升级版《全球华语大词典》出版，词典正文后附"包含西文字母、阿拉伯数字的词语"，集中收录汉字开头的字母词、西文字母开头的字母词和阿拉伯数字开头的字母词合计 276 个。

晚清民国时期字母词数量较少，词典收录字母词有的在正文中收录，有的在正文后集中收录。新中国成立后，特别是改革开放后，由于字母词数量不断增多，词典在收录字母词时更多地采用在正文后部集中收录的形式。随着近些年来汉语字母词使用的不断增多，专门收录字母词的词典也开始出版，2001 年至今已有 5 部出版，详见下表。

表 4

序号	词典名	出版时间	主编	出版社	收词量
1	《字母词词典》	2001	刘涌泉	上海辞书出版社	2000
2	《实用字母词词典》	2002	沈孟璎	汉语大词典出版社	1300
3	《汉语字母词词典》	2009	刘涌泉	外语教学与研究出版社	2600
4	《中国媒体常用字母词词典》	2012	余富林	上海大学出版社	5000
5	《实用字母词词典》	2014	侯敏	商务印书馆	5000

专门收录字母词的词典在排检方式上有了新的发展。由于是专门收录字母词，普通词典常见的在正文后部集中收录字母词的形式，在专门收录字母词的词典中发生改变。由于数量相对较少，汉字开头的字母词在专门收录字母词的词典中处于从属地位。比如《实用字母词词典》（沈孟璎主编）正文分了四部分。第一部分是西文字母开头的词语，又分为拉丁字母开头的词语和希腊字母开头的词语两部分。第二部分是汉语拼音字母开头的词语。第三部分是汉字开头的词语。第四部分是阿拉伯数字开头的词语。

专门收录字母词的词典不断出版，反映了字母词不断增多的趋势，也反映了读者对字母词的查检有更详尽的需要。此外改革开放以来出版的各种汉语新词词典也或多或少地收入了新产生的字母词，比较及时地反映了汉语词汇这一特殊类集的最新变化。从字母词入典的百年历程可以看到，字母词收入汉语词典是汉语辞书编纂中通行的做法，字母词可以收入汉语词典在汉语辞书学界早已成为共识。随着汉语中字母词使用数量的不断增长，读者对字母词的查检有越来越高的需要。

三　当代字母词的特点

汉语字母词产生至今已有一百多年历史，当代字母词跟晚清民国时期的字母词相比产生了较大变化，有其自身的特点，从产生时间和数量、构词形式、分布领域等方面我们可以看到二者有明显不同。

1. 从产生时间和数量来看

汉语中目前仍在使用的字母词粗略估计总数量在五千个左右，这些字母词中相当一部分是组织机构名和专业术语等，在日常使用中并不常用。《现汉》所收录的字母词是其中的一少部分，但它们在当前的语言环境中仍在使用，是大众最为常见常用的一部分字母词，一定程度上可以反映了当代字母词的使用情况。因此我们可以以《现汉》(第7版）对字母词的收录情况来分析当代字母词产生时间和数量方面的特点。《现汉》所收的字母词都是当前语言生活中仍在活跃使用的字母词，但这些字母词并不是同时产生的，也不都是近些年才产生的。《现汉》所收的字母词都是什么时间产生的呢？对此问题我们利用电子资源，如中国知网、晚清民国期刊全文数据库、《申报》全文数据库等，利用纸本书刊、缩微资料等做了大量的资料搜集整理工作，弄清了《现汉》所收字母词的产生时间情况。晚清时期字母词开始产生，数量不大，但有些字母词使用至今，已有百年历史，属于典型的常用字母词。《现汉》收录的字母词中，这一时期产生的有2个，分别是X线（1898）和X光（1899）。民国时期字母词已经有一定数量的使用。《现汉》收录的字母词中，这一时期产生的约有21个，如X染色体（1920）、阿Q（1921）、ISO（1946）。新中国成立后至改革开放前，字母词缓慢发展。《现汉》收录的字母词中，这一时期产生的约有31个，如DNA（1956）、CPU（1967）、CT（1977）。改革开放至1990年汉语字母词增长速度较快，《现汉》收录的字母词中，这一时期产生的约有42个，如LCD（1979）、B超（1982）、卡拉OK（1985）、NBA（1987）。1990年至今汉语字母词快速发展，产生了大量字母词。《现汉》收录的字母词中，这一时期产生的约有142个，如HDTV、ETC、VR等。

我们对《现汉》(第7版）所收字母词的产生时间进行了统计，详见下表。

表 5

时期	晚清时期	民国时期	新中国成立后至改革开放前	改革开放后		合计
时段	1840—1911	1911—1949	1949—1978	1978—1990	1990 至今	
字母词产生数量	2	21	31	42	142	238
占比（%）	0.84	8.82	13.03	17.65	59.66	100

从统计数据可以看到，《现汉》所收字母词晚清民国时期产生的仅占 9.66%，新中国成立后产生的占 90.34%，占了绝大多数。当代产生的字母词中，改革开放前产生的仅占 13.03%，改革开放后产生的比例最高，合计占到 77.31%，反映了字母词产生至今数量不断增多的趋势，特别是 1990 年至今字母词发展迅猛，也反映了改革开放以来国际交流日益频密的趋势。由此可见，当代字母词的产生数量比晚清民国时期有了飞跃性的发展，产生速度更快，数量更多。

2. 从构词形式来看

当代字母词的构词形式比晚清民国时期有新的变化，增加了新的构词形式。晚清民国时期字母词的主要构词形式有汉字跟字母混合构成的字母词和纯西文字母构成的字母词两种。当代字母词在这两种构词形式的基础上，又增加了阿拉伯数字跟字母和汉字混合构成的字母词，其主要有六种构成方式：

a. 字母 + 阿拉伯数字，如 PM2.5、F1、MP3。

b. 阿拉伯数字 + 字母，如 3C、3D、4G。

c. 字母 + 阿拉伯数字 + 字母，如 B2B、O2O、C^4ISR。

d. 阿拉伯数字 + 字母 + 汉字，如 4S 店、3C 认证、3D 打印。

e. 字母 + 阿拉伯数字 + 汉字，如 Ω3 脂肪酸。

f. 汉字 + 字母 + 阿拉伯数字，如维生素 B_2、辅酶 Q10。

晚清民国时期字母词数量少，构词形式较简单。新中国成立后字母词不断发展，数量不断增多，构词形式也有新增，阿拉伯数字跟字母和汉字混合构成的字母词构成方式常见的已有 6 种，其中以阿拉伯数字开头的数量最多。因此 2002 年出版的《实用字母词词典》（沈孟璎主编）专门设了“阿拉伯数字开头的词语”这一部分，收词 29 个。2014 年出版的《实用字母词词典》（侯敏主编）也专门设了“阿拉伯数字开头的词语”这一部分，收词增加到 59 个。

3. 从分布领域来看

当代日常使用的字母词分布于较多领域，并不均衡，有些领域使用的较多，有些领域甚至根本不会使用。我们对《现汉》第 7 版所收 238 个字母词的使用领域做了分类，主要使用领域有电子（39 个）、经济（36 个）、医学（22 个）、互联网（16 个）、管理（10 个）、交通（9 个）、物理（9 个）、计算机（9 个）、考试（8 个）等，反映了这些领域对外交往频密，从国外引进先进技术和先进管理经验等较多。晚清民国时期字母词分布的领域则少得多，主要集中在政治、物理、音乐、医学、交通等领域。

4. 从语源来看

汉语字母词绝大多数是外来词，晚清民国时期汉语字母词主要来源于英语，多为英语来源的外来词，阿 Q 是当时出现的极为少见的非外来字母词。新中国成立后，1958 年《汉语拼音方案》颁行，汉语词汇中开始出现来源于汉语拼音缩写构成的字母词，如 GB、RMB、HSK，《现汉》就收录了少量来源于汉语拼音拼写构成的字母词，其他词典也或多或少有所收录，如《实用字母词词典》（沈孟璎主编）专门设了“汉语拼音字母开头的词语”这一部分，收词 38 个。这是晚清民国时期所不曾出现的新情况。1993 年以来，随着互联网进入中国，对社会生产生活的影响日益深刻，网络用语大量产生，其中也出现了较多的汉语拼音缩写字母词，如 PLMM、LD。由于这类字母词具有非正式性，专门收录字母词的词典对这类字母词收录较多。

5. 从缩写形式来看

晚清民国时期英文字母缩写带有点号的较常见，如 S.O.S.、C.P.，因此该时期汉语词典所收字母词缩写带有点号较常见。随着英语的发展，英文字母缩写带有点号的形式逐渐减少，到新中国成立后，词典收录字母词时，已经很少出现带点号的西文字母缩写词。汉语字母词中，绝大部分是西文字母缩写词，新中国成立后汉语词典所收字母词跟晚清民国时期汉语词典所收字母词相比西文字母缩写词比例更大。

综上所述，晚清民国时期汉语词典已经开始收录字母词，及时反映语言的变化。其对字母词的收录方式为之后的汉语词典编纂奠定了基础。收录字母词在这一时期就已成为汉语词典编纂的常见做法。新中国成立后，新编汉语词典对字母词的收录进一步发展。改革开放后，特别是 1990 年代以来字母词快速发展，数量不断增多，汉语词典纷纷开始在正文后部集中收录字母词，反映语言实际变化，满足读者查考需要。2001 年，专门收录字母词的词典开始出现，至今已经出版 5 部，反映读者对字母词入典有更高的要求。随着国际交往的日益频密，汉语中的字母词还会不断增长。字母词的使用是对汉语表达的一种有益补充，但也不宜过度使用。汉语词典除了有记录字母词使用的功能，方便读者查考，也会对其词形译名做适当规范，这无疑有益于字母词在汉语中健康发展。

参考文献

[1] 北京图书馆. 民国时期总书目. 北京：书目文献出版社，1986.

[2] 刘涌泉. 谈谈字母词. 语文建设，1994（10）.

[3] 青苹果数据中心.《申报》(1872—1949）全文数据库.

[4] 上海图书馆. 晚清民国期刊全文数据库.

[5] 沈孟璎. 浅议字母词的入典问题. 辞书研究，2001（1）.

[6] 史有为. 汉语外来词. 北京：商务印书馆，2000.

[7] 王吉辉. 非汉字词语研究 . 南京师大学报（社科版），1996（2）.

[8] 杨挺. 直用原文——现代汉语外来语运用中的一个新趋势. 中国语文，1999（4）.

[9] 张铁文. 词源研究与术语规范——X 射线词族的词源研究 . 术语标准化与信息技术，2005（1）.

[10] 张铁文.《现汉》"西文字母开头的词语"部分的修订 . 语言文字应用，2006（4）.

[11] 张铁文. 字母词探源. 语文建设通讯（香港），2007（总 88）.

[12] 张铁文. 字母词使用是语言接触的正常现象 . 北华大学学报（社会科学版），2013（2）.

[13] 张晓. 近代汉译西学书目提要. 北京：北京大学出版社，2012.

[14] 周有光. 世界字母简史. 上海：上海教育出版社，1990.

（原载《辞书研究》2017 年第 5 期）

新中国成立初期的科技译名原则探析

王 琪

（全国科学技术名词审定委员会）

一 新中国成立初期科技术语译名工作及译名通则

新中国成立初期，有规划、有组织地开展的科技译名工作在学术名词统一工作委员会（以下简称“学术名词委员会”）的领导下拉开序幕，后经机构变更，在中国科学院编译出版委员会的组织下继续推进。

学术名词委员会于1950年成立，是新中国成立的第一个术语工作机构，在中国术语工作史上具有重要意义，对后来的术语工作产生了深远的影响。其领导下的术语工作具有承前启后的作用，既是原国立编译馆术语工作的延续，也是新中国术语工作的开端。此后几十年的术语工作，都是在此基础上发展而来。为了更好地开展工作，学术名词委员会分领域来推进此事，共分设了五个组来进行，即：自然科学、社会科学、医药卫生、文学艺术、时事，各组组织译名工作的方式各有特点（王琪，2019）。

学术名词委员会这一时期的名词工作，既是对前国立编译馆名词工作的继承，也是新中国名词工作的初步探索。新中国成立初期，我国编订出版了百余种术语书籍，对于术语的规范和统一起到了重要作用，也为此后的名词审定工作奠定了深厚的基础。《统一学术名词工作的初步方案》和学术名词委员会成立大会的决议均对其工作的组织安排有详细的说明。

《统一学术名词工作的初步方案》初稿由杨钟健执笔，最初标题为“编订学术名词工作的通则”①，后经讨论改订为“统一学术名词工作的初步方案”。1950年4月6日，文委召开的第五次委务会议通过了《统一学术名词工作的初步方案》，方案中确定了学术名词

---

① 中科院编译局关于拟写和报送《编订学术名词工作的通则》稿的函．中央人民政府文化教育委员会档案：（51）发文编字第2746号

统一工作的原则、分工与进度等。[①]

从当时拟定的原则来看，已充分认识到，名词审订须遵循约定俗成原则，旧词的更改和新词的收选应广征意见，新词定名应遵循通俗性、国际性、协调一致原则。这些规定在名词审定工作中起到了重要作用，随后的名词工作就是在这些原则指导下进行的。随着名词工作的深入，名词工作者对其工作有了更深刻的认识，实际工作中所遵循的原则其实远不止这些。考察当时实际工作中遵循的译名原则，对于当前科技译名工作具有重要借鉴意义。

二　新中国成立初期科技术语译名原则的实施

一般说来，给事物确定一个合适的名称，且这个名称为大多数人所接受，并非易事。虽然在长期的术语规范化工作中专家们已总结出一系列原则，如单义性、科学性、系统性等，但实际定名过程中各原则如何取舍，依然是一个难题。

定名原则主要是针对所拟定的中文名称来说的。新中国成立初期的名词工作没有一套系统完备的工作原则和方法作为依据，但具体原则可散见于各名词序例及有关资料中。经搜集整理，其一般原则如下[②]：

1. 单义性原则

当时的名词工作尽量遵循唯一性原则，给外来名词一个统一的中文名称。根据学术名词委员会的要求，一个名词若有一种以上的译名，均经审定合用者，应选择其最适宜的译名即列为首位的最适宜者为决定名，其余均保留为参考名，而不能并列为决定名。[③]也就是说，决定名只能有一个。从当时自然科学组名词工作实际情况来看，各名词都尽量遵循这一原则。有的贯彻了这一原则，但并未明确标示；有的则是在编排说明中明示。如《化学化工术语》（俄中英）（1954）、《动物组织学名词》（中英）（1955）等在编排说明中都提到，一个外文名词以拟订一个中文名词为原则，一般名词尽量只采用一个中文译名。然而实际工作中，总难免出现有的名词两个中文名都适当而难以取舍的情况。在这种情况下，各种名词都做了处理，处理方式大体相同，主要有以下两种：（1）暂时并

---

① 文化教育委员会关于成立“学术名词统一工作委员会”等给出版总署函．中国出版科学研究所，中央档案馆编．中华人民共和国出版史料 2（1950 年）.北京：中国书籍出版社，1996：226—231

② 参见各名词前言或编排说明部分。

③ 关于报送自然科学组工作总结报告及附件的函．中央人民政府文化教育委员会档案：（50）收计字第 359 号。

列。当时许多学科的名词都是这么处理的。如,《动物组织学名词》(中英)(1955)中,liver parenchyma 作“肝实质,肝主质”,fallopian tube 作“输卵管,喇叭管”。少数名词虽“让他们并存”,但明确表示将较妥者置于前面,有推荐使用之意,逐步引导其走向统一的意向。(2)标示可通用。在一个外文名词同一意义的两个中文译名都适用的情况下,若两个中文译名的区别只是几个字的增减,则用符号标识其通用。当时绝大多数名词都采用了这一方法,如,《自然地理名词(地形之部)》(中英)(1954)中,rock desert 作“石[质沙]漠”,表示既可作“石漠”又可作“石质沙漠”。如果说“暂时并存”是不得已而为之,“标示可通用”是简称和全称之别,则定名用字可灵活应用的处理方式就是给唯一性原则的执行力度打了不少折扣。

以上所论及的是自然科学名词定名原则。医药卫生名词、文学艺术组与自然科学名词大体类似,即尽量遵循“以一个为原则”。

2. 科学性原则和约定俗成原则

为了准确表达概念的本质特征,避免误解,名词的拟订须科学。学术名词委员会在工作期间,十分重视这一原则。当科学性和约定俗成性发生矛盾时,一般以注重科学性为主。

对于不正确或易混淆的词汇,则予以改订。如,《自然地理名词(地形之部)》(中英)(1954)中,“上层遗留河 superimposed river”过去通作“重成河”“重成”之意,似乎表示该河一度曾在此间消失,而不能表示由上层构造下切而遗传到下层构造的过程。

根据概念拟订中文名,应表达其所指的构造或特征。如,《动物组织学名词》(中英)(1955)提到,所订名词力求正确、简明,并能表达外文名词所指的构造或特征,而不照原文字面直译,如 Meibomian gland 作“睑板腺”,chromophile 作“易染的”等。

此外,也十分注重名词之间的细微差别。如,《结构工程名词》(中英)(1954)对于同音的中文字汇,力求保存其原来意义,并分辨其应用的场合,如“联”与“连”,“接”与“结”,“镕”与“熔”,“梢”与“销”等,皆斟酌使用。

约定俗成也是自然科学组名词工作普遍遵守的另一原则。遵循约定俗成原则,就是对于习用已久的名词,尽量沿用。如,《岩石学名词》(中英)(1954)中,岩石定名一律以所含矿物成分为主,但对于习用已久的名词如“花岗岩、黑曜岩”等,则沿用通用名称。

医药卫生组对上述两项原则的认识与自然科学组大体相同。在科学性和约定俗成原则矛盾时,以科学性为先。如,《人体解剖学名词》(1954)提到,旧译名存在问题的,另行拟订。

3. 系统性原则

学术名词委员会工作时期组织编订的名词较好地贯彻了系统性原则。

首先，在具体学科领域，同一层次同一类型特征的概念，定以同一类型标记的中文名称；同一层次不同类型特征的概念，定以不同类型标记的中文名称，还十分重视属类关系。如《植物生理学名词》(中英)(1953)中，关于植物运动的名词，tropism定为“向性”，taxis定为“趋性”，nasty定为“感性”。

其次，为了便于联系和对照，中文名称的拟定揭示了相关概念之间的逻辑关系。如《土壤学名词》(中英)(1955)中，steppe、prarie、meadow分别拟为“草原、湿草原、草甸”。

此外，具体学科领域中，词头(词尾)相同的名词，都尽量采用了相同译法。如:《细胞学名词》(中英)(1953)中，-mixis作“融合”，-ploidy作“倍性”，-nema作“线”等。

医药卫生组所编订的名词序例中未明确提及系统性这一原则，但实际工作中遵循了这一原则。如1951年8月下旬的第二届医药学名词审查会议资料显示，治疗学组的审查原则包括“‘成形’‘整形’应暂并存。法术二字之应用，简单者用法字，较繁者用术字”。①

文学艺术组也非常重视系统性原则。1950年11月19日举行的音乐名词统一会议商定，名词尽量系统化，如根据提琴的不同型号分为小、中、大、最大；译音最好能顾及系统化，即同一音用同一字，如li译“利”，ri译“瑞”，lo译“洛”，ro译“罗”等。②

4. 协调一致原则

学术名词委员会工作时期，名词工作者充分认识到，众多的学科门类若互不沟通，就容易出现大量重名和一个概念多种定名的现象，对名词工作有害。因此，组与组之间，组内各学科之间，有关名词都应尽量协调一致。

学术名词委员会十分重视组与组之间名词的协调一致。首先，学术名词委员会做了如下规定：关于自然科学组与医药卫生组，在工作上应如何具体联系的问题，例如，比较解剖学与人体解剖学、生理学与比较生理学，此等名词的编订与审查，可与卫生组协商，照以往办法办理。③其次，采取具体措施来保障组与组之间名词的协调一致。如，中科院于1951年6月致函文化教育委员会，因名词审订生理方面由本院编订，医药方面由

---

① 医药卫生组关于报送1951年8月第二届医药学名词审查会议材料的函．中央人民政府文化教育委员会档案：1951年10月9日卫教编字第188号。

② 中央音乐学院关于报送音乐名词统一工作第一次会议记录的函．中央人民政府文化教育委员会档案：1950年11月27日(无收发文号)。

③ 关于报送自然科学组工作总结报告及附件的函．中央人民政府文化教育委员会档案：(50)收计字第359号。

卫生部编订，两类名辞相同的很多恐编订后互有参差。为划一起见，拟请文化教育委员会召集两部门开一联席会议。[①]又如，郑作新因卫生部审订的组织胚胎学名词与自然科学组编订的细胞学名词颇有出入，特检出制表。[②]

名词书在处理跨学科术语时，一般遵循“副科服从主科”的原则。如，《化学化工术语》（中英）（1955）提到，与其他学科（尤其物理学）共用的名词，审订时力求一致。

5. 简明性原则

在不影响表意的前提下，定名越简明越好。当时的名词工作较好地遵循了这一原则。

定名用字尽量使用笔画较少的字，易读易写。《天文学名词》（中英）（1952）、《气象学名词》（中英）（1954）均提及，两个意义相同的名词，如恰当的程度不相上下，则尽量用笔划较少的一个。如，用“周期”，不用“週期”；用“坐标”，不用“座标”；用“日食”，不用“日蚀”等。

尽量缩短名词长度。《天文学名词》（中英）（1952）所订名词，力求简单，例如各行星的卫星，译作“木卫一、天王卫二”等；行星族的彗星，译作“木族彗、海王族彗”等。《物理学名词》（1953）中提到，名词中含有三个人名的，全部音译似嫌累赘，只各取首一音节的音译，如“范、克、布三氏法”。

除自然科学组外，其他各组也坚持简明性原则。如，1950年11月19日举行的音乐名词统一会议商定，音译时一般要采用笔画少的字，“柴科夫斯基”不如“柴可夫斯基”。[③]

除以上原则外，当时的名词工作还遵循了其他一些原则，如尽量避免造字、生僻字；以意译为主；坚持定名的民族性，等等。

三 新中国成立初期科技术语译名原则的思考

新中国成立初期的这些科技术语译名原则，是在实际名词工作中摸索出来的，这些原则对于规范定名起到了重要的指导作用。当然，各学科的基础和具体情况不同，各学科对于定名原则的理解和把握难免各有侧重。如时事组对国名机构名的译名拟定原则进行了初步思考。时事组对各国国名首都名的音译采用的原则是：（1）英语系统国家按英

---

① 中科院关于为划一编订生理与医药方面的名词拟请召集开一联席会议会商办法的批示．中央人民政府文化教育委员会档案：1951年6月6日院编字第2574号。

② 郑作新关于检送卫生部审订的组织胚胎学名词与自然科学组编订的细胞学名词出入的函．中央人民政府文化教育委员会档案：7月20日（无收发文号）。

③ 中央音乐学院关于报送音乐名词统一工作第一次会议记录的函．中央人民政府文化教育委员会档案：1950年11月27日（无收发文号）。

语发音译出；（2）法文、意大利文与德文一般由专人翻译，在遇到困难时，则参照字典。西班牙文人名亦由懂西班牙文发音的同志订正。（3）目前比较通行的译名，若错误不大时，仍沿用旧名，太大则另译；（4）阿拉伯文与波斯文，因为既不懂又缺乏工具，为不影响工作起见，暂采用权宜之计，照英语发音译出。①

需要注意的是，相关原则之间存在一定的互斥现象，遵循原则时总是存在须选择性执行的情况，因此，在执行术语译名的各项原则时，常有例外出现。

如协调一致原则常常未能贯彻到位。（1）含义不同而另行拟订。如：mandible 在《脊椎动物解剖学名词》中订为“下颔”，而在《昆虫学名词》（中英）（1954）中，则订为“上颚”；maxilla 在《脊椎动物解剖学名词》中订为“上颔”，而在《昆虫学名词》（中英）（1954）中则订为“下颚”。（2）引用其他学科名词时，意义不甚恰当而另行拟订。如：consistency 在化学上定为“稠性”，而《土壤学名词》（中英）（1955）以拟为“结持度”较妥；base 在化学上拟订为“碱”，而《土壤学名词》（中英）（1955）仍宜拟为“盐基”。（3）因沿用已久而不便更改。如：《气象学名词》（中英）（1954）中，有些气象名词（特别是气象仪器名称），因在气象工作方面沿用已久，且已普遍熟悉，若勉强与其他学科所定名词采取一致含义，事实上不易推行，因此，如“温度表”（在物理学名词上称“温度计”），“温度计”（在物理名词上称“温度记录器”）等仍予保留。

再如，原则上应简明，但对于 plate 的译名是否使用“钣”有过调整（王琪，2016）；虽然原则上尽量避免造字，但是造字情况并不少见，如造了“砼”作为 concrete 的中文译名（王琪，2018）。这些情况是译名工作中的矛盾和难点，在当前术语译名中也仍普遍存在，有待以后逐步完善和解决。

参考文献

[1] 王琪. 中国 20 世纪 50 年代名词规范化组织工作概况 . 中国科技术语，2019（3）：64—73.

[2] 王琪.“板梁”一词的规范问题. 中国科技术语，2016（1）：58—60.

[3] 王琪. 浅谈 concrete 的译名及造字问题. 中国科技术语，2018（1）：68—71.

（原载《中国科技翻译》2022 年第 1 期）

① 译名统一工作委员会时事组关于报送各国政府机构名单并请求给予指导的函 . 中央人民政府文化教育委员会档案：9 月 7 日（无收发文号）。

第二部分　译写的方法

音节显赫如何塑造汉语的专名音译模式

刘丹青

（深圳大学人文学院）

一 引言

汉语在对外来专名进行音译时，表现出一些非常显著的特点。要对汉语译名进行有效的规范，需要对这些特点有清楚的认知。本文认为，决定汉语专名音译特点的最大因素是汉语的音节显赫特征。音节比较显赫的其他语言也常带有这些音译特点。本文将探讨音节显赫如何造就汉语及音系类型相近语言的音译的特点。

按世界通例，专有名词的跨语言传播，一般采用音译的方式（汉字文化圈内以对应汉字相互直接引进的“形译”除外）。本文主要关注外语到中文的音译译名，最主要的是人名、国名、地名，及部分组织机构中的音译专名部分，包括音译的缩写简称。国名、地名、组织机构中的通名部分，如“纽约州”的“州”,“法兰西共和国”的“共和国”“吴哥窟”的“窟”等，不在本文关注范围内。音译的普通名词和专业术语，如“欧姆（电阻单位）、爱克斯光、雷达、优盘”等，以及文学艺术作品名的音译，都不是本文关注的范围；但作为作品名出现的人名地名，如《伊利亚特》《罗摩衍那》《卡萨布兰卡》等，则仍属本文关注对象。音译的普通名词，包括商品商标名等，常常有语音以外的考虑，包括音义兼译甚至超原词的语义发挥等，如“博客”和“部落格”（均指 Blog)、“可口可乐”（Coca Cola)，不适合充当音译研究的对象。

关于汉语译名的研究，文献很多。吕叔湘（1985）就简略提到过用汉字翻译外国人名地名的一些不便之处和分歧。下文将说明，汉字的背后其实就是音节显赫的语言特征。大部分汉语音译研究文献都面向规范，分析一些“错译”的表现，尤其关注译名不统一现象。既有中国大陆译名不统一的问题，更常涉及海峡两岸暨香港的译名分歧问题，并提供一些改进建议。如王燕、王金波（2005）着重从对错角度分析译名中存在的一些问题，宋纯（2009）从语音保真度问题分析内地与香港译名分歧的原因并提出对策，陈国华、石春让（2018）提出了一些增强译名规范性和统一性的原则。研究海外汉语的学者，会注意到海外汉语专名翻译中的方言现象，如丘学强（2015）研究了新加坡英文地名中的闽语等方言成分。丘学强（1989）也有一些章节谈到人名地名中的汉语方言成分。彭佳洁（2012）则从规范化的角度分析了海峡两岸和香港的专名翻译差异的问题，其中包括普通话和粤方言的差异问题。这些研究，较多关注译名分歧的社会文化原因，有时会涉及汉语某些音的空缺或汉字的使用对译名的影响，较少谈及汉语本身的特点尤其是音系类型特点对译名工作的影响。刘丹青、石汝杰（1993）对汉语译名分歧的原因做了较多语言学探讨，从汉语汉字的特点来分析译名差异的内在原因及方言因素，并就此提出对策建议，但对音系类型特点的作用挖掘得还不够。徐通锵（1997）在讲音韵问题时谈到了中西语言语音类型特点对音译方式的影响（详下），触及了较为本质的问题。谢丰帆（2014）较为全面地介绍了借词音系学关注的诸方面问题和现象，在此基础上讨论了汉语音译的一些特点，涉及前人已注意到的"使用现存音节"的现象，并认为"很有可能是因为汉语'单音节'的倾向造成了以音节为范域、整体的标记性制约"，这也触及了汉语音节重要性问题。国外有些译名研究基于现代音系学理论，分析译名的音系限制和修补策略，如 Tranter（2000）分析了韩语中的英语借词的音系特点，Kenstowicz & Shuchato（2005）分析了泰语中英语借词的音系适应问题。这两项成果涉及的语言都有音节显赫语言的译名特点，对本文有参考价值。本文的主要旨趣不在人名地名翻译的统一和规范，而是将译名现象当作一种语言现象，来分析其中所体现的汉语音系类型特点，也以此为应用研究和规范化工作提供更扎实的学理基础。

与印欧语相比，汉语的专名音译表现出鲜明的特点。徐通锵（1997）指明了汉语以音节为单位翻译造成的影响。张洪明（2014）从音系类型角度强调了音节在汉语中的重要性，刘丹青（2018）将"音节显赫"视为汉语音系的重要类型特点。基于这些认识，本文将提出，汉语音译模式的最大内在原因就是音节显赫。具体音素库藏差异引发的译名问题，倒是不同语言的专名翻译都会遇到的问题，本文暂不涉此，具体可以参看刘丹青、石汝杰（1993）一文。汉字的特点对汉语译名有较大影响，不过，方块汉字成为记录汉语的书面符号系统，本身就是汉语的音节显赫特征在起作用。汉字对译名的影响，有些反映了汉语的音节显赫特点的影响，有些则与汉字字形系统也有关系，是音节显赫与文字系统的共同作用。

二 音节显赫造就的汉语译名的根本特点：以音节为翻译单位

（一）汉语的音节显赫

汉语音节显赫有两重含义。一是在汉语的各级音系单位中，音节的地位最显赫，对音系、韵律规则影响最大，远远超过辅音、元音等最小音段单位；二是跨语言来看，汉语及一些亲属语言的音节比其他很多语言中的音节更重要，更凸显；相对地，另一些音系层级和韵律单位的重要性就不如其他一些语言，如韵素（摩拉）的重要性不如日语，音素和重音的重要性不如印欧语言（张洪明，2014）。音节显赫不但影响到音系韵律本身，而且影响词汇形态句法的特点（刘丹青，2018），也促成汉语选择以音节为单位的方块汉字。声调的存在为音节显赫进一步加持。

音节显赫造就了汉语专名翻译的基本模式，就是以音节为翻译单位，排斥非库藏音节，通过音素增减实现基于音节的译名。汉语专名音译的其他特征，也跟音节显赫密切相关。

（二）音节显赫与翻译单位

"翻译单位"即翻译时选择什么成分作为最小单位来构建源头语与目标语的对应关系。这一概念主要针对音义结合单位如短语、句子、语篇等（冯全功，2021）。这个概念也可以移用于音译领域，即我们以什么音系单位作为音译的基本单位或最小单位。

译音的翻译单位的选择，取决于母语人敏感的显赫音系单位和层次。徐通锵（1997）指出"汉语社团的最小语音感知单位是音节，而印欧语社团是音素，因而在对音译音的时候，就有可能用一个汉字对译外语的某一个字母，也有可能用两个汉字去对译多音词中的某一个音节，或者用一个汉字去对译两个音节"。这段话，总体上反映了显赫语音层次影响翻译单位选择的情况。以音节为音译的翻译单位，与音节在汉语其他形态句法操作中的根本地位是一致的。刘丹青（1986）总结苏州话重叠式的形式特点，第一条就是"以音节为基础单位，一切重叠包括重叠的基础形式和重叠部分以及其他附加成分都不能少于一个音节"。刘丹青（1993）以更广泛的汉语形态现象分析，指出"汉语中基本的语音感知单位是音节，音节在汉语中重要地位远远超过其他许多语言"。

（三）基于音素的音译：英语的例子

音素比较显赫的语言，可以将音素作为音译的最小单位。例如，前任美国白宫发言人 Jennifer Psaki 是波兰裔，她姓氏中作为音节或词开头的 ps 组合在现代英语音系中是不合规则的，英语没有这种复辅音开头的音节。英语中来自拉丁语的 ps 开头的词，ps 的读音都已经简省为 s，如 psychology（心理学）。但是，作为译名，英语可以音素对音素地译出这个姓氏，美国人可以按此组合念出 Psaki。这就是以音素为最小翻译单位，不完全受英语音节结构的影响。汉语同样不存在 ps 这样的声母，汉语就不可能以音素为单位译出 ps 组合，目前国内可以看到的翻译是“普萨基”（新华社）、“帕莎其”（百度百科）和“萨基”（她任美国国务院发言人时观察网 2013 年曾用的译名）。或者给 p 加上元音滋生出一个音节，或者干脆省去进不了汉语音节结构的前置辅音 p。又如，英语中后鼻辅音 ng[ŋ] 只能出现于音节尾，如 sing、long、lung、tongue，不能出现在音节首，但是遇到外国人名地名中以 ng 开头或独立构成的音节，英语译名完全可以照搬。如前南越政权领导人吴庭艳的英文名字就是 Ngo Dinh Diem（越南语：Ngô Đình Diệm），香港很多人的吴姓在英语中按粤音拼为 Ng，如企业家吴多泰 Ng Tor-tai。再如 m、n 在英语中也不能位于音节开头的另一个辅音之前。但是来自非洲语言的以 M-、N- 复辅音开头的人名地名，都能按音素对音素译成英语的专名，如 Mbo（姆博，联合国教科文组织前总干事）、M'Bo（多位非洲出身足球队员的姓氏）、N'Djamena（恩贾梅纳，乍得首都）。英语译名一般不允许有英语音位库藏中不存在的音素，所以越南语的 Ngô Đình Diệm（吴庭艳）中的 ô、Đ、ệ、要本土化为 o、D、e，但是只要是入库音素，都可以进入英语音系本身不存在的音素组合及音节。所以可以有 Ngo。这就是以音素为翻译单位的情况。这种语言的音译可以超越本音系的音节结构规则，具有更大的包容性和开放性，对源头语言的音节结构有相对较高的保真度。

（四）基于音节的音译：库藏音节

汉语是音节显赫的语言，任何需要译成汉语的语音单位都必须表现为汉语音系库藏（phonological inventory）中固有的一个个音节，本文称之为库藏音节（inventorial syllables），也就是谢丰帆（2014）所说的“现成音节”。在音素序列中超出汉语库藏音节的音素不能单独进入汉语，即使该音素属于汉语的音素库藏。换言之，汉语音译以音节为翻译单位，入库音素不足以成为进入汉语译名的充分条件。如普通话有辅音 ng，但是 ng 不能出现在音节开头，也不能自成音节，因此见于英语译名的 Ngo、Ng 这样的姓氏就不能进入汉语译名。汉语没有复辅音，像前文所举的以辅音前的 m、n 开头的非洲人名地名，在中译名中都以“姆 mu”“恩 en”等开头，后加 u 或前加 e，以此成为汉语的库藏音节。普通话 m 跟 ng 相反，只能做声母，不能做韵尾，所以遇到 -m 尾音节也无法直接对译，要么韵母添加音节“姆”，如Sam：山姆；要么视同n，如William：威廉。

汉语的音节由声母和韵母拼合而成。普通话及每个方言声韵拼合各有一定规律，有些声母和韵母不能拼合。如普通话f和i不能拼（苏州吴语就可以拼：飞[fi44]），b、p、m、f组声母和ü不能拼，zcs组声母和uai，uang等不能拼（很多方言可拼），这样，汉语的声韵配合表就留下片状或点状的很多空格，遇到空格的声韵拼合都是本音系不允许的，即非库藏音节，也是译名所排斥的音节，即使其每个音素都是汉语的固有库藏成分。

库藏音节是个有限常量，普通话只有400个左右的不带调音节。不在音节表内的单个音素或音素组合，都是音译中的无效资源。当然，普通话带调音节有1300个左右，但翻译时，四声之别一般没有源头语言的依据，即使面对有音高特征的源头语言也不管其源头音高特征为何，因而四声任选，对源语言单位没有区别作用，即谢丰帆（2014）所说的“调盲”现象。只有在人为选定声调后，声调才固化在译名上成为听辨要素（详后）。所以，我们可用的音节库藏资源就是这400个左右的音节。要用很有限的汉语库藏音节来翻译全世界语言的声音，无法做到高保真度。相比而言，日语译名的库藏音节更比汉语少得多。因此，以音节为翻译单位的音译，其语音包容性和宽容度小于以音素为翻译单位的语言。

汉语音译以音节为翻译单位，跟汉字的属性有一定关系。由于译名在书面上要用汉字表达，而汉字只记录汉语的库藏音节，因此译名只能包含汉语音系库藏中的音节。本质上，汉字的这种特点也是由汉语的音节显赫特征造就的。汉语口语本身不接受汉语音节库藏以外的语音要素（叹词略有例外，拟声词几无例外），这种语感体现在很多方面，甚至影响到对外语的感知，不必与汉字有关。譬如，汉语各方言都有一些有音无字的音节作为词或语素，这些音节都没有关联的汉字，却丝毫不妨碍方言区的人广泛说听使用。刘丹青（2022）对音节显赫独立于汉字，已有多项论证，这里简要引述。①汉语拼音方案曾经为26个拼音字母制定了一套字母表名称，读为a、bê[pɛ]、cê[tshɛ]、dê[tɛ]、e[ɤ]、êf、gê[ɛ]等。由于大量采用非库藏音节，因此难以推广，即使所用音素都是普通话音系的库藏音素。②汉语拼音方案中的o，以“喔”为例字，但在北京音系和大量北方官话中，该音位不作为零声母音节，很多人包括语文教师不会念作为音节的o，即使有汉字“喔”记录，教学时也只会念wō，不会念ō（侯晓彤，2014）。③很多人读英文字母，都会通过增音或变音的方式将英文字母纳入汉语音节库藏，l>[ailu]、n>[ɤn]、m>[aimu]。以上情况，都说明汉语口语强烈排斥非库藏音节，是母语人的语感，反映了汉语音系的固有特征，无须以汉字为媒介。译音限于库藏音节，也本于此，根本原因不是汉字。

韩国语（朝鲜语同。下文统称“朝韩语言”）音译也是以音节为翻译单位的，虽然朝韩语言训民正音文字（谚文）是以音素符号为最小单位的，但是仍然基本上不接受朝韩语言音节库藏以外的译音（详后）。这更说明译音限于本族语库藏音节是音节显赫语言的固有特征，与使用什么文字没有必然关系。

（五）音译音节的库藏化策略

音节显赫语言音译时遇到非库藏音节，会采用一些策略来弥补，一般会以库藏音节为目标用加法或减法来处理，最终将所有译音都化为目标语言的库藏音节，把译名音节全部库藏化。加法如汉语译音中的增音，主要就是为库藏音节之外挂单的辅音配上对音色和听感影响小的元音，凑成汉语的音节。这样，在增加音素的同时也会增加音节数。所谓挂单，就是原名中在音译后无法纳入左右汉语音节的辅音音素。减少，主要就是索性将挂单辅音删除。这种增减文献多有提及，如邱诗敏（2019）等。

增减二法可以分别以瑞典首都“斯德哥尔摩”和国名“澳大利亚”为代表。“斯德哥尔摩”原文为 Stockholm，2 个音节。其中词首挂单辅音 s 加了舌尖元音构成音节 sī，对音色影响最小；第二个元音后的边音 l 译为卷舌元音音节 ěr；词末尾的挂单辅音 m 加元音 ó 构成音节 mó。由此，双音节地名成为汉语的 5 音节地名。“澳大利亚”原名 Australia，原词三个音节，译为“澳大利亚”，音节增 1 而音素减 2。其中元音后的辅音 s 和复辅音后一辅音 r 都省去了，同时把 lia 拆成两个音节“利亚”。程度更甚的删减有“三藩（市）”，旧金山的别称，来自 San Francisco。若要保留 Australia 中的挂单辅音，就要译成“澳斯特拉利亚”。

减音比增音更显著地降低保真度。现在以新华社为代表的主流媒体的译名，基本策略是除原有固定译名外“有增无减”，即只增音不减音，以此维护保真度。如百度地图中瑞典还有“瓦克斯霍尔姆”（Vaxholm）、乌普兰斯布罗（Upplands-Bro）等城市名，分别由 2 或 3 个音节加到 6 个音节，但是没有进行简省操作。同类的还有地名“亚的斯亚贝巴（埃塞俄比亚首都）、布宜诺斯艾利斯（阿根廷首都）、布拉迪斯拉发（斯洛伐克首都）”和人名“加姆萨胡尔吉亚（格鲁吉亚首任总统）、哈斯布拉托夫（俄罗斯前议长）、希克马蒂亚尔（阿富汗前总理）”等，都出自新华社系统的新闻稿并成为规范译名。现在媒体中出现新的外国人名地名，很少有音素减量的。像“澳大利亚、三藩市、巴西、罗斯福”之类减音译名主要是早期形成的，有些可能是在当地华侨群体的口头形成的。

除了增减，有时也会对不合本族语库藏的复合元音进行拆分，将同一音节中的一个复合元音分配到两个音节中。如国名或区域名常用的复元音后缀 -ia/ya，与其前辅音不一定能构成一个汉语音节，如 Zambia（赞比亚）、Bolivia（玻利维亚）、Virginia（弗吉尼亚）、

Croatia（克罗地亚）、Bavaria（巴伐利亚）、Kenya（肯尼亚）等国名、地名中的 bia/via/nia/ tia/ria/nya 等在汉语中都不是库藏音节，因此这类专名中的 ia/ya 都被拆分到两个音节中，增加了一个音节，所以有“比亚、维亚”等，实现每个音节都属汉语库藏音节。

（六）其他音节显赫语言的类似音译策略

汉语周边的朝韩语言、日语和泰语，音节显赫度都胜过印欧语。这些文字系统各异的语言基本都以音节为翻译单位，在面对超出库藏音节的源头语言借词或译名时，也有跟汉语类似的弥补策略。可见汉语基于音节的译名策略，与汉字没有必然关系。

日语是单纯的 CV 语言，译名使用属于音节文字的片假名记录，所有挂单辅音在日语音译中都会被插入元音以符合日语 CV 音节结构及固定的音节库藏。如 George Bush（乔治·布什），全名两个音节，日语译为“ジョージ・ブッシュ”（根据线上 Longman English-Japanese Dictionary），相当于罗马拼音 Jiyooji Bushyu，成为 5 个音节。其中名和姓原文音节都以辅音结尾，到假名中后面都添加了元音。

朝韩语言采用分解到音素的谚文字符，拼写成以音节为单位的字符组合。其译名也不出现朝韩语言的非库藏音节。根据白莲花副教授（个人交流）介绍，如果有挂单的辅音，会添加高央元音 eu[ɨ]。如 Clinton（克林顿）译为“클린턴”（keul lin teon），c[k] 后加了韵母 eul[ɨl]。再如 Merkel（默克尔）译为“메르켈”（me reul kel），r 后也加了韵母 eul[ɨl]。而词尾辅音 l 正好是朝韩语言中音节的原有要素，因此被整合进켈 kel 这个库藏音节。如果面对朝韩语言没有的复元音，要通过拆分元音来译，如 William 译为“윌리엄”（wil li eom），复元音 ia 被拆分到前后两个音节中去，后一个音节没有声母，谚文中就用零声母标记ㅇ（ㅇ 做韵尾时代表 [ŋ]）。谚文字符虽然分解到音素，但是一般不允许其译名拼出非库藏音节。不过，比起汉字的全封闭性来，朝韩语言借助音素字符，偶尔会在译音时出现个别非库藏音节。如 Tymoshenko（季莫申科）译为“티모셴코”（ti mo syen ko），其中的“셴”（syen）是一般朝韩语言中不会出现的音节。

泰语是一种壮侗语，使用源于印度音素文字的泰文，但是翻译时泰语仍以音节为翻译单位。泰语有少量复辅音声母，也有少量的单个塞音擦音韵尾，没有复辅音韵尾。从 Kenstowicz & Shuchato（2005）所举来自英语的泰语借词可以看出，对于在泰语库藏范围内的复辅音声母和辅音韵尾，泰语可以按源头语言译出（清浊可能有调适），如（调号省略）claim > khleem、block > blɔk、bird > bəət、brake > breek。若遇泰语库藏外的复辅音声母和辅音韵尾，包括任何复辅音韵尾，即使所涉音素在泰语中都有，但泰语都会用一定的策略来进行调适（adapt），避免非库藏音节，实现音节库藏化。1）在非泰语复辅音库藏 sx- 的 s 后插入弱化元音 ə，形成所谓半音节，如：spare > s^{ə}pee、sponsor > s^{ə}pɔɔnsəə、style > s^{ə}taay、screen > s^{ə}kriin。2）将泰语中非韵尾辅音换成能做韵尾的辅音、半元音或直接省略韵尾，如：virus > wajrat、shell > cheew、deuce > diw、news > niw。这里，韵尾 -s 换成了 -t，韵尾 -l 换成了半元音 -w，有些韵尾 -s（包括拼写为 -ce 的）直接省去。3）韵尾复辅音直接省去后辅音，变成单辅音，如：eject > iicek、link > liŋ、disk > dis、act > ʔɛk、camp > khɛm、climax > khlaimɛk、milk > miw、lift > lip、physics > fiʔsik。这些调适，像汉语译名一样，有音素增减（可能同时增加音节）的，增音减音都是为了实现译名音节库藏化。可见译名库藏化是音节显赫语言的共性，跟是否使用汉字没有必然关系。

三　汉语专名音译的其他特征

除了以库藏音节为翻译单位这一主要特点外，汉语的专名译音还有其他一些特点，这些特点多半都与音节显赫的类型特征有关。下面分别论之。

（一）声调在汉语译名中的特殊作用：冗余信息的固化

声调是强化汉语音节显赫的重要因素（刘丹青，2018）。大部分语言是没有声调的；有声调的外语，多跟汉语没有声调对应关系。因此，声调在专名汉译时并不携带源头语信息，四声之别对被译专名没有作用。但是，汉语音节必须带调才能上口，汉语人不习惯说不带调的汉语音节，即使是声调被中和的轻声，也必须依附于带调音节而存在。因此，声调是汉语译名的强制要素，是目标语决定而非源头语决定的；具体调类则由译者选用，不受源头语的制约。另一方面，译名一旦确定，其声调就被汉语人识别为该专名的固有特征，因为汉语人不会识别记忆无调音节。如果改变译名的声调，就会影响识别。如把“马德里”发音成“麻德黎”，把“海明威”说成“亥明伟”会显著增加听辨难度，甚至被认为是不同的名字。

由此可见，在声调语言中，声调以约定俗成的方式强制添加给外来译名，成为专名识别的固化要素。反过来，声调语言的名字借入非声调语言，声调信息会被抹去，源头语专名的区别度被显著减少，例如“王～汪”相同——“Wang”。

泰语的情况稍有不同。根据 Kenstowicz 等（2005），泰语的活音节（即舒声音节）可以跟任何声调搭配，但是死音节（入声音节）要根据元音的长短配不同的声调，因此泰语的入声类译音词会根据元音长短在有限的调类中选择，不完全由译者任选。

（二）同一外语音节可能对应汉语不同的音节

基于音素的译名，由于逐个照搬源头语言专名的音素，所以一个专名常常只有一种译名。例如英语中 Tianjin（天津）、Moscow（莫斯科）、Paris（巴黎）、Gorbachev（戈尔巴乔夫）、Ho Chiminh（胡志明）、Sun Yat-sen（孙逸仙）、Ng Ding Diem（吴庭艳），都不会有其他形式。当然，另一些因素会导致译名分歧。源头语言方言的不同，如基于普通话还是基于方言甚至非汉语，会有不同的译名，像陈姓有 Chen、Chan（港式粤方言）、Zen（保留吴语音的姓氏）、Tan（新加坡闽南话）、Tang（法国华人闽南话）、Tran（越南语）等多种译法。源头语的音值如找不到贴切的对应音，就近归类时可能有分歧。例如辅音的送气不送气在印欧语中没有区别，在建立约定的字母对应之前，译写方面可能会出现分歧，如 Taibei 还是 Taipei。撇开这些因素，就音系结构而言，基于音素的翻译不容易出现译音分歧。

基于音节的译名，由于免不了增音减音，加上汉语这样的声调选择自由度，因此不同译者的译名常常有不同的变体，必要时需要一定的规范举措来统一。

刘丹青、石汝杰（1993）举过不少音译名分歧的实例，并分类分析其成因，其中有些就跟本文关注的音节显赫及其相应的增删音素等应对策略有关。下面只略引数例，再略加数例（均来自媒体），不再具体分析（同音而不同汉字的情况，详见下节）。

西班牙语的常用人名 Ferdinand：费迪南、费南德、费尔迪南、费迪南德、费尔迪南德；古代希腊农民起义领袖 Spartacus：斯巴达、斯巴达克、斯巴达克斯；法国姓氏 Dumas：仲马（作家父子大仲马小仲马）、迪马（前外长）、杜马（同“迪马”，前外长；又，著名化学家）；法国新闻人物 Joncour：荣古、荣古尔、容古、容库尔、钟古；现代土耳其领袖 Kemal：凯末尔、基马尔；法国前总统 Chirac：希拉克、席哈克；语言学家暨文学家兄弟 Grimm：格里姆（格里姆定律）、格林（格林童话）；语言学家 Paul Kay：保罗 · 凯伊、保罗 · 凯；经济学家及常用英语姓氏：（Adam）Smith：（亚当）斯密、史密斯；英语常用人名及导弹名 Sam：山姆（山姆大叔）、萨姆（萨姆导弹）；英语常见姓氏：Williams：威廉斯（多位英美名人的姓氏）、威廉姆斯（美国网球姐妹）；美国州名 Virginia：弗吉尼亚、维吉尼亚、维珍尼亚。

同音异译也是导致中国大陆和台湾、香港地区译名差异的主要因素之一。

（三）同一汉语音译音节可以对应不同的汉字

由于汉字属于语素—音节文字，同一库藏音节可以有不同汉字来表达，在形成通用译名前可能因译者而异。假如包括声调差异和语音的差异，用字差异就更多一些。而在书面语中，每个通用专名都有固定的汉字形式，若被写作不同的汉字，易被读者识解为不同的对象。例如，法国作家“司汤达”，如果写作“斯汤达”或“思汤达”，就难以被认同为是这个作家。但是，我们仍然看到重要专名有“泰戈尔—太戈尔”，“日耳曼—日尔曼”，“土耳其—土尔其”等异体。至于不知名的专名，异体字就更多了。西方或中亚西亚常用的专名，也常有同音的异体字，如“托马斯—托玛斯”“阿布杜（拉）—阿卜杜（拉）”。异体字的存在，会影响专名的个体识别的同一性。

汉字用于音译时，理论上只有其语音起了作用。但事实上汉字的使用不可避免会带上该语素的语义联想，因此汉字选择也成为译名的考量因素，使译名产生增值功能，增添了原名所无的含义。这才是超出音节显赫因素的汉字的作用，也是字母文字的纯音译（包括日本假名和朝鲜谚文）所没有的效果。早期对西方国家的国名中译，多采用“美言策略”，如“美利坚、英吉利、法兰西、德意志、意大利”等。也有一些非洲国名的音译曾经用字欠雅，后来进行了正式调整，说明意识到译名用字的增值功能。如 Sierra Leone：塞拉勒窝内 > 塞拉利昂（境外也有“狮子山”的意译），Moçambique：莫三鼻给 > 莫桑比克。国外商标品牌在进入中国市场时，常会在译名用字的选择上竭力追求优良效果。如可口可乐（Coca-Cola）、佳能（Cannon）、强生（Johnson & Johnson）、奔驰（Benz，曾用来自创始人姓氏的译名“本茨”）。反过来，语言应用中也可以利用译名的选字空间表达负面的态度情感，如网络空间常见对自己讨厌的国名人名的译音有意使用贬义汉字如“奸、恶、劣”。

（四）以普通话音系为音译的标准

专名的中文音译，曾经有过各方言争奇斗艳的阶段，尤其是率先走出国门去到南洋北美的闽粤客方言群体，曾用各自的方言翻译了众多国名地名人名，其中影响大者成为通用译名沿用至今。随着国语运动的兴起，特别是新中国成立后普通话推广和语言规范化等工作的展开，普通话成为专名中文音译的音系标准。中国台湾地区和新加坡等推行华语的东南亚区域，全世界华语社会基本都以普通话为音译标准。只有港澳地区曾长期存在用粤方言音译外国专名的情况。

以普通话音系为音译标准，虽然是一个社会语言学现象，但是它对语言本体有巨大作用。在音素为翻译单位并使用拼音文字的语言里，方言差异基本不会影响译名的形式，因为反正就是将原名的音素逐个音译过来，结果都相近。而在音节为翻译单位且方言复杂的汉语中，方言差异会严重影响译名的存在形式，对此我们将另文讨论。

四 音译特点对音译规范的启示

虽然本文不是直接面向应用的音译研究，但由于我们对汉语音译特点的认识得到了加深，我们还是能在此基础上提出改进专有名词音译的一些建议。

以新华社为代表的音译规范采用实际上的“有增无减”策略是合理的。

译名研究文献中，大家所诟病的最大问题就是译名分歧，作者们一定程度上体现出一种译名分歧焦虑，因为译名分歧会直接影响信息和知识的准确性和完整性。而译名统一的基础是语音保真度，大家都追求保真度，翻译出来的结果就会趋同趋近，即使有差异也容易调整靠拢，读者见到也会关注是否同一个地方或人名；反之，低保真度的译名，使不同的译名相距甚远，读者在不同文献中见到不同译名的同一对象，也想不到是同一个地方或人物。

汉语作为音节显赫的语言，不能接受库藏音节外的游离音素。为了处理游离音素，经常要对原名进行调适，这就必然要以牺牲一定的保真度为代价，但是牺牲的程度是不同的。

增音法，是将游离音素扩充为音节，扩充一般是增加语音特征不凸显的元音，这种增音对读音和听觉效应改变不大。日语、泰语以及朝韩语言均用此法。这是保真度相对较高的调适方法，而且不同的译者会遵循同样或类似的增音法，例如汉语中在唇辅音后加 u（Prague~ 布拉格），舌尖辅音后加舌尖韵母 -i（Сталин~ 斯大林），其他辅音后加 e（Trump~ 特朗普）。

减音法，是直接删除游离音素，例如 Brasil 译为“巴西”，直接删除了 r 和 l 两个音素。早期甚至为了接近汉语的词语长度而直接删除一至多个音节，如将 San Francisco（旧金山）译成“三藩”。这种处理方式，对于本身并不身处当地的汉语人来说，是很难将其与原名关联的。例如“三藩”，读者根本不知道它删除了多少东西。即使像“澳大利亚”“巴西”那样稍有删节的地名，也无法推知删掉的成分，因而更不容易识别可能的同名异译。例如分别见到“巴西”和“布拉西尔”（Brasil）的人，假如前者不是通行固化的译名，是很难知道这两个名字会来自同一个原名的。即使是同一专名的不同译者，在孤立语境中也无法知道别人译的是不是自己译过的专名。

检验保真度的一个标准是可逆性，即据译名恢复原名或听出原名的可能性。赵元任（2002）曾用可逆度作为测试音位标音法优劣的标准之一，即从音标推知语音或读出语音的可靠程度。增音法无非是增加一些影响听感较小的中性元音，即使连同元音一起还原，母语人仍有较高的理解度。例如从“史密斯”还原到 Smith 肯定比从“斯密”还原到

Smith 更加容易。而删除法是完全没有可逆性的，因为人们无法无中生有，在“斯密”“巴西”等名中，你根本不知道被省略了什么。葡萄牙语母语人听到“布拉西尔”肯定比听到“巴西”更能听出这是指 Brasil 这个国家，英语母语人更是绝不可能从“三藩”中体会到是指 San Francisco。

作为音节显赫的语言，汉语的人名地名有较为严格的音节数限制，两三个音节的短名字在音节数上有更高的本土化 / 汉化程度，视听效果更像汉语的人名地名，也更容易接受和记忆。这是吸引译者选择减音法的重要因素。但是，除了已经通行的固定译名，新的译名都不是某个译者的“专卖权”，删除法的任意性和不可逆性不但导致保真度低，而且决定了它必然会让不同译者译法歧异，造成读者困惑。

新华社等主流媒体实际上施行的译名原则，即在需要调适时宁增勿减，是译名走向规范化的主要路径。在网络媒体多样化、自媒体涌现的时代，尤其要将对保真度和统一性的维护放在译名选择的首位。我们不赞同任意删音的音译做法，像将语音学家拉德福基德（Ladeforged）译成“赖福吉”之类的，除非是得到本人授权创造汉化名字，否则是不可取的。专名翻译的“译者主观裁量权”应小于其他内容的翻译。在这里，保真度、统一性是更高的要求。

五　小结

汉语专名音译表现出了与音素显赫语言的音译明显不同的根本特点，这些特点主要是由汉语的音节显赫类型特征决定的，汉字和方言差异也对汉语译名的特点产生一定的影响，这些影响往往也与音节显赫的特点有关。

汉语音译的根本特点是以音节为音译时的翻译单位。译名只接受汉语音系库藏中的音节；无法纳入库藏音节的游离音素，必须通过音素和音节的增减来库藏化，即转化为库藏音节。这一音译策略也见于文字类型各异的日语、泰语以及朝韩语言等音节相对显赫的语言，证明以音节为翻译单位与文字系统没有必然联系。此外，声调作为与源头语言无关的要素必须由译者选定并添加在每个译音音节上，成为译名的固有属性；同一个专名可能会形成不同的译名；读音相同的译名可能用字不同；译名统一采取普通话音系，各地方言只按普通话译名的汉字读出方言音节。汉语及近似语言的音译特点展示了音节显赫的强大力量。

本文对汉语专名音译特点的研究可为译名的规范化提供一定的参考。本文认为，以新华社为代表的主流媒体的“有增无减”做法（只增音不减音），更能够维护译音的保真度和统一性，应当坚持。任意减音的译名方法则会降低保真度和增加译名分歧。

参考文献

[1]陈国华，石春让. 外国人名汉译的原则. 中国翻译，2014（4）.

[2]冯全功. 原型理论观照下的翻译单位辨析. 中国翻译，2021（1）.

[3]侯晓彤. 浅谈韵母 o 的读音. 汉字文化，2014（5）.

[4]刘丹青. 苏州方言重叠式研究. 语言研究，1986（1）.

[5]刘丹青. 汉语形态的节律制约——汉语语法的“语音平面”丛论之一. 南京师大学报（社会科学版），1993（1）.

[6]刘丹青. 汉藏语言的音节显赫及其词汇语法表征. 民族语文，2018（2）.

[7]刘丹青. 语言类型学与国际中文教育. 语言文字应用，2022（1）.

[8]刘丹青、石汝杰. 专名翻译规范化的两大课题——统一性和保真度. 语言文字应用，1993（4）.

[9]吕叔湘. 汉语文的特点和当前的语文问题. 吕叔湘文集（第 4 卷）. 北京：商务印书馆，2004.

[10]彭佳洁. 从海峡两岸和香港人名地名翻译差异看译名统一的必要性. 牡丹江教育学院学报，2012（3）.

[11]邱诗敏. 英汉音节结构差异对英文人名音译的影响. 汉字文化，2019（19）.

[12]丘学强. 妙语方言. 北京：中华书局，1989.

[13]丘学强. 新加坡“中英对译物名”中的汉语方言信息. 武汉大学学报，2015（2）.

[14]宋纯. 外国人名地名汉译语音保真度研究. 语文学刊，2009（10）.

[15]王燕、王金波. 译名问题初探. 外语教学，2005（4）.

[16]谢丰帆. 借词音系学与汉语借词研究. 当代语言学，2014（3）.

[17]徐通锵. 语言论——语义型语言的结构原理和研究方法. 长春：东北师大出版社，1997.

[18]赵元任. 音位标音法的多能性. 赵元任语言学论文集. 北京：商务印书馆，2002.

[19]张洪明. 韵律音系学与汉语韵律研究中的若干问题. 当代语言学，2014（3）.

[20]Tranter, N. The phonology of English loan-words in Korean. *Word*, 2000 (3).

[21]Kenstowicz, M. & Atiwong S.: Issues in loanword adaptation: A case study from Thai. *Lingua*, 2005 (5).

（原载《语言文字应用》2023 年第 1 期）

译名和译名方式的文化透视

孟　华

（北京大学比较文学与比较文化研究所）

译名，也叫借词，是产生新词的重要途径，同时也是一种跨文化的语言传播手段。本文着重从文化的角度，来探讨译名及译名方式。

一　译名的文化含义

创造语言单位的命名活动，包括译名和一般命名两大类。揭示译名的文化含义，须先将译名与一般命名加以分析比较。

译名，指用本族的语言材料去规定、解释异族的语言符号；一般命名，则指利用本族的语言材料去指称客体概念而创造出新的语言符号。

在语言学意义上，译名和一般命名是性质相同的语言生成手段，但从文化的角度透视，两者却有深刻的差别：一般命名是同质文化的延续，译名则是异质文化的碰撞。下面就着重从两个方面来分析这种差别。

（一）命名原因

社会是不断发展的。一个社会在自身文化进步的基础上不断产生出许多新事物、新概念，从而使现有的语言符号系统经常缺少相应的词语来指称它们，于是出现了“定名空缺”。[①] 这会促使该社会在本族语言基础上创造出一些新词新义来填补“空缺”，以满足社会文化自我发展的需要。这就是一般命名。例如，近十几年出现的新词新义“离休、余热、特区、四化、宫倒、消肿、专业户、一国两制……”等等，就是由一般命名产生的。

然而，社会的发展又不是孤立的。当两个或多个社会群体互相接触乃至产生文化交流时，它们的语言彼此间借用也就不可避免了。任何语言都是特定文化的负载者，都是

① 参见（捷）拉迪斯拉夫·兹古斯塔主编《词典学概论》，商务印书馆，1983年，第250页。

一种为本社会所约定俗成的习得符号系统，它专用以表达该社会群体文化观念和生活经验。因此，不同的语言之间很少有音义绝对等值的词语符号。语言间这种音义不等值的状况，使得代表外来文化的外语词在进入本族语时，缺少相应的词语指称它们，由此便产生了“定名空缺”，于是需要利用本族的语言材料创造出新的名称来指代它们，以填补空缺。这就是译名。例如，近十几年间由于外来文化影响所产生的新词（外来词）：“黑马（英 a dark horse）、快餐（英 fast-food）、代沟（英 generation gap）、桑拿浴（英 sauna）、迪斯科（英 disco）”等等，就是由译名产生的。

可见，从命名原因分析，一般命名与译名的区别是明显的。

一般命名是某社会文化自身发展而产生“定名空缺”时，创造语言符号的手段。一般命名的结果是产生自源词。

译名是代表两种文化的语言发生接触而出现“定名空缺”时，创造语言符号的手段。译名的结果是产生外来词。

（二）命名过程

任何命名都是选择适当的语言形式去指称客体对象以构成新的词语符号的过程。在这个过程中，一般命名与译名亦有不同。

一般命名的过程包括两个阶段：一是内化阶段。即命名主体对来自某客体的信号流进行接收、筛选、加工、处理，从而形成反映客体的概念的过程。二是外化阶段。即命名主体选择适当的语言材料，将概念物质化、外在化，或者说，是赋予有关客体的概念以某种物质存在形式的过程。例如，随着改革的深化，人们对“大锅饭”的僵化体制所带来的种种弊端认识越来越清楚，于是，语言社会就创造出“内耗”一词来概括、指称这类现象。可见，一般命名的主要任务，就是形成、巩固人们的认识成果，以便交流。

而译名，自开始就面临一个外化了的、巩固了的概念——外语词，译名的全部任务仅仅是变换一下这个外化概念的语言形式：由外族语译为本族语。不言而喻，译名是在外语符号的基础上进行的，它着眼于对异族认识成果的借鉴而仅对其语言形式进行改造。译名并不像一般命名那样有一个概念的形成（内化）、巩固（外化）的过程。例如外来词“艾滋病”，译自英语缩略语“AIDS”，意指一种“获得性免疫缺损综合征”。汉语社会对它译名时，仅是将“AIDS”变换成“艾滋病”（开始译为“爱滋病”，后因不符合汉民族译名心理，改译为“艾滋病”）而已，其概念则是引进的而非本民族所创造。

所以，译名与一般命名相比其特点在于：它不是对事物和概念进行命名，而是用一种符号代替另一种符号。或者说，一般命名是形成、巩固本民族思维成果的语言手段，译名则是吸收、借鉴外族思维成果的语言手段。

通过以上从命名原因和命名过程两方面的分析比较，我们便可以从中揭示出译名的文化含义：译名，是在异质文化互相接触时，一种文化借鉴另一种文化的语言手段。

二　译名方式所反映的文化态度

译名方式，指译名过程中选择命名理据的方式。

由于译名的对象是音义结合的外语符号，因此译名者既可选择外语词的语音特征作为命名理据（如音译词），也可将外语词的意义特征作为命名理据（如意译词）。根据命名理据的不同，学术界一般分为音译、意译和音意兼译三种译名方式。

为了便于揭示译名方式所表现出的文化含义，本文将这三种译名方式概括为两类：动机性方式和任意性方式。

（一）动机性方式

动机性方式，指在译名过程中，人们利用反映本族语言理性内容的符号，侧重从意义的角度去释解外语词。动机性方式具体又包括意译、音意兼译、音意合译三小类。

1.意译

指用本族语中意义相近的词去释解外语词的意义。这是最典型的动机性方式，它所产生的是意译词。如：

（1）足球（英 football）　蜜月（英 honeymoon）

（2）铁路（英 train）　飞机（英 airplane）

上例两组词，（1）组的“足球、蜜月”，在意译过程中适当保留外语词原有的意义结构形式，逐“字”翻译过来：football（foot 足 +ball 球）→足球；honeymoon（honey 蜜 +moon 月）→蜜月。（2）组的“铁路、飞机”，则完全是根据本族语的意义结构方式把英语词 train、airplane 翻译过来。这两个英语词译为“铁路、飞机”后，其原有的语音形式、意义结构都彻底被汉语改造、完全汉化了，故难以察其“外来”痕迹。

我们把（1）组称之为半同化意译词，把（2）组称之为全同化意译词。

学术界一般不承认（2）组“铁路、飞机”的外来词资格，认为它们属于本族语言社会自造的。[①]

① 参见周振鹤、游汝杰《方言与中国文化》，上海人民出版社，1986 年，第 234 页；刘伶等《语言学概要》，北京师范大学出版社，1984 年，第 166 页；张永言《词汇学简论》，华中工学院出版社，1982 年，第 95 页。

但是，倘若从跨文化传播的角度考虑便会发现，全同化意译词并非是在本族文化土壤中自行产生的，而是两种文化接触中对外语词翻译的产物，只不过译名时选择了纯粹的民族语言形式罢了。例如英语词 helicopter 最早的汉译名是“直上飞机”，[①]《现代汉语词典》采取“直升飞机”而《辞海》则采取“直升机”。“直上飞机、直升飞机、直升机”三个译名都采用的是全同化意译方式，这种三个名称共存的情况，反映了汉语言社会对 helicopter 的汉译形式的选择。我们不能因为这些译名采用了纯民族语言形式而否认其外来词性质。如果将它们视为由一般命名产生的自源词，就完全抹杀了其文化意义上的“外来”特征。[②]

全同化意译词的根本属性在于：它们是由译名而不是由一般命名产生的。根据本文区分译名和一般命名的两个标准，可更清楚地揭示全同化意译词的本质特征。首先，从命名原因看，全同化意译词产生于两种语言间发生借用时的“定名空缺”，而不是本族语自发的衍生物。其次，从命名过程看，全同化意译词并未经历一般命名那样的“内化”“外化”的概念形成过程，它仅是赋予来自异族的概念以纯粹的民族化语言形式。因此说，全同化意译词也是两种文化接触时一种文化借鉴另一种文化的产物，应该属于外来词。

人们之所以将全同化意译词排斥在外来词之外，是采用了结构主义语言学标准，这类意译词与“相当的外语词的内部形式和形式结构又并不相同”，即它们之间在结构上不具有对应性形式标记，故无法确认其“外来”性质，因而“这种词就只是一般的新造词而不能算作外来词”。[③]

本文将全同化意译词纳入外来词，则是采用了文化语言学标准——这类意译词是异质文化碰撞的产物。结构主义标准是描写性的，文化语言学标准是解释性的，两者的出发点并不相同。

2. 音意兼译和音意合译

所谓音意兼译方式，指在音译外语词的同时再加上与其意义有关的汉语词素进行意译。例如“啤酒”，是从英语中的 beer 翻译过来的。其中，“啤”是 beer 的音译，“酒”则是 beer 的意译。其他像“艾滋病（英 AIDS）、保龄球（英 bowling）、贝雷帽（英 barret）”等都是采用这种译名方式产生的。

---

① 参见姜长英《“直升机”辨》，《辞书研究》，1986 年第 1 期。

② 有少数学者也把全同化意译词看作外来词。如葛本仪认为，所谓外来词是指源于外语影响而产生的词，决不就是外语中原来的词”，基于这种观点，她把全同化意译词“铁路、电话”等都归为外来词。见葛本仪《汉语词汇研究》，山东教育出版社，1985 年。

③ 张永言《词汇学简论》，华中工学院出版社，1982 年，第 95 页。

音意合译，则是指选择语音和意义都近似于外语词的汉语词素，来翻译外语词的一种方式。如“绷带”，从语音到意义都与原来的英语词 bandage 相近。其他像“幽默（英 humour）、浪漫（英 romantic）、逻辑（英 logic）、维他命（英 vitamin）”等都是采用这种译名方式产生的。

以上两种译名方式尽管兼顾到了译名对象的音义两方面特征，但从本质上看，它们仍然运用了反映本族语言理性内容的词语符号去规定、解释外语词，也包含了一定的动机性认知因素，因此它们都属于动机性译名方式。

（二）任意性方式

任意性方式，指在译名过程中，人们选用不表示任何意义的本族语音材料，通过模仿外语词的语音形式的办法来为其译名。

所谓任意性，是指译名的语音形式不包含感性和理性认知因素而言，并非指命名理据选择上的任意性。

任意性方式也即通常所说的音译的方式。如“雷达（英 radar）、拷贝（英 copy）、坦克（英 tank）、尼龙（英 nylon）”等外来词都是任意性译名方式产生的。

将译名方式分为动机性和任意性两大类，有助于揭示其文化内涵。我们知道，一定语言社会在为外语词译名时，可在动机性和任意性两种方式间做自由选择。如英语词 taxi 的汉译形式，既可意译为“出租汽车”（动机性），又可音译为“的士”（任意性）。表面看来，这种不同选择完全出于语言习惯，纯粹是一种语言现象。其实，它在某种程度上反映了两种不同的文化态度。因为，译名虽然是两种语言发生接触时所产生的现象，但从本质上讲，语言接触是通过操这些语言的人来实现的。译名实际上是按自己社会的文化心理去翻译外语词。这种文化心理的差异在译名方式上的反映，常常表现在对“动机性”和“任意性”方式的选择上。

由于任意性方式是利用不含意义的语音材料去模拟外语词的读音，所以它最大可能地保存了外语词原有的音义结合形态和结构特征，尽量减低本族语对外语词的同化程度，这在文化认知心理上，表现出一种以命名对象（外语词）为认同坐标的客体意识。

由于动机性方式侧重用反映本族语言理性内容的词语符号去释解外语词，使得外语词被借过来后部分或完全改变了其原有的音义结合形态和结构特征，外语词部分或完全被本族语所同化。这在文化认知心理上，表现出一种以本族语言为认同坐标的主体意识。

“一个值得注意的现象是，汉语引进外来词时以意译为主，很少音译。”[①] 这与以音译为主的欧洲语言迥然不同，在译名时，汉语主要采取的是一种“抗拒音译转写，而乐于接受部分音译或全部意译”[②] 的动机性方式，而欧洲语言则主要采用的是任意性方式。

汉语译名重动机性，欧洲语言译名重任意性，这既与各自的语言、文字系统的特性有关，又分别与强调主体意识的汉民族文化精神和注重客体意识的西方文化精神相契合。可见，不同社会在译名方式上的选择差异，在一定程度上反映了一个语言社会对外来文化的不同态度和价值取向。

（原载《语文建设》1992 年第 1 期）

① 申小龙《人文精神，还是科学主义？》，学林出版社，1989 年，第 54 页。

② 陈原《社会语言学》，学林出版社，1983 年，第 293 页。

组织机构汉英译名统一的“名从源主”论

刘法公

（浙江工商大学外国语学院）

一　组织机构译名混乱问题严重

多年来，翻译研究者曾写出大量以译名统一为专题研究文章，试图解决译名混乱的难题。但是，译名统一的问题艰巨复杂，时至今日，各类翻译中，译名混乱现象的改观并不明显，因此新华社高级编辑文有仁（2008：68）呼吁“……直到现在，同一外国人名、同一外国地名、同一外国机构名、同一外文专业名词，在我国媒体上有几种不同译名的情况仍时有出现，给读者造成了不应有的混乱。希望各媒体重视译名统一的必要性和新华社译名的权威性，尽早结束译名混乱状态。”笔者近日通过政府网站仅查询“XX省教育厅”和“国家教育部”这两个常见的机构汉英译名，发现目前网络媒体上显示的中国组织机构汉英译名的混乱状态比较严重。请看：

（1）机构名：湖北省教育厅

多种译名：1）Hubei Provincial Department of Education（武汉理工大学网页 www.whut.edu.cn）；2）HB Provincial Department of Education（宜昌市第一中学网页 english.ycyz.com）；3）Hubei Province Education Department（2008 年武汉国际教育展 www.liuxue.net/edu）；4）Department of Education of Hubei Province（湖北省教育厅主管“楚天学人网”www.ctxre.21.edu.cn）；5）Educational Administration of Hubei Province（中国外语教育网 www.chinatefl.com）（参考：Hubei Provincial Department of Education，湖北省教育厅网站 www.hbe.gov.cn）

（2）机构名：国家教育部

多种译名：1）the state Education Ministry（河北科技大学主页 www.hebust.edu.cn/english）；2）National Education Council（华中科技大学电子科技系英文主页 www.est.hust.edu.cn）；3）The Ministry of Education（教育部国家留学基金管理委员会网页 www.csc.edu.cn）；4）Chinese Ministry of Education（人民网 www.english.people.com.cn/200506/16）（参考：Ministry

of Education of the People's Republic of China，教育部网站 www.moe.edu.cn）

以上两例机构译名在正规单位的网络中竟有如此多的版本，可见组织机构译名不统一的问题已相当严重。中国的各级门户网站是政府、机构、团体、学校等部门在国际互联网上发布信息和提供服务的综合平台，具有较强的办事功能。英语者借助国际互联上的英语信息了解中国，获得行业服务，然而，面对如此多的不同英语译名，他们能够判断出这些都是同一个机构的名称吗？一个机构有这么多的英语译名，原因何在？如何解决？

二 由“名从主人”想到“名从源主”

多年来，许多学者曾撰文试图破解翻译界译名混乱或不统一的难题，从翻译技巧、译者的责任感、遵守规则、提高译者素养、归口权威部门等方面寻找原因并提出对策。王金波（2003）认为，译者“各行其是，无视译名原则和国家译名标准，疏于考证是导致译名混乱的主要原因。要从根本上解决问题，翻译研究者应协同合作，遵守规范，保持统一。”他提到的“译名原则”一个来源是指20世纪80年代中期，著名科学家钱三强在《人民日报》上发表的文章中提出：“当遇到以外国自然科学家名字命名的术语时，外国科学家人名要根据‘名从主人’‘约定俗成’‘服从主科’和‘尊重规范’这四项原则。”（张岂之、周祖达，1990：8—10）另一个来源则是新华社译名室编译出版的翻译工具书《世界人名翻译大辞典》（2007）中提到的译名原则：音似为主，形似为辅，约定俗成，具体人物则首先考虑名从主人和历史译法的延续性，然后才是同名同译。至于“国家译名标准”则没有所指。实际上我国尚无具体的“国家译名标准”。文有仁（2008）针对译名不统一问题提出过五个解决办法，即：遵守“名从主人”原则、归口权威机构、遵循传统译名、少用缩略词、慎用音译词。

上述译名原则对解决组织机构译名统一的问题有启发，但难以具体适用，原因有三：

（1）目前我国许多组织机构汉英译名的“主人”呈多元化，经常令人辨不清谁是真正的“主人”，同样的机构汉语名称相同，其英语译名却各异，没有规律可言，例如：

机构名称	译名1	译名2	译名3
XX省教育厅	Shandong Provincial Education Department	Department of Education of Zhejiang Province	Hebei Education Department
译名来源	山东省教育厅网站（www.sdpec.edu.cn）	浙江省教育厅网站（www.zjedu.gov.cn）	河北省教育厅（www.hee.cn）
译名问题	哪一个算是“主人”译名？		

（2）组织机构汉英译名统一所依赖的“权威机构”经常不统一，令译者难以定夺，“权威机构”提供的译名也互不一致，例如：

机构名称	译名 1	译名 2	译名 3
北京理工大学	Beijing Institute of Technology	Beijing University of Technology	Beijing Institute of Technology
译名来源	北京理工大学网站（www.bit.edu.cn）	教育部国家留学网（www.csc.edu.cn）	教育部网高校名录（www.moe.edu.cn）
译名问题	哪一个“权威机构”的译名可取？		

（3）我国很多组织机构早有英语译名，但既定的汉英译名难获尊重，经常被“创新另译”，另译出来的译名与原有的既定译名同时流通，令英语读者难辨其宗，例如：

机构名称	译名 1	译名 2	译名 3
广东商学院	Guangdong University of Business Studies	Guangdong Commercial College	Guangdong Business College
译名来源	广东商学院网站（www.gdcc.edu.cn）	广东省外事办网站（www.gdfao.gov.cn/english）	教育部网高校名录（www.moe.edu.cn）
译名问题	“广东商学院”的译名由该校确定已久，不能再被他人“创新”。		

这三类问题是我国组织机构汉英译名不统一问题中的新情况，以往的译名原则已无法涵盖，需要我们探索新原则加以研究解决。

笔者提出过的“译名统一的四条原则”（刘法公，2006：64）中有一条“组织机构名称的汉英 / 英汉译名，要与该组织机构既定的、长期沿用的译名统一”，可解决译名不统一的部分问题，因为某些组织机构的英语译名版本较多，哪一个是既定的，尚待明确。本文讨论的这些不统一的译名，形式上差异很大，根本原因不在翻译层面，而在译名的遵从层面。哪一类组织机构的汉英译名应该统一到哪个层面？如何遵从？笔者认为应该有可行的指导原则，故在此提出“名从源主”的观点，以引导解决组织机构汉英译名的统一问题。

三　“名从源主”的内涵

我国的翻译研究中早有“名从主人”和“约定俗成”的原则，但两者无法直接指导组织机构译名的统一，因为“名从主人”在翻译方法上是指人名地名应按该人该地所属的国家（民族）的读法来译，汉语的释义则是“事物以主人所称之名为名”，而“约定俗成”则意为“许多通行已久的译名……，已为世人所公认，一般不轻易改动”（方梦之，2004：92）。受“名从主人”和“约定俗成”两原则的启发，笔者认为，统一组织机构的汉英译名，可遵循“名从源主”原则。

组织机构名称译名的“名从源主”，而非“名从原主”，是指译者要从“源头”上完全服从最权威部门公布的译名或名称主人早有的、已确定的英语译名。这里的“源头”可分三类：（1）组织机构的最高上级部门确定公布的译名，如，国家政府机关；（2）省市政府明文规定的组织机构译名或省市组织机构自定且使用已久的译名，如，某省教育厅、某市规划局；（3）没有统一规定，由译名主人自创的独一无二的译名。这类组织机构的汉语名称相似，译名却因主人的意愿所定，各有特点，彰显个性。这类译名由各组织机构自由选定，无须通过上级部门确定，如，学校、协会、研究所等。“名从源主”的原则要求译者选择组织机构译名时服从“源头上”最权威部门公布的译名，或尊重名称主人确立并使用已久的既定译名。

（一）服从最高上级部门确定公布的译名

我们提出“名从源主”的译名原则，是针对组织机构译名的“主人”各行其是，自创多版本译名的问题。同类机构，译名各异，却都是译名的“主人”。这些组织机构的最高上级部门既然确定并公布了各机关的译名，就是这些译名“源头”上的“主人”，是“源主”。它们公布的译名应该得到尊重并被选用。例如，2002 年 2 月 28 日国务院办公厅本着“尊重历史、照顾现实、注重本部门意见、参考英语国家相应用法”的原则公布的《国务院各部委、各直属机构英文译名》（国办秘函〔2002〕16 号）以及国务院办公厅 2008 年又修改公布的《国务院机构英文译名》（国办秘函〔2008〕33 号），应该是国务院各部门译名的“源头主人”，具有权威性。其他译名尽管也有“主人”，但不是“源头主人”，不具权威性。请看实例：

（1）机构名称：国家外国专家局

权威译名：State Administration of Foreign Experts Affairs

译名来源：国务院（国办秘函〔2002〕16 号）、（国办秘函〔2008〕33 号）

评析：该译名由国务院公布，具有权威性，应当受到尊重。

非权威译名 1：State Bureau of Foreign Experts Affairs

译名来源：1）民网（www.english.peopledaily.com.cn）；2）中国教育网（www.eol.cn）；3）北京海淀区政府外办（wsb.bjhd.gov.cn）；4）北京市外办（www.bjfao.gov.cn）

评析：该译名版本比较多见，是不遵从“源头”权威译名的结果。有的汉英词典上提供的版本也没有服从“源头”权威译名（如，吴景荣、程镇球主编的《新时代汉英大辞典》，2004：2118）。

非权威译名 2：the State Foreign Experts Bureau

译名来源：上海市政府网站（www.shanghai.gov.cn）

评析：该译名没用 affairs，且把 bureau 放在最后，属“创译”。

非权威译名 3：China's Bureau of Foreign Expert Affairs

译名来源：《外国人在中国就业管理规定（英文版）》青岛劳动和社会保障局网站（www.qd12333.gov.cn）

评析：该译名出现在政府的法规文件中，China's、bureau、exper 三个词与权威译名不同，让外国人如何确认“它”就是 State Administration of Foreign Experts Affairs.

非权威译名 4：State Administration for Foreign Experts' Affairs

译名来源：中国加拿大研究网（www.canadastudies.com.cn）

评析：权威译名中 of 换成了 for；Experts 换成了 Experts'。该译名“形”似“实”异。

（2）机构名称：国家烟草专卖局

权威译名：State Tobacco Monopoly Administration

译名来源：国务院（国办秘函〔2002〕16 号）、（国办秘函〔2008〕33 号）

评析：该译名由国务院文件公布，具有权威性，“国家烟草专卖局”网站服从了该译名（www.tobacco.gov.cn）。

非权威译名 1：State Tobacco Monopoly Bureau

译名来源：1）中青网《国家机关英文名称一览》（www.cycnet.com）；2）广东省人民政府外办网站《中国国家机关名称》（www.gdfao.gd.gov.cn）；3）上海译港翻译公司《国家机关，政党中英文对照》（www.yigangfanyi.com）

评析：由于各信息网站推广，该译名几乎成为流行版本。一些汉英词典也提供了该版本（如，吴景荣、程镇球主编的《新时代汉英大辞典》，2004：2118）。

非权威译名 2：State Administration of Tobacco Monopoly

译名来源：中国进出口软件网（www.cnies.com）

评析：用 of 把 state administration 与 tobacco monopoly 连接，内涵接近，却无权威性。

非权威译名 3：State Tobacco Monopoly Industry Bureau

译名来源：中国国际贸易经济合作网（www.china-itec.org）

评析：该译名加上 industry，是多余的“创新”。

国务院公布其各部委、各直属机构英文译名，旨在供各界统一使用。译者翻译各类文本时，若遇国务院各部委、各直属机构名称，选用国务院公布的译名即可。这是尊重“源头”权威译名的问题，不涉及译者的翻译水平。以上两例机构名称都有权威英语译名，却还是衍生不少“变体”。这说明组织机构译名统一的任务艰巨。同一个机构，没有统一的译名，英语读者根本无法“对号入座”。权威译名公布之后，得到全面尊重有一个过程，也有一定的难度，然而只要有了公布的权威译名，统一译名有了标准，服从译名就有了依据。

目前，某些组织机构的最高上级部门尚未公布统一的译名，导致混乱的译名长期存在，令人无章可循。根据各省教育厅网站和教育部国家留学基金委员会网站（www.csc.edu.cn）上的信息，我们发现，“xx 省教育厅”的英语译名竟有6个版本，请看：

（1）河南省教育厅 The Education Department of Henan Province（www.hadoe.gov.cn）;（2）湖南省教育厅 Hunan Provincial Department of Education（www.gov.hnedu.cn）;（3）山东省教育厅 Shandong Provincial Education Department（www.sdpec.edu.cn）;（4）浙江省教育厅 Department of Education of Zhejiang Province（www.zjedu.gov.cn）;（5）河北省教育厅 Hebei Education Department（www.hee.cn）;（6）福建省教育厅 The Education Department of Province（www.fjedu.gov.cn）和 The Provincial Education Department of Fujian（国家留学基金委网站 www.csc.edu.cn）

英语读者面对如此纷乱的译名，难以识别它们都是相同职能的省政府机关。统一“xx 省教育厅”英语译名的上级“源头”部门应该是国家教育部。

（二）服从各地政府明文规定或各部门公布的译名

近年来，我国许多省市地方政府根据改革开放和国际交流的需要，以文件的形式公布了辖区主要组织机构的统一英语译名，对译名翻译起到了规范作用。这是地方政府具有国际化意识的表现。例如，重庆市人民政府办公厅 2008 年 7 月下发《重庆市人民政府机构英文译名》（渝办发〔2008〕211 号）文件；广州市人民政府办公厅 2005 年 2 月下发《优化涉外服务环境提高国际化程度工作方案的通知》（穗府办〔2005〕4 号），并于 2006 年 9 月制定颁布《广州市公共场所英文译名规则》和《广州市公共场所英文译名指引》；2002 年 7 月安徽省通过《安徽省人民政府公报》（2002 年 7 期）转发《国务院及省政府各部门、各直属机构英文译名》，同时也规定了安徽省政府机构的统一译名，效果很好。这些省市政府公布的此类文件是译者翻译这些省市组织机构名称时的依据，是笔者提到的“名从源主”译名原则中的“源头”权威译名。

中国省市级的组织机构大多数都有了既定的，沿用已久的英语译名。我们登陆这些机构的网站即可获得。译者要坚持从机构网站这个“源头”上查寻译名，不能随便重译既定译名。

译者能否服从或尊重这些规定的译名，是译名翻译的原则问题，需要在管理上不断强化。有了统一的译名，译者就有了可遵从的标准，避免盲目“创译”。这是组织机构译名统一工作的一大进步。当前译名统一的困难还在于：各地公布的组织机构英语译名，同类机构的译名往往各有差异。没有经省市政府明文规定英语译名的组织机构大都有既定的译名。译者经常误认为，某地的组织机构与另一地的在名称上属同类，其译名也一致。译名翻译上的这种特殊性最容易让译者误译。请看不同省市的同类机构名称在译名上的显著差异：

（1）安徽省环境保护局——Administration of Environmental Protection of Anhui Province

译名来源:《安徽省人民政府公报》(2002 年 7 期）

（2）四川省环境保护局——Sichuan Provincial Environmental Protection Bureau

译名来源：四川省政府政务网（www.sczw.gov.cn）

（3）广州市环境保护局——Bureau of Environmental Protection of Guangzhou Municipality

译名来源：中国广州网《市政府机构英文译名》(www.guangzhou.gov.cn）

（4）上海市环境保护局——Shanghai Environmental Protection Bureau

译名来源：上海市环境保护局网站（www.sepb.gov.cn）

（5）北京市环境保护局——Beijing Municipal Environmental Protection Bureau

译名来源：北京市环境保护局网站（www.bjepb.gov.cn）

（6）深圳市环境保护局——Environmental Protection Bureau of Shenzhen Municipality

译名来源：深圳市环境保护局网站（www.szepb.gov.cn）

以上举例显示，“环境保护局”属同类政府机关，不算地名差异，译名就有多个版本。这些用词搭配各异的政府机关译名，有省市政府明文规定的，有政府机关自译并既定的，都具权威性。在全国范围没有统一译名的情况下，译者就得把它们各自作为“源头”译名来尊重。译者只有查寻并服从这类组织机构的“源头”译名，才能避免犯译名“张冠李戴”的错误。

（三）严格服从由译名主人独创的译名

主人根据意愿选择译名，或参考相关信息独创译名，这种情况多见于大学的译名，这类译名与汉语原文之间并不体现“忠实”或“等值”之类的翻译原则。译名主人独创的译名，用词和结构上与这些组织机构的同类汉语名称不一定有类比性。这种个性译名，如同个人的名字，标志意义大于内涵意义，主要供英语读者辨认，所以基本上由各组织机构自定，报上级部门备案，如，学校、协会、研究所等的译名。近年来，关于高校的译名，有人撰文提出“我国高校译名在译法上长期处于‘各自为政’的状态，国家教育部应组织资深学者对所有高校译名进行一次彻底的治理整顿，使全国各高等院校的英文译名保持相对的准确性，统一性和稳定性”（韦建华，2006）。实际上，这种提议不可能实现，因为，各高校经过深思熟虑自取的译名体现主人的特征，一经确定公布，就持久使用，不容外人另行“创译”或修改。译者翻译带有这些高校名称的文稿时，必须严格尊重和服从由译名主人独创的译名。

“名从源主”的原则，要求译者选择组织机构的这类独创译名时，从“源头”查找名称主人确立并使用已久的译名。期望能正确翻译一个校名就能翻译所有同类校名，或请国家教育部承担统一学校译名的任务，都是不现实的。译者只能选择服从源名主人的译名。请看几所汉语名称一致的高校有不同译名：

（1）美术学院：①中央美术学院 China Central Academy of Fine Arts（www.cafa.edu.cn）；②中国美术学院 China Academy of Art（www.chinaacademyofart.com）；③清华大学美术学院 Academy of Arts & Design，Tsinghua University（ad.tsinghua.edu.cn）；④四川美术学院 Sichuan Fine Arts Institute（www.scfai.edu.cn）

以上 4 个“美术学院”的译名都不同，是译名主人自创的结果。我们只有尊重客观现实。

（2）理工大学：①北京理工大学 Beijing Institute of Technology（www.bit.edu.cn）；②天津理工大学 Tianjin University of Technology（www.tjut.edu.cn）；③南京理工大学 Nanjing University of Science and Technology（www.njust.edu.cn）；④上海理工大学 University of Shanghai for Science and Technology（www.usst.edu.cn）；⑤青岛理工大学 Qingdao Technological University（www.qtech.edu.cn）；⑥浙江理工大学 Zhejiang Sci-Tech University（www.zist.edu.cn），等等。

我们调查了 18 所“xx 理工大学”的译名中，有 9 所使用的是“xx University of Technology”，可见该译名有很强的代表性，但是我们不可用“University of Technology”来套译“理工大学”，而是需要通过网络查到“源头”译名。带有“xx University of Technology”译名的大学也不一定就是“xx 理工大学”。因为“浙江工业大学”和“北京工业大学”的英语译名就分别是 Zhejiang University of Technology（www.zjut.edu.cn）和 Beijing University of Technology.

以上几种大学译名的差异表明，学校、社团、协会之类的机构，英语译名版本太多，缺少规律，都源于各自的取名，一旦确立，始终如一，不再更改。这种多元化的译名状态给翻译者带来了很大困难。译者的翻译水平再高，若不掌握译名的源头版本，也难摆脱误译。所以，我们说，组织机构的汉英译名统一就是服从“源头”译名的问题。

四　结论

组织机构译名，如其原文名称一样，应该是统一的、持久的，这是大家都认可的。但是，现实情况是：我国组织机构的译名却相当混乱。限于历史原因和客观需要，国家下达文件把全国各级组织机构的英语译名都统一起来，既不现实也不可能。即使国务院明文规定的其直属或下属机构的英语译名，至今都有多种版本流通。本文提出“名从源主”的原则，阐释该原则的内涵，要求从“源头”上完全服从译名主人公布的并使用已久的译名。“源头”译名分为三类：（1）组织机构的最高上级部门确定公布的译名；（2）省市政府明文规定的组织机构译名或省市组织机构自定且使用已久的译名；（3）没有统一规定，由译名主人独创的译名。在我国组织机构的译名“多元化”的情况下，“名从源主”的原则可以引导译者选用译名时按不同的“源头”服从最权威的部门或译名主人公布的译名，规范当前译者任意翻译或选取译名的无序状态。

参考文献

[1] 方梦之. 译学辞典 . 上海：上海外语教育出版社，2004.
[2] 刘法公. 论商贸英汉 / 汉英译名翻译的统一问题. 中国翻译，2006（6）.
[3] 王金波. 谈国内翻译研究中的译名问题. 中国翻译，2003（3）.
[4] 文有仁. 新闻报道中外国专名的翻译. 中国翻译，2008（6）.
[5] 韦建华. 重视高校译名问题. 西北第二民族学院学报，2006（1）.
[6] 吴景荣、程镇球主编. 新时代汉英大辞典. 北京：商务印书馆. 2004.
[7] 张岂之、周祖达主编. 译名论集 . 西安：西北大学出版社，1990.

（原载《外语与外语教学》2009 年第 12 期）

法律术语译名的约定俗成研究

李文龙[1]　胡晓凡[2]

（1. 中国政法大学人文学院；2. 中国政法大学外国语学院）

一 引言

“文明交流互鉴”理念以人类文明发展的轨迹为基线和视角，通过对人类文明进步的认识和理解，提出解决当今国际问题的新思路和新视角，最终推动人类命运共同体的构建（中央党校中国特色社会主义理论体系研究中心，2016）。该理念由习近平在2014年联合国教科文组织总部发表的演讲中首次提出，其核心强调文明的多彩、平等与包容。中国作为文明传播主体必须坚持“文化自立看文明，文化自觉知中国，文化自信走世界”的基本原则①。法治文明交流互鉴是“文明交流互鉴”的重要一环，其中法律翻译是基本的交流方法。建好文明互鉴之桥，就必须走好文明互译之路（李晶，2020：155）。以“一带一路”倡议为契机，通过法律翻译切实做好沿线国家的法治文明交流与互鉴，对于促进国家间法律制度的互信，构筑好法治“一带一路”大有裨益。

在法律翻译中，术语翻译是基石（屈文生，2017：206）。只有规范、统一的法律术语译名体系才能切实保障法治文明交流的顺畅，否则就无法得到国外对中国法制建设的认同和赞许（杜金榜、张福、袁亮，2004：74）。在“文明交流互鉴”理念下，法律术语译名统一与规范化过程的重要指导原则就是术语翻译的对等和平等，既要保证翻译准确传达出源语含义，又要使译名在符合双方立场的基础上求同存异，从而促进法治文明的交流。然而，目前较为迫切的问题是如何应对一些不合理、不准确，甚至有损我国文明立场的术语译名被长期使用且广为接受（即约定俗成）的情况。对于这些约定俗成的译名应不应该予以规范化？如何规范化？作为语言规律的约定俗成与法律术语译名规范化的关系是什么？总之，约定俗成影响法律术语译名的规范和统一，进而影响法治文明互译之路和互鉴之桥的构建。本文以促进法治文明交流互鉴为宗旨，尝试系统梳理法律术

① 参见“中国百名学者联名发布倡议书：文明交流互鉴促进世界文明对话”，载人民网，2021年3月30日，http://politics.people.com.cn/nl/2021/0330/c1001-32064503.html。

语翻译中的约定俗成现象，并尝试回答以上问题。

二　约定俗成在法律术语译名中的特征与作用

“约定俗成”源自《荀子·正名》中的“名无固宜，约之以命，约定俗成谓之宜，异于约则谓之不宜。名无固实，约之以命实，约定俗成谓之实名”，表示事物的命名无所谓合理，人们约定一个名称，被广为接受则为合理；且名称并非一定要和事物有联系，约定且被广为接受使名实产生联系。语言就是约定俗成的符号系统，已被认为是语言学的常识（戴昭铭，1992）。如果语言缺少约定俗成的过程，即使再合理、贴切，也永远是个人的行为；而大众认可的语言即便不合理、不贴切，也会顽强地生存下来，甚至成为标准或规范（张普，2009：193）。这体现出了语言形成的非理据性以及语言被大众接受后的稳定性。

遵守约定俗成常被认为是专有名词翻译的重要原则之一（杨全红，2009：174；王娜，2018：49），在法律术语翻译中也常作为一项翻译原则被提出。例如，屈文生（2012：74）提出，为了实现译文的规范化和统一，我国法律术语英译须尽可能地遵守约定俗成原则。张法连（2016：104）指出，约定俗成是英美法律术语汉译过程中必须正视的语言现象，要尊重、接受约定俗成的译例，即便翻译可能是欠妥的，甚至是错误的。但已有研究并未充分解释约定俗成在法律术语翻译中的特征和作用，也未提出针对约定俗成的法律术语译名的规范化建议。本研究将基于约定俗成在语言学中的内涵，分析其在法律术语译名中的特征和作用。

（一）法律术语译名的理据性

语言的约定俗成通常与非理据性联系在一起。理据被认为是语言符号和意义之间的自然联系，而非理据性即是指语言的能指（名）和所指（实）之间没有自然的联系，人们通过约定将二者结合，且这种结合是任意的（Saussure，1966：69）。索绪尔提出的非理据性仅限于语言产生阶段，称为生成理据。而在语言生成之后，基于各种交际目的，对语言的使用是存在理据的，称为语用理据（胡易容，2017：17）。比如，对同一事物可以用不同国家的语言符号表示，体现出语言生成阶段的无理据性和任意性。而各国内部的语言系统，如各类延伸词、复合词的产生和发展是有依据的而非任意的。总之，约定俗成的非理据性体现出语言的产生阶段是不追求理性和逻辑的。换言之，语言符号和意义的搭配不是靠某一个人的理性和逻辑设计出来的，而是靠社会大众逐步的接受和使用，并进一步形成稳定的语言习惯。

法律术语译名在形成阶段是否具有非理据性呢？法律术语是表达法律概念的专门用语，也是名与实的结合，即符号与概念的结合。为指代方便，本文将法律术语翻译中的名和实分别称为译名与译实。而法律术语翻译就是用语言 B 的一个译名来表达语言 A 中的译实（见图 1）。例如，在对语言 B 中不存在对应概念的术语进行翻译时，往往需要创造一个新名词。新创的译名是否具有任意性和无理据性呢？实际上，无论这个译名怎么创造，均直接体现为直译、意译或者音译等不同的翻译策略。如果通过语言 A 中的名来翻译，则属于直译，如 fruit of the poisonous tree 翻译为“毒树之果”；如果通过语言 A 中的实来翻译，则属于意译，如美国宪法第一条修正案 establishment clause 被翻译为“政教分离条款”；如果通过语言 A 的音来翻译，则属于音译，如 trust 被译为“托拉斯”。而不同的翻译策略背后则体现出不同翻译理论的支撑以及翻译目的与翻译原则的引导，这也正是法律翻译理据性的体现（方梦之，2013：2）。所以，法律术语译名中名实关系的建立并非任意和无理据的。法律翻译本质上也是一种语用行为，语言在使用过程中被文化化了（胡易容，2017：18），其中蕴含了法学的科学和理性，故而不再具有任意性。

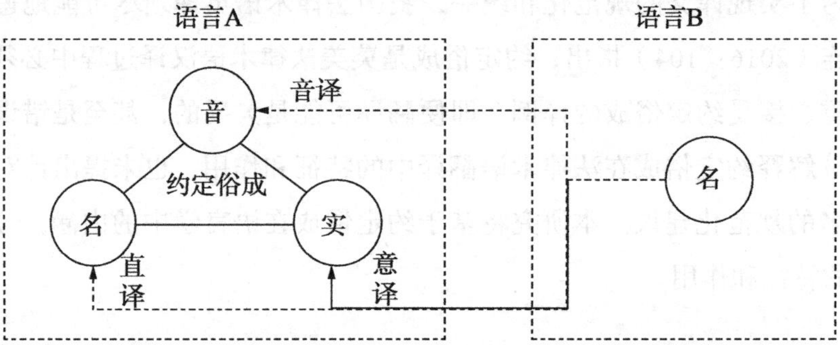

图 1　无对应概念的法律术语译名名实关系图

由于法律术语翻译存在理据性，术语译名也必将处于不断理性化和规范化的过程之中。针对不够理性和规范的译名，更应该“匡谬正俗”，而非“习非成是”。但理据性并不能使法律术语译名脱离约定俗成的定律，因为约定俗成还有一个重要的因素，即稳定性。

（二）法律术语译名—译实关系的稳定性

语言产生之后，概念会随着客体的变化而变化，而术语却具有一定的惰性，或称为稳定性（梁镛，2007：374）。语言的生成是任意和无理据的，但之所以能固定并流传，就在于经受住了人民大众的检验，成为语言习惯。习惯使得原来没有自然联系的名与实产生稳定的联系，这就是约定俗成的特点（邓惠林，2017：26）。语言具有不可遏制的发展动力，不断地突破旧规范，进入新规范（戴昭铭，1986：14）。发展和突破的方式就是大众的检验。那些经不起检验的译名最终会被遗忘在历史的长河中。

法律术语译名生成后也必然要经历被大众检验的过程。法律术语译名和译实通过被大众熟知熟用而产生稳定性的联结（即俗成），而俗成的过程往往不是在短时间内完成。俗成之后，如果再随意改变译名，不仅会造成读者认知混乱，而且又将耗费大众的精力，让他们重新经历从认知到接受的漫长过程。例如，以 common law 的译名"普通法"不够贴近原意为由，将它改为"共同法"。最有力的反对理由就是"普通法"这个译名已经和 common law 这个概念形成约定俗成的稳定联系，已经不会让读者费解了。如果修改反而会使读者不明所指，为交流增加不便。因此，在法律翻译中常提到的要遵守约定俗成的译名，正是强调约定俗成中稳定性的一面。追求译名稳定性背后更深层次的原因是节约两种法律语言之间信息沟通的成本。法律术语辞典、语料库的实用性也是基于译名的稳定性，若译名常变动，则辞典、语料库均无以致用。稳定性也体现在对以往译名的继承性和连续性，是法律语言严肃性的体现。

（三）约定俗成的平衡作用

理据性意味着法律术语译名需要更加理性化和规范化，而稳定性则要求基于术语使用的便捷性以及减少信息沟通成本的考虑，尽可能使译名稳定不变。这二者看似矛盾，实则正是约定俗成的精髓所在。法律术语译名约定俗成同时具有两个相反的作用：理据性为未来评判译名是否具有内在合理性，进而修正使其更加规范提供了开放的空间，而稳定性又对任意修改约定俗成的译名加以限制。这两个相反的作用正如天平的两端，使法律术语译名能够在变化发展和稳定中平衡，达到稳中求进。

法律术语翻译很难毕其功于一役。法律术语译名的稳定性并非一劳永逸，而是呈现出一种周期性，即总是处于从一个稳定性发展到另外一个稳定性的过程之中。从清末近代法律翻译的开端到现今的历史阶段来看，许多译名都经历了这样的周期。例如，democracy 曾被译为"德谟克拉西"，president 曾被译为"伯理玺天德"。它们如今的译名"民主"与"总统"无疑都更加规范化，且处于稳定的名实关系中，但没有人敢保证未来这些译名不再改变。法律术语翻译还存在许多规范，如尽量不使用音译。但并不能排除不符合规范而又约定俗成的译名的存在，如 trust 的译名"托拉斯"便是音译，这一约定俗成一直得以保留。Antitrust Act 常被译为"反托拉斯法"，属于约定俗成，但是规范在约定俗成面前并非毫无作为，很多人也将 Antitrust Act 意译为"反垄断法"。由于后者更易于理解，流传越来越广，逐渐形成了新的约定俗成。总之，外来法律术语的选择也是一个物竞天择的过程（杨晓强，2012：36）。

综上，法律术语译名中的约定俗成并不是一举而竟全功的结果，而是一个不断约定又不断俗成的周期过程，体现为稳定中的规范和变化。陈章太（2015：75）将其称为语言的自律性，即语言自身具有的一种自我调节的功能。在语言不断推陈出新的过程中，约定俗成起着调节的作用，保持了语言的“内稳态”，控制了语言的新陈代谢，使语言具有了生命力（张普，2009：185）。

三 译名稳定性与规范化的平衡方式

法律术语译名规范化和稳定性的平衡要求我们在保持译名稳定性的同时不断地进行建设性的反思，学会批评与超越，不断突破局部不合理的约定俗成藩篱，与时俱进，适时开展新一轮的约定俗成（张顺生，2009：58）。简言之，就是在尊重约定俗成的同时防止以其为借口拒绝对错误的译名进行修改。那么应如何实现法律术语译名的规范化和稳定性之间的对抗和平衡呢？

（一）正视约定俗成的规律性

首先，要遵守约定俗成的语言定律。正如吕冀平（1998：149）所言，约定俗成虽然有时并不讲理，可是一旦形成力量就大得很，甚至不可逆转。法律术语译名的定名必须重视约定俗成作为规律的必然性、普遍性和客观性。对于被大众普遍接受并形成稳定名实关系的译名，原则上需尽可能延用和遵守，确保译名的继承性和连续性，服务于读者的认知惯性，旨在促进两种法律语言高效地交流和沟通。

准确判断约定俗成是遵守约定俗成规律的前提。法律术语译名名实关系的稳定联结是一种语言事实，因此判定术语译名约定俗成（指稳定性）时要尽可能避免主观化。目前已经有学者尝试对约定俗成进行量化。张普（2009：9）提出流通度[①]的概念，并科学地设计出计算文本流行通用程度的量化操作标准，使约定俗成的判定更为客观与真实。他们综合选取文本的发行量、发行周期、发行地区、阅读率等多个方面作为参数，通过公式计算出语言的流通程度，从而为约定俗成的判断提供科学的依据。随着信息技术的

① 张普（2009：234）指出，流通度是指一种语言现象，在社会传播中的流行通用程度，流通度 = 流通量 * 流通密度 * 流通空间 * 流通率。

发展进步，计算的准确度还将不断提升。以上成果为词典编纂、统一译名发布等法律术语译名定名工作提供了客观的约定俗成判定依据。

其次，不应让约定俗成成为法律术语译名规范化的壁垒。在实践中，“很多不忠实的翻译打着‘约定俗成’的名号而拒绝修改，翻译中存在的少数‘约定俗成’现象变成大量不忠实翻译的借口”（王娜,2018：49）。这体现为有些人错误地理解了约定俗成的本质，也未明晰约定俗成和译名规范化的关系。表面上二者似乎是背道而驰的，实际上二者是从不同角度服务于同一个法律翻译的根本目的，即更好地促进两种法律语言之间的沟通以及两种法律文明之间的交流互鉴。约定俗成侧重历时性的稳定，规范化侧重共时性的理性和规范[①]。不仅不能将二者对立，反而只有将二者结合起来才能更好地实现两种法律语言的交流与沟通。约定俗成为法律术语译名的合理性提供了历史维度佐证，但并不能为它当下和未来的合理性提供独立依据，不能离开其他理性独立存在。当约定俗成的译名缺乏合理性，从而影响根本目的时，就应该迎来新的周期，打破旧的约定俗成走向新的约定俗成。

目前法律术语翻译工作在我国已经取得了实质性进展。比如，全国人大常委会和国务院相关机构已经组织了许多法律法规的英译工作，市面上也有许多双语法律术语辞典和法律英语平行语料库，如《元照英美法词典》以及绍兴文理学院创建的“中国法律法规汉英平行语料库”。但是我国并没有形成完善的法律术语译名体系，法律术语规范化的成就远落后于我国法律法规外译取得的成就（屈文生，2012：71—72）。因此，我国法律术语翻译的当务之急是法律术语译名的规范化工作。在此背景下更应该防止约定俗成变成法律术语译名规范化的壁垒。

（二）修正约定俗成译名的必要情形

约定俗成一旦形成，就具有很强大的力量，所以一般只有在必要情形下才去对约定俗成的译名进行修正。平衡译名稳定性和规范化的关键点就在于明确上述必要情形。在“文明交流互鉴”理念下，翻译本着促进法治文明交流的原则，应该是对等且平等的。对等就是要保证翻译的准确性，平等就是要使译名在尽可能符合双方立场的基础上存异求同。约定俗成译名需要被修改的必要情形就出现在译名的准确性、平等性以及译名有碍法治文明交流的情形之中。

---

① 历时性是指一个系统发展的历史性变化情况（过去—现在—将来），共时性是指在某一特定时刻该系统内部各因素之间的关系。

1. 准确性

准确、严谨是法律语言的灵魂和生命，是法律翻译的根本原则（张法连，2009：72）。大部分经受住大众检验的法律术语译名都是准确、严谨的，但是同样存在不够准确严谨却又约定俗成的译名。对这类译名可以进行如下分类。

第一类是非性质错误的不准确。这类译名严格说来是不够准确、严谨的，但这种不准确并不会造成歧义和误解，并不影响译名使用。比如，intellectual property 翻译为“知识产权”就不太准确，“知识”无法体现出该词的内涵，翻译为“智慧财产权”或者“智力财产权”更佳（张法连，2016：104）。但是这个译名并没有本质上的错误，不会产生混淆与歧义，不影响理解。由于广为流传，已约定俗成，大众对该术语译名的名实关系已经产生认知惯性，故而不必也不应修改。

第二类是性质错误的不准确。性质错误的译名往往体现为与其他译名混淆，或使读者对概念产生误解，从而引发交流与沟通的不畅。这类不准确也可以细分为两种情形。第一种情形是译名形成之初便出现的性质错误，如 Asylum（政治庇护权）的译名，之前被错误地译为“居留权”，并且写进我国 1954 年宪法，错了 30 年，直到 1985 年修宪时，在潘汉典先生的努力下才得以改正（白晟，2017）。这类译名与所译概念具有性质上的差别，若坚持延用，将导致许多人对概念产生误解，所以必须修正。第二种情形是由于时代发展，术语的内涵发生了变化。这类术语的译名之前本没有错误，但由于内涵发生较大变化，使得原译名与变化后的概念很难产生联系。比如，美国法律中的 burglary 长期被译为“夜盗罪”，美国刑法修改后，burglary 的定义产生了很大的变化，时间并不局限于夜间，犯罪意图也不限于盗窃（张法连，2014：63）。这样的变化使得“夜盗罪”这个译名与 burglary 的音、形、义都很不匹配，且很容易产生歧义，造成读者误解，故而有必要进行修改。如今该术语的另一个译名“恶意侵入罪”正逐渐被大众接受。

2. 平等性

习近平关于文明交流理念的重要观点就是要坚持平等相待[①]，法律术语译名也要体现出平等和存异求同的思想，译名不能损害某一个国家的利益和立场。所谓存异求同，就是要认识到各国法治文明的差异性，并且尊重这种差异，平等对待不同的文明，不能将自身的价值观强加于他国。翻译活动绝非是一件远离政治和意识形态的活动（吕俊，2004）。翻译的意识形态困境通常源自作者与译者的意识形态差别，或者是译者的个人意

---

①　习近平在 2014 年 3 月 27 日联合国教科文组织总部的演讲、2014 年 6 月 5 日中阿合作论坛第六届部长级会议开幕式上的讲话、2017 年 1 月 18 日联合国日内瓦总部的主旨演讲、2019 年 5 月 15 日亚洲文明对话大会开幕式上的主旨演讲中都提到了“坚持平等相待，尊重多样文明”。

识形态倾向与目的语社会主流意识形态倾向之间的差别（汤君，2008：75）。法律翻译也同样与政治和意识形态息息相关。以美国国会颁布的一系列涉华法案为例，里面涉及很多带有意识形态和政治偏见等违背平等性的法律术语，对这些法律术语的定名必须要处理好国家立场与意识形态的平衡问题。

例如，在美国国会涉华法案与美国部分媒体的表述中时常会用 mainland China 来指称中国大陆。很多中国译者也学习这种原汁原味的表述，将中国大陆翻译为 mainland China。他们没有认识到该译名的潜台词是还存在一个 island China，违背一个中国原则。同类型的译名还有将“台湾问题”翻译为 Taiwan issue，issue 暗含台湾问题是有争议且待裁决的，同样有违中国立场，正确的译法是 Taiwan question。将“慰安妇”译为 comfort women 可谓已约定俗成，但是这个译名违背了许多国家的立场，尤其违背了韩国、中国、印度尼西亚、菲律宾等性奴受害国的立场。美国前国务卿希拉里·克林顿认为，comfort women 掩盖反人伦犯罪的真相，建议将其改为 enforced sex slaves（张淳，2012）。

上述类型的译名由于背离国家立场，体现出不平等性，势必会引起遭受不平等一方的反对，不利于国家文明之间的交流与互鉴。对于这类译名，即便是因其具有很高的流通度而被认为是约定俗成，也需要改正过来。我国对外翻译话语权构建的重要内容就是要将与我国立场背离的对外译名更正过来，要掌握与我国立场息息相关的对外译名的命名主导权，不能人云亦云。

3. 其他影响法治文明交流的情形

目的法则是法律翻译中的最高指导原则（张长明、仲伟合，2005）。在“文明交流互鉴”框架下，法律翻译的根本目的是要确保交流沟通的畅通无阻，促进相互了解，增进共识。准确性和平等性从本质上而言也服务于该目的。对于严重影响甚至完全阻碍翻译目的实现的译名，如造成明显的混淆和歧义，都应该予以更正与规范；反之则应遵守约定俗成，不轻易改变已经被大众广为接受的译名。

对于中国法律术语的外译，中国译者常生创硬造一些在目的语国家完全不存在的译名。以行政诉讼法中的术语“行政主体”为例，大量中国学者习惯将其直译为 administrative subject，而英美法体系中完全不存在这个表达，目的语国家的读者完全不理解，达不到交流和沟通的目的，应换成英美法系中存在的术语 administrative organ（何海波，2011：23）。黄友义（2004）曾提出，“社会主义市场经济”的译名从 socialist market economy 变为 China's market economy 的目的也是为了避免外国人对中国的误解（因为前者体现出市场经济是不全面的、附有条件的）。无论是词典编纂还是日常法律翻译实践，为法律术语定名时，要以促进交流沟通，增进共识为根本宗旨。对于背离该目的的译名，即便约定俗成，也应该予以更正。

（三）以权威机关作为主导

平衡法律术语译名稳定性和规范性的另外一个重要方式是权威机关的参与。法律翻译的权威机关一般指立法机关、行政机关和司法机关的相关部门，如全国人大常委会法工委法律英文译审专家委员会、国务院法制办公室法规译审和外事司等。法律术语的译名工作对专业性要求非常高，需要精通多种法律语言的专家参与。权威机关一般由业内顶尖专家组成的，能确保译名的专业性。而且权威主体的影响力大，译名传播度更广、更快。现代大众传媒可使语言的约定俗成走向约定速成（张普，2009：242）。具有强大影响力的权威机关主导译名规范化工作意味着约定俗成的周期会更短，修改约定俗成的译名所消耗的时间成本也会更低。比如，“新型冠状病毒肺炎”（Corona Virus Disease 2019，COVID-19）这一译名在国家和地方各级卫生健康委员会的宣传下短时间内就被广为接受，从而替换掉之前“不明原因的肺炎”“武汉肺炎”等不准确、不规范的名称及其译名。

四　结语

在法律术语翻译中，语言规律的约定俗成与法律术语译名规范化的关系以及约定俗成的译名规范化的必要性和方式是目前亟待解决的问题。本研究以“文明交流互鉴”为宗旨，通过层层分析，得出以下结论。第一，约定俗成和译名规范化并非对立，二者分别从历时和共时的角度共同服务于法律翻译的根本目的，更好地促进两种法律语言之间的沟通以及两种法律文明之间的交流互鉴。约定俗成为法律术语译名的合理性提供了历史维度佐证，而规范化旨在促进译名在当下和未来的理性和规范。第二，约定俗成的译名原则上不应轻易改变，但译名若出现本质错误，造成源语国家和目的语国家不平等，损害一方的立场，或具有其他影响法治文明交流的情形，应以权威机关作为主导予以规范。

约定俗成涉及语言的名实关系，是一个十分深奥的语言哲学问题。在法治文明交流互鉴的背景下，法律翻译的很多问题都离不开对约定俗成的深刻理解，尤其是译名的统一和规范化问题。本研究还存在许多有待完善之处，如可以利用相关信息技术，选取具体的法律术语译名研究其约定俗成的过程，从而进一步描述其特征；还可以从语句、语篇层面探讨约定俗成在法律翻译中的作用和特征。总之，法律翻译的约定俗成问题还值得更加深入的研究。希望通过本文的探讨能加强学界对法律翻译约定俗成问题的重视，同时促进法治文明互译规范化问题的解决。

参考文献

[1] Saussure, F. *Course in General Linguistics*.New York: McGraw-Hill, 1966.

[2] 白晟.东吴身影——走近导师潘汉典.北京：北京大学出版社，2017.

[3] 陈章太.语言规划概论.北京：商务印书馆，2015.

[4] 戴昭铭.规范化——对语言变化的评价和抉择.语文建设，1986（6）：13—21.

[5] 戴昭铭.语言习惯、约定俗成和语言描写——答《发展链》作者.语文建设，1992（4）：21—25.

[6] 邓惠林.语言规划中如何处理规范化与约定俗成的关系.汉字文化，2017（9）：25—26.

[7] 杜金榜、张福、袁亮.中国法律法规英译的问题和解决.中国翻译，2004（3）：74—78.

[8] 方梦之.翻译策略的理据、要素与特征.上海翻译，2013（2）：1—6.

[9] 何海波.中国行政法若干关键词的英文翻译.行政法学研究，2011（3）：18—27.

[10] 胡易容.论象征：理据性与任意性在传播中的复合——从一篇学术论文的术语辨析说起.新闻与传播研究，2017（4）：14—24.

[11] 黄友义.坚持"外宣三贴近"原则，处理好外宣翻译中的难点问题.中国翻译，2004（6）：29—30.

[12] 李晶.文明互鉴·文明互译——第五届"中央文献翻译与研究论坛"嘉宾对谈.天津外国语大学学报，2020（2）：149—156.

[13] 梁镛.汉语民法术语的生成与衍变.见：冯天瑜、刘建辉、聂长顺主编.语义的文化变迁.武汉：武汉大学出版社，2007.

[14] 吕冀平.给《语言文字应用》编辑部的信.见：戴昭明.规范语言学探索.上海：上海三联书店，1998.

[15] 吕俊.论翻译研究的本体回归——对翻译研究"文化转向"的反思.外国语，2004（4）：53—59.

[16] 屈文生.法律术语英译中的选词问题.上海理工大学学报（社会科学版），2017（3）：201—206.

[17] 汤君.翻译语境中的意识形态研究.四川师范大学学报（社会科学版），2008（4）：73—77.

[18] 王娜.对中医翻译中约定俗成原则的思考.医学争鸣，2018（5）：48—51.

[19] 杨全红.高级翻译十二讲.武汉：武汉大学出版社，2009.

[20] 杨晓强.析法律翻译暨目标语言的创造性.武汉大学学报（哲学社会科学版），2012（6）：32—36.

[21] 张长明、仲伟合.论功能翻译理论在法律翻译中的适用性.语言与翻译，2005（3）：44—48.

[22] 张淳.希拉里改称慰安妇"性奴"韩国认可日本反对[DB/OL].2012，https://world.huanqiu.

com/article/9CaKrnJwf4K.

[23] 张法连 . 法律文体翻译基本原则探究. 中国翻译，2009（5）：72—76.

[24] 张法连 . 英美法律术语辞典：英汉双解. 上海：上海外语教育出版社，2014.

[25] 张法连 . 英美法律术语汉译策略探究. 中国翻译，2016（2）：100—104.

[26] 张普. 动态语言知识更新研究 . 北京：商务印书馆，2009.

[27] 张顺生. 对翻译中“约定俗成”的再思考. 上海翻译，2009（2）：57—60.

[28] 中央党校中国特色社会主义理论体系研究中心. 文明交流互鉴是打造人类命运共同体的重要途径——深入学习习近平总书记关于文明交流互鉴的重要论述 . 求是，2016（11）：59—61.

（原载《天津外国语大学学报》2021 年第 3 期）

普通术语学视角下的术语翻译方法再梳理

卢华国　张　雅
（南京信息工程大学文学院）

一　引言

翻译方法是完整翻译理论的重要组成部分（谭载喜，1988），在翻译研究中占有突出的地位，是翻译理论研究的基本课题之一（方梦之，2011）。术语翻译方法也不例外，但是学界对此却存在较多争议，主要体现在两个方面。首先，对术语翻译方法体系构成看法不一。孙迎春（2008）总结了音译、像译、直译、意译、音意兼用、借用等六种翻译方法。黄忠廉、胡远兵（2008）把借用、音译和像译（或形译）统称为直译，把其他翻译方法要么纳入意译，要么纳入直意兼译。还有学者把直译排除在术语翻译方法体系之外。例如，范祥涛（2011）认为术语的翻译方法有音译、形译和意译三类。魏向清、赵连振（2012）把术语翻译方法归纳为音译、意译和音意结合。也有学者把前述翻译方法统称为现有译法，提倡在术语翻译中使用找译译法（李亚舒、徐树德，2016）。其次，对同一翻译现象采用了什么翻译方法存在认识分歧。前述各家虽然对术语翻译方法体系构建不同，但是通过术语译例展示的具体处理手段往往大同小异，根本原因就在于对翻译方法的内涵认识不同，致使对同一种处理手段的归类有时截然不同。例如，对于术语翻译经常使用的仿拟（如把 horsepower 译作“马力”），孙迎春（2008）认为该译法“不变更原语词序、对应成分不增不减”，将其称为直译，方梦之等（2013）则认为该译法“针对原文的意义，找出具有对等意义的词语”，视之为意译。这种认识上的分歧不利于术语翻译研究的进一步发展。

本文认为，借鉴术语学理论，回归术语翻译的本质，对解决围绕术语翻译方法形成的争议有重要启发。本文首先从术语学研究方法和基本概念出发，考察术语翻译的本质，演绎和梳理术语翻译的基本方法，然后援引典型术语译例，分别对各类翻译方法展开论述，最后归纳本文主要观点，以期阐明术语翻译的本质，理顺术语翻译的逻辑，解决术语翻译方法分类、表述和应用中存在的争议。

二 术语学与术语翻译

现代术语学奠基人维斯特（2011）认为术语是“一个专业领域的概念指称系统，它包括了所有一般和常见的专业表达”。我国学者揭春雨、冯志伟（2009）把术语定义为“专门用途语言中专业知识的语言表达”。这两个定义虽然侧重点有所不同，但都突出了“专业”和“表达”这两个要素。一方面，“表达”肯定了术语是词语。术语在发音、拼写、形态、构成等形式方面与一般词语并无实质不同（CABRÉ MT.，1999），因而与后者难以截然分开。另一方面，“专业”则体现出术语与一般词语不同，表达的是专业概念或知识。虽然一些词语可以既用于日常生活又用于专业文本，但是其内涵往往差别较大。例如，breeze 这个词在日常语言中指“轻微的风”，使用者并不关心到底什么样的风才能算是breeze。然而，在气象文本中用作术语时，则是指在蒲福风级量表中风力2级到6级，风速4到27节的风。breeze 在日常语言中与专业语言中的语义内核虽然是一致的，但是后者表达的概念比前者精确得多，远远超出日常使用需求，这显然是人为界定的结果。

为了摆脱自然语言的模糊性，方便划定专业词语的界限，术语学家采用称名学研究路径（onomasiological approach）：以概念为研究起点，思考这个概念的名称是什么，或者当概念没有名称时该如何为之命名。具体讲，术语学家首先概括出物质或非物质客体的属性（property），从属性中抽象出特征（characteristic），基于特征确定概念的内涵，最后为概念确定语言指称。例如，通过观察客体 lead pencil（铅笔），可以整理出如下属性和特征：

表 1　lead pencil 的属性和概念特征

No.	Property	Characteristics	Status
1	Concreteness	Concreteness	Essential
2	Made of a long，thin piece of graphite	Graphite core	Essential
3	Wood casing surrounds graphite	Graphite is encased in wood	Essential
4	Casing is yellow	Casing may be coloured	Non-essential
5	At one end there is an eraser	One end may have an eraser	Non-essential
6	Other end is sharpened to a point	One end may be sharpened to a point	Non-essential
7	Graphite and casing sharpened for usage	Must be sharpened for usage	Essential
8	Graphite is the writing medium	Graphite is the writing medium	Essential
9	Used for writing or making marks	Used for writing or making marks	Essential

表 1 中，属性是对客体的观察结果，特征是对属性的进一步抽象。例如“笔杆呈黄色”（属性 4）仅适用于部分客体，被泛化为“笔杆可能是彩色的”（特征 4）后，可用于分析所有客体（即可以针对所有 lead pencil 讨论笔杆是否是彩色的）。特征分为两类：4、5 和 6 为该类客体中的个别成员所有，属非本质特征；1、2、3、7、8 和 9 为所有成员共有，属本质特征。去掉或改变非本质特征（例如，一端削不削尖），概念适用的客体不发生变化（即还是 lead pencil）；去掉本质概念（例如，不是木制笔杆也没有固定的石墨笔芯），则概念适用的客体发生变化（即变成其他类型 pencil）。本质特征共同构成了概念 lead pencil 的内涵。基于个别客体的属性抽象出本质特征和非本质特征，最后基于本质特征形成抽象概念，该过程被称为概念化（conceptualization）。

概念可以表征为定义，内涵式定义是表征概念的首选形式。在概念的本质特征中，有一种特征有助于把该概念与其他相关概念区别开来，叫作区别（distinguishing）特征或定界（delimiting）特征（冯志伟，2011）。例如，在表 1 列出的本质特征中，“木制笔杆内置固定石墨笔芯”（特征 3）和“必须削尖才能使用”（特征 7）把 lead pencil 与 mechanical pencil（自动铅笔）分开。以前述定界特征和属概念（pencil）为基础，就可以给出概念的内涵式定义：pencil whose graphite core is fixed in a wooden casing that is removed for usage by sharpening（铅笔：一种木制笔杆内置固定石墨笔芯，使用时需先削尖一端的铅笔）。概念还可以表征为外延式定义，即列举出上位概念所包含的下位概念。例如，pencil：lead pencil，mechanical pencil，pop-apoint pencil，and plastic pencil（铅笔：木制铅笔、自动铅笔、多头铅笔和塑料铅笔）。

概念还可以表征为语言名称。客体经过概念化形成了概念。确定概念的内涵之后，为了方便讨论和使用概念，需要为概念选定一个语言名称，这个命名过程被称为指称化（designation）。当不借助定义可以从语言指称中（部分）推知术语背后的概念时，术语就具有一定程度上的透明度（transparency）（SAGER J C., 1990）。为此，ISO704（2000）建议在命名概念时应尽量选择使用关键特征，尤其是定界特征。例如，从 graphite pencil 可知这种笔的书写媒介是石墨，因而该术语具有一定的透明性。用以命名的特征可被称为“命名特征”（李亚舒、徐树德，2016）。理论上，在同一语言中，名称与概念之间的关系应该是单参照性的（mono-referential，即一一对应的关系）。然而在实践中，一个概念在同一种语言中往往有多个不同的名称，于是就产生了术语的同义现象。例如，lead pencil 和 graphite pencil 都是 LEAD PENCIL 的语言指称，它们是同义词，彼此之间是等价关系（equivalence）。从术语标准化的角度看，术语学家往往需要从等价术语中挑出一个术语作为规范或标准术语，以取代其他术语，从而减少或控制术语的同义现象。

概念的语言指称不限于同一种语言。例如，LEAD PENCIL 在德语中被指称化为“Bleistift”，在汉语中被指称化为“铅笔”，它们与英语 lead pencil 之间同样形成了等价关系。从翻译角度讲，人们更习惯使用“对等”来形容在表征同一概念的不同语言指称之间（如 lead pencil 与“铅笔”）的这种关系。因此，术语翻译的本质就是在概念的不同语言的等价指称之间进行匹配。逻辑上讲，匹配存在两种情况：（1）当在目标语中存在概念的等价指称时，译者的中心任务就是找到该指称，与源语术语指称进行配对，从而完成语言层面上的转换；（2）当目标语中不存在等价指称时，译者的中心任务就是利用源语或译语资源创造一个译语指称，不仅完成语言层面上的转换，而且对源语指称表征的概念进行跨语再命名，将其引入到译语中。前一种情况可以概括为找译法；后一种可以概括为创译法，可进一步分为简单译法和复合译法。在术语翻译过程中，客体属性、概念特征、概念定义和源语术语指称都是译者完成翻译任务的重要依据和资源。

三　术语找译法

术语找译法体现了术语翻译的特殊性，有着术语学上的规范意义。黄建华、陈楚祥（2001）认为“术语翻译不纯然是‘翻译’，而主要应是尽可能从译语国度的相同学科找出等价的术语”。这里的“不纯然”“主要”等词语点出了术语翻译的特殊性：译者在翻译活动中，多半通过寻找已有的译语等价术语就能完成术语层面上的语言转换。从这个意义上讲，术语找译法与其说是术语翻译，不如说是术语管理，更多体现的是译者的术语使用者身份（the translator as term user）。采用术语找译法不仅仅是为了提高翻译效率，让译者把更多精力投入到翻译活动的其他方面，而且具有重要的术语学规范意义。如前所述，术语标准化旨在实现术语的单参照性，消除或者控制术语的同义现象。翻译中尽可能使用已有术语，有助于“避免出现因译者造词而产生的术语泛滥”（黄建华、陈楚详，2001），“以免误导读者、引起歧义或解释上的争议”（魏向清、赵连振，2001）。

术语翻译实践中使用找译法由来已久（李亚舒、徐树德，2018）。严复在翻译中常常从目标语同类文献中找寻源语术语的对应词（黄立波等，2016）。例如，在处理《原富》中“艰大名义”时，严复“常须沿流讨源，取西字最古太初之义而思之，又广搜一切引申之义，而后回观中文，考其相类，则往往有得，且一合而不易离”（刘松，2016）。严复吃透英语术语的内涵后，阅读汉语文献，考察与英语术语内涵类似的汉语表达，往往能够在源语和译语之间建立起稳固的对应关系。而傅兰雅对术语找译法的总结更为全面。他在《论译书之法》中写道“华文已有之名设拟一名目为华文已有者，而字典内无处可察，则有二法：一、可察中国已有之格致或工艺等书，并前在中国之天主教师及近来耶稣教师诸人所著格致、工艺等书；二、可访问中国客商或制造或工艺应知此名目等人”。傅兰雅不仅在词典和书籍中寻找，而且向客商、匠人等专业人士请教，查找的目标既有本土已有术语，还包括前人创造的译名。从古人对翻译经验的相关总结中可知，术语找译的目标有两类：前人在术语翻译中创造的译名和译语中已经存在的等价术语。

就第一类术语而言，主要是查找各类双语资源，包括词典、术语库、术语集等已整理资源和平行文本、互联网等未整理资源。查找已整理资源比较简单，其中的已规范术语，译者可以直接使用。对于未整理资源，译者往往需要借助特定的工具（如语料库检索软件、搜索引擎等），掌握一定的技巧（如设置恰当的检索词或诱导词），花费一定的精力才能找到散落在文本中的术语译名（王华树等，2018）。当找到不止一个译名时，译者还需要根据术语学知识和学科知识进行选择和甄别。这类术语虽然是译者查找的对象，但本身是先前译者创造的译名。就概念指称产生的方式而言，这类等价术语属于创译法的范畴，涉及的具体翻译方法将在第 3 节详加讨论。

术语译者寻找的第二类目标是指译语原本就有的等价术语。按照概念对应关系的建立方式，可把这类术语找译分为以下两种情况。

（1）配对：即术语指称的概念为源语和译语所共有，术语翻译实质上就是基于该概念在源语术语和译语术语之间进行匹配。不同的民族之间虽然语言和文化可能互不相同，但是毕竟生活在同一个世界中，面对相同的客体，源语和译语分别进行概念化，从各自角度选择在本民族文化中典型或突出的属性或特征对概念进行命名，最终形成彼此独立的等价术语。例如，“kingfisher/ 翠鸟”是一种在世界各地常见的鸟。由语言指称可知，英语 kingfisher 命名时着眼于“捕鱼本领极强”，凸显的是这种鸟的捕鱼能力；汉语“翠鸟”则着眼于翠鸟“背和面部的羽毛翠蓝发亮”，凸显的是这种鸟的外观颜色（范守义，2003）。kingfisher 和“翠鸟”指称的都是“一种羽毛蓝色和橙黄色相间，生活在水边的食鱼鸟”。它们构成了一对等价术语，是译者基于相同概念对源语和译语指称进行匹配的结果，而非以源语术语为基础对概念的跨语再命名。

（2）回溯：即源语术语指称的概念为译语独有或源自译语，源语术语原本就是对译语术语的翻译，术语翻译实质上是把源语术语回译成原初的译语术语。各民族都有一些独特的事物，或者某民族最先揭示某种现象或发明某种技术、产品。在相互交流中，常常从其他文化中引入本民族没有的概念，需要以本族语对该概念进行重新命名，概念的本族语指称和外来语指称就构成了等价术语。例如，“虎皮三彩”是康熙三彩罕见品种之一，指用黄、绿、紫三色釉间隔混杂点染于器表，经烘烧，自然晕散形成的不规则虎皮状斑块。该品种传入西方之后，被形象地称为 egg and spinach，已经成为一个广为接受的英语陶瓷术语[①]。有的英汉词典将该英语术语再次译回成中文后，没有采用原初的汉语术语“虎皮三彩”，却将其误作“卵青釉”（egg-blue，如朱竹芳，2007）。egg and spinach 与“虎皮三彩”构成等价术语，是译者对前者回溯的结果，而不是基于前者对概念的跨语再命名。

与涉及第一类译名的找译不同，第二类术语往往需要从译语资源中进行查找。李亚舒和徐树德对术语找译法做了迄今最全面地论述。他们总结了术语找译法的三个步骤，现转述如下：（1）查阅专业文献，弄清源语术语概念内涵及相关知识；（2）根据学科背景知识判定源语术语表征的概念在译语中是否已经存在，从而确定找译法是否适用；（3）搜集、查阅译语原版专业文献，从中找出对应的译语术语。他们还基于实践经验摸索出了按图索骥法、定义比对法、逐个排除法、逻辑推理法、词义推敲法、指标单位法等多种寻找源语术语对应词的方法。这些宝贵经验值得术语译者在翻译实践中认真体会。

四 术语创译法

术语创译法是指为了填补源语术语概念在译语中的词汇空缺，或者为了改进已有的译语术语，译者为源语术语概念创造一个译语新指称的翻译方法。在术语翻译实践中，真正需要译者贡献新译名的情况虽然不多见，但是提出恰当的新译名却是翻译中最具挑战的一项工作，不仅是术语译者创造力和综合素养的集中体现，而且具有重要的术语学意义。Cabré 指出当遇到术语问题又无法借助现有资源加以解决时，译者或解释原术语，或借用原术语，或创造新术语，此时译者临时客串，部分承担了术语学家的工作（the translator as ad-hoc terminologist）。Sager（1990）把基于已有的语言指称为概念创造新指称的各种手段视为一种第二性的术语形成方式（secondary term formation）。根据复杂程度，可以把术语译法分为简单译法和复合译法两大类。

（一）简单译法

源语术语的语言指称表征的是概念，形式上表现为语音和文字。语音、文字、指称和概念都是术语译者填补译语表达空缺，创造译语新指称的基础，可相应地把只依据术语形式特征、语言指称或概念内涵的翻译方法分为如下三类：

---

① https://gothehorg.com/glossary/eggandspinach.shtml.

1. 形译

形译指采用或基于源语术语指称的形式特征而创造译语新指称的翻译方法，具体又可以分为如下三种：（1）借用，指直接使用源语术语指称作为源语术语概念的译语新指称。使用这种翻译方法主要有两种情况：其一，源语术语是缩略语，如果按照术语全称进行翻译，译名太长太拗口，不如在译语中直接借用源缩略语简便，因而也被称为“零翻译”。例如，CT 的全称是 computerized tomography，对应的翻译是“计算机断层 X 线扫描术”，这个译名不仅拗口，而且太长，不如直接把原缩略语 CT 借到译语中来得简便。其二，源语术语表征的是全新概念，译者对此暂时还不了然，为了避免贸然行事，把原文术语不加翻译照搬过来。这种处理方法又称“不译法”，其“积极意义在于，可以避免增加混乱，充任误译的源头”（郑述谱，2001）。（2）转写，把源语术语指称根据同族译语的书写规则进行调整后用作源语术语概念的译语新指称。例如，把英语 urbanization（城市化）按照意大利语书写规则调整为“urbanizzazione”，用作英语术语的意大利语对应译名。再如，把日语术语“経済”译作“经济”也属于转写。（3）转音，指把源语术语用译语中相同或相似的语音表示出来，用作译语新术语的语言指称。例如，radar 分为两个音节，分别用汉字对应，译成“雷达”；valve 去掉第二个音节，译成汉字“阀”；brandy 含两个音节，补音后以三个汉字“白兰地”译之。

2. 直译

直译指基于源语术语指称的命名理据创造译语新指称的翻译方法，具体分为如下两种：（1）移植，指当源语术语由其语言指称的非专业含义或者其他专业含义经过扩大、缩小等改变后衍生而来（cabré，1999）时，译者采用该非专业含义或其他专业含义的译语翻译作为源语术语概念的译语新指称。根据语义衍生机制，可以分为隐喻和转喻两类。采用隐喻的如计算机术语 menu 和 syntax，前者由 menu 的非专业含义“菜单”衍生而来，依非专业含义译作“菜单”，后者由 syntax 的语言学含义“句法”衍生而来，同样依语言学含义译作“句法”。采用转喻最常见者当属由人名转义而来的术语。例如，英国物理学家 Joule 音译为“焦耳”，该人名首字母小写形式 joule 用以指称“功和能量的国际公制单位”，同样依人名译作“焦耳”。由普通含义专业化（specialization）产生的术语是转喻的又一体现。如前文提到的术语 breeze，一般指“轻微的风”，专业化后指“在蒲福风级量表中风力 2 级到 6 级，风速 4 到 27 节的风”，汉译时没有对专业含义重新命名，而是依日常用法译作“微风”。（2）仿拟，指当源语术语为短语或合成词时，译者按照常用含义对构成术语的词根、词缀或单词按源语顺序逐项翻译后用作术语概念的译语新指称。例如 deindustrialization 译作“反工业化”，morphogenetic field 译作“形态发生场”，译语指称与源语指称在字面上完全对应。对于某些单词型术语，有时还需要从词源上分析构成源语指称的语义成分。例如，euthanasia 由希腊语词根 eu（well）和 thanatos（death）构成，汉语译作“安乐死”，是对 euthanasia 的词源义组合后创造出的汉语新指称。

3. 意译

意译指脱离源语术语指称的字面含义，使用译语指称或表征术语概念的翻译方法，具体分为如下三种：（1）创新，指选择与源语术语指称不同的命名理据创造译语新指称。例如，航天术语指称 space shuttle 通过与“短途往返交通工具”相比，突出了“运行场所”和“可多次往返”的特点，其对应的汉语译名“航天飞机”则通过与飞机相比，突出了“飞行高度”“外形和运载功能”等特点。再如，英语单词 hurly burly 原义是“喧哗、吵闹”，引申后用作气象学术语，专指“发生于苏格兰地区、由积雨云产生的雷电现象”，中文抛开源语术语的命名理据，依“地域+类属”模式译作“苏格兰雷暴”。使用该方法产生的译名有时与找译法中的“指称配对”都能实现殊途同归的对等效果。此时只有借助词源信息，辨明译语术语指称是本土还是外来词语，才能把二者区分开来。例如，术语指称 algebra 源自阿拉伯语 al-jabr，al 是定冠词，jabr 意为“复原”，其汉语译名“代数”则意为“以字代数”，二者之间不存在字面上的对应关系。查找资料之后可知，早在秦代，我国数学家已经掌握了一些方程的解法，但“代数”这一指称直到 1853 年才在介绍西方数学的汉语著作《数学启蒙》中出现，系作者英国人伟烈亚力首创[①]。（2）改造，指选择译语中已有的字或词，或拓展其语义，或赋予其新义，用作源语术语概念的译语指称。例如，geometry 由希腊语词根 gē（大地）和 metria（测量）构成。利玛窦和徐光启翻译该词时，没有基于字面含义进行翻译，而是反复斟酌，根据“数未定而设问”，借用汉语已有词语“几何”，赋予其新义，将其改造成为一个表示物体形状、大小、位置间相互关系的数学术语，用作 geometry 的汉语对等术语（冯天瑜，2004）。与创新类似，改造也需要借助词源信息方能与“指称配对”加以区分，不同之处在于前者从词源上考察译名是否为新词，后者则考察译名是否为旧词新义。（3）阐释，指使用译语对源语术语概念进行阐释，以该译语阐释表征源语术语概念，可分为如下两种情况：其一，使用译语阐释源语术语的概念内涵。例如，把 blood heat 译作“（人体）血液正常温度”，相当于使用译语给源语术语表征的概念下了一个简短的内涵式定义。其二，使用译语阐释源语术语的概念外延。例如，把航空术语 city-pair 译作“起飞站和外延站”，相当于使用译语阐明了源语术语概念包含的下位概念。

① 代数的起源 .http://blog.sciencenet.cn/blog-528739-1115708.html.

术语创译法的结果通常是新词或新义，其根本目的是借由译者创造的译语新指称帮助译语读者理解源语术语概念，从而完成向译语输入新概念的传播任务。借用虽然填补了概念在译语中的词汇空缺，但是尚未进入语言转换阶段；转写和转音前进一步，从书写和语音上完成了语言转换，但仅限于根据译语拼写和发音系统对源语术语进行转换，无法给译语读者提供理解术语概念的线索。直译法基于原语术语指称的字面含义创造译语术语指称。当源语术语指称具有较高的透明度，即选择的命名特征能够反映术语概念的本质特征，或者在译语中也具有较高的典型性、凸显度时，直译法产生的术语译名在形式和内容上与源语术语契合度高，“易于望词晓意或知源”（沈群英，2015），因而成为术语翻译的首选（王有志，2005）。然而，直译法也有其局限性：一方面，术语有时表现出一定程度的习语性（L’HOMME MC.，2020），即术语的概念内涵并非总是构成术语的各个要素的简单相加（CABRÉ M T.，1999）。例如，从 above 和 weather 不易推知气象术语 above the weather 的概念内涵“摆脱天气影响”。另一方面，术语概念的传播和接受还受到时空因素的制约，即命名特征或衍生机制的可理解性因跨语言、跨文化或跨时段而发生变化。例如，Hercules bronze（耐蚀青铜）借大力神赫拉克勒斯无所畏惧的特点突出了这种铜制合金的耐腐蚀性，但是在汉语中很难将大力神与耐腐蚀性联系起来。正是因为这个原因，无视深层内涵、轻视译语实际而产生的译名往往貌合神离，成为术语误译的主要源头和影响理解的常见障碍。意译法抛开源语术语指称的形式特征，不拘泥于源语术语指称的表层含义。只有译者对源语术语指称的深层含义了然于心，创造出的译语新指称或者译语新含义才能既传达源语术语的概念，又不露翻译痕迹。值得注意的是，术语意译中的阐释法虽然方便了译语读者理解术语概念内涵，但有时产生的语言指称因词汇化程度低而形式冗长，在译文中的可插入性差，因而适用范围受限，往往用作术语概念译介的权宜之计或辅助手段。

（二）复合译法

以上简单译法各有其适用性和优缺点。单一方法有时不能很好地实现术语翻译中传达概念的目的。在翻译实践中，译者通常需要根据翻译对象和译语读者，综合使用多种方法，以期达到最佳的翻译效果。根据对各种方法的使用情况，可以把复合译法分为以下三种主要类型。

1. 形译兼直译

其可进一步分为两类：（1）借用兼直译，指源语术语指称部分直接借用，部分按字面直译。例如，IP address 译作“IP 地址”，缩略语部分“IP”直接借用，address 按常用义译作“地址”。（2）转音兼直译，指源语术语指称部分进行转音，部分按字面直译。例如，tannic acid 译作“单宁酸”，tannic 转音译为“单宁”，acid 直译为“酸”。

2. 形译兼意译

可以进一部分为如下两类：（1）借用兼意译。第一种情况是直接借用源语术语指称并附上译文解释。如 GPS 译作“GPS（全球定位系统）”，译语指称直接借用缩略语 GPS，括号内附上其中文全称的翻译。第二种情况是直接借用源语术语，同时明示源语术语概念的类属信息。例如，计算机术语 DOS 译作“DOS 操作系统”，译语指称直接借用缩略语 DOS，在其后标出类属信息“操作系统”。（2）转音兼意译。第一种情况是对源语术语指称进行转音，但是用于表音的汉字可引起与概念内涵近似或相关的联想。例如，英语术语 hacker 指“非法侵入他人计算机网络的人”，音译为“黑客”，字面理解“从事秘密、非法活动的人”与概念内涵直接相关。元素的翻译也属于这种情况。例如，magnesium 译作“镁”，形旁表明概念类属，声旁与源语指称第一个音节读音相近。第二种情况是源语术语指称进行转音并附上译文解释。例如，ameba 译成“阿米巴（一种单细胞动物）”，ameba 采用转音，其后括号中附上简释。第三种情况是对源语术语指称进行转音，同时明示源语术语概念的类属信息。例如，albolite 译成“艾尔波里特水泥”，对 albolite 转音，同时指出术语指称的是一种水泥。

3. 直译兼意译

该方法主要用于合成词和短语类术语，可大致分为如下四类：（1）转换，指源语术语指称部分按字面进行直译，部分脱离字面进行意译。例如，把 hot investment casting 译作“精密铸造”，其中表类属概念的中心语 casting 按照字面直译为“铸造”，表工具的修饰语 hot investment 被替换为表工艺复杂程度的修饰语“精密”。再如，把 airport terminal 译作“机场候机室”，其中表位置的修饰语 airport 按字面直译为“机场”，把中心语 terminal 替换为“候机室”，类属特征更加具体。在该类译法中，有一类术语以大写字母开始，用以表示客体的形状特征，如 I-beam 和 V-belt 中的大写字母 I 和 V。翻译成汉语的时候，可以用译语摹形词替换源语摹形词（如把 I-beam 译成“工字梁”），也可用简洁的词语绘其形状（如把 V-belt 译作“三角皮带”），这种译法传统上称为象（像）译法或形译法。（2）增词，指源语术语指称整体采用直译，但是译语术语指称增加了源语字面上没有的内容。例如，计算机术语 worm 译作“蠕虫病毒”，其中 worm 直译为“蠕虫”后，添加中心词“病毒”，明示类属特征。再如，amphicar 直译为“两用汽车”后，增添了修饰语“水陆”而译作“水陆两用汽车”，细化源语词根 amphi- 字面上没有明确的内涵。有时为了便于理解，需要在汉译中添加个别字词。例如，bridge crane base 译作“桥式起重机底座”，直译基础上添加表类型的汉字“式”，以明示 bridge 与 crane base 之间的修饰关系。再如，fire brick 译作“耐火砖”，直译基础上添加“耐”，以明示 fire 和 brick 之间的概念关系。（3）减词，指源语术语指称部分被直译，部分被省略。例如，India rubber ring 略去表国别的 India，剩余部分直译为“橡皮圈”。（4）换序，指构成源语术语指称的语义要素按字面翻译后，调整顺序重新组合后用作译语术语指称。例如，common user network 由三部分组成，可分别译作“公用”“用户”和“网”，按照汉语习惯换序后组合为“用户公用网”，用作译语术语指称。

以上各方法内部也可能相互结合。例如，X-engine 译作“X 型引擎”，译语指称借用了表形状的字母“X”，把 engine 音译为“引擎”，体现了借用与转音这两种形译方法之间的结合。在翻译实践中，有时不止使用两种翻译方法。例如，Hotchkiss drive 译作“霍奇凯斯式传动装置”，Hotchkiss 音译为“霍奇凯斯”，drive 直译为“传动”，添加的类属词“装置”则为意译。有些译名在最终确定之前，可能先后使用不同的翻译方法。例如，president 在译名定为“总统”之前，曾有过音译名“伯理玺天德”和意译名“总统领”。从总体上看，术语翻译表现出明显的意译倾向。如前所述，创立译名只是手段，传播概念才是目的。单纯的形译没有触及概念层面，需要与直译和意译相结合加以弥补；严格的直译有时无法跨语传达深层内涵，需要与意译相结合以提高译名的可理解性。在翻译过程中，或增加类属概念特征，或重复源语指称字面上已经包含的类属特征（例如，DOS 译作“DOS 操作系统”，该术语指称中的 OS（operating system）本身就表示“操作系统”），又抑或是对概念进行再范畴化，改变译名的类属特征，这些都是术语翻译意译倾向的体现。

五　结语

从术语命名角度看，术语翻译的本质就是概念指称之间的跨语匹配，根据译语是否存在对等术语，术语翻译可采用找译法或创译法。就找译法而言，如果源语和译语都对某一客体进行概念化和指称化，术语翻译即是在源语术语和译语术语之间进行配对；如果源语术语原本就是译自译语术语，术语翻译就是把源语术语回译成原初的译语术语。如果仅源语对某客体进行概念化和指称化，术语翻译采用创译法，具体分为三类：形译法，即基于源语术语指称的形式特征（文字、语音）创造译语新指称；直译法，即基于源语术语指称的命名依据（引申、复合或派生）创造译语新指称；意译法，即基于源语术语指称表征的概念创造译语新指称。最后，还可以根据具体情况综合使用这三类方法。

基于找译法和创译法梳理术语翻译方法，可以解决术语翻译方法表述和应用中存在的一些争议。例如，作为一种重要的术语翻译方法，直译虽然与术语的形式有关，但仅仅涉及术语指称的词素组合顺序，与完全基于语音和文字的形译明显不同；虽然与术语的意义有关，但主要涉及术语指称的表层含义，与基于深层概念的意译也明显不同。如此一来，可以字面意义是否对应为基础，把术语直译与意译同传统意义上的直译和意译统一起来，而不必在术语学研究中另起炉灶。

参考文献

[1] 谭载喜. 试论翻译学 . 外国语，1988，11（3）：24—29.

[2] 方梦之. 中国译学大辞典. 上海：上海外语教育出版社，2011：94.

[3] 孙迎春. 科学词典译编. 北京：中国对外翻译出版公司，2008.

[4] 黄忠廉、胡远兵. 术语全译策略系统：术语汉译研究. 中国科技翻译，2008，21（4）：28—32.

[5] 范祥涛. 研究生科技语篇英汉翻译教程. 苏州：苏州大学出版社，2011.

[6] 魏向清、赵连振. 术语翻译研究导引. 南京：南京大学出版社，2012：230，323.

[7] 李亚舒、徐树德. 术语“找译译法”初探. 中国科技术语，2016，18（3）：35—38.

[8] 方梦之 . 应用翻译研究：原理、策略与技巧. 上海：上海外语教育出版社，2013.

[9] 维斯特. 普通术语学和术语词典编纂学导论（第 3 版）. 邱碧华译. 北京：商务印书馆，2011：19.

[10] 揭春雨、冯志伟. 基于知识本体的术语定义（下）. 术语标准化与信息技术，2009（3）：14—23.

[11] CABRÉ M T. *Terminology: Theory, Methods, and Applications*. Amsterdam: John Benjamins Pub. Co., 1999: 93—84.

[12] ISO 704. Terminology work-Principles and methods. Geneva: International Organization for Standardization, 2000.

[13] 冯志伟. 现代术语学引论（增订本）. 北京：商务印书馆，2011：103.

[14] SAGER J C. *A Practical Course in Terminology Processing*. Amsterdam: John Benjamins Pub. Co., 1990.

[15] 黄建华、陈楚祥 . 双语词典学导论. 北京：商务印书馆，2001：159.

[16] CABRÉ M T. Terminology and translation. in: *Handbook of translation studies*. Amsterdam: John Benjamins Pub. Co., 2010, 1: 356—365.

[17] 李亚舒、徐树德 . 剖析术语误译，兼论“找译译法”. 中国科技术语，2018，20（6）：67—72.

[18] 黄立波、朱志瑜. 严复译《原富》中经济术语译名的平行语料库考察 . 外语教学，2016，37（4）：

84—90.
[19] 刘松. 论严复的译名观 . 中国科技术语，2016，18（2）：2—37.
[20] 范守义. 定名的历史沿革与名词术语翻译. 外交学院学报，2002，19（1）：83—94.
[21] 王华树、张成智 . 大数据时代译者的搜索能力探究 . 中国科技翻译，2018，31（4）：26—29.
[22] 范守义. 定名的理据与名词术语翻译. 上海科技翻译，2003（2）：6—16.
[23] 朱竹芳. 陶瓷英汉词汇手册. 上海：上海文化出版社，2007：74.
[24] 郑述谱. 术语翻译及其对策. 外语学刊，2012（5）：102—105.
[25] 冯天瑜. 新语探源：中西日文化互动与近代汉字术语生成 . 北京：中华书局，2004：167—168.
[26] 沈群英. 术语翻译的直接法和间接法. 中国科技术语，2015，17（4）：27—28.
[27] 王有志. 英汉科技翻译中的术语定名规则探讨. 科技术语研究，2005，7（4）：10—15.
[28] L'HOMME M C. Lexical Semantics for Terminology: An Introduction. Amsterdam: John Benjamins Pub. Co., 2020: 72.

（原载《中国科技术语》2022 年第 2 期）

外来术语的翻译失真问题与知识图谱介入对策

徐梦真

（清华大学教育研究院）

一 引言

“一名多译”是科技术语翻译与规范研究的经典议题。不同时期、学科和流派对概念的认识差异，译者对翻译策略与方法的不同取向，音译时汉字、语音、方言等语言因素的影响，多个语言社区之间的译名交流等等，都会使同一个概念引入汉语后发生译名变异（赵世开，1992；冯志伟，1997；方小兵，2014 等）。纷杂的同义译名会阻碍概念的传播与交流，对学科理论体系建设产生负面影响，通常需要依据准确性、单义性、通用性、系统性、民族性、简明性等原则及时规范和引导。而术语规范也有一定的时效，随着理论认识的深入和概念体系的发展，译名与实际应用的术语概念可能存在错位。特别是考虑到“从专业领域走向广大的社会语言应用层面”（王敏、刘朋建，2014），前期已作规范的术语，也有重新考察与审定的价值。在形形色色的译名变体中，尤为值得关注的是由翻译失真导致的译名变异，例如统计学术语“chance error（随机误差）”被译为“机会误差”、法律术语“material evidence（关键证据）”被译为“物证”、语言学术语“ideophone”被译为“拟声词”等。译名失真意味着“名”对“实”的一定偏离，容易误用，造成本土概念体系和跨语言学术交际的混乱，属于亟待规范的语言现象。

一段声音信号经过电子设备的采录与输出，可能会出现波形失真的情况。类似地，一个概念从一种语言翻译为另一种语言，也会经过文化、语言系统和译者主体认知的过滤（filter），导致译名存在一定程度的失真（Hofstede，1991；Katan，2014；Albir & Alves，2009）。翻译失真问题在专业领域比较常见。根据杨先明（2014）、鲍文（2020）等人的总结，术语误译一般可以分为“术语化不足”“文采不足”等语形误译类型，以及“望文生义”“表义模糊”“语义偏差”“不合语境”等语义误译类型。本文关注的术语翻译失真问题属于后者，本质上是概念认知偏差，仅靠语言层面的翻译策略、方法与技巧是无法有效解决的。相反，归化策略的滥用正是导致译名失真的主要原因之一（肖辉，2005；

张英等，2015）。正如Candlin（1990）所言，翻译是一个“超越词语选择”的问题。鉴于术语对准确性的高度要求，其译名的评价与规范首先应关注概念的语义表征，即先确认“说的是不是一回事”，再考虑“说得合不合适”。本文将以语言学术语“ideophone”的个案分析为例，逐步阐述各类翻译方案中存在的失真风险和介入对策。

二 个案分析：语言学术语“ideophone”的翻译方案

术语“ideophone”在源语言中存在多义现象，最早是一个心理学概念，表示与“视觉词语（ideogram）”相对的“听觉词语”[①]（Scripture，1902；Dingemanse，2008）。本文只讨论“ideophone”在语言学学科内的通用概念，即用“ideophone”指称一类词汇形式。例如下面的重叠形式“kuputu ~”“khuthu ~”（属于班图语[②]）：

1）nyama siluwimwile kuputu kuputu

兽群哒哒哒飞奔而去

2）ndo ikhutha badzhi nde khuthu khuthu

我扑簌扑簌地掸去自己外套上的灰尘

（转引自 Samarin，1971）

人们对该类词语的系统性关注始于19世纪西方语言学家对非洲语言的语法描写。班图诸语言（Bantu）以及约鲁巴语（Yoruba）、瓦伊语（Vai）、埃维语（Ewe）等语言中存在一些特殊的重叠形式，以类似拟声的机制唤起心理意象，感性而直接地表达程度、方式、状态、声音等，并且多见于日常会话和叙事语体。这些形式经常用于修饰动词，又表示程度义，所以在早期的语法描写中一直被记作一类特殊的副词。Doke（1935）将它们归为一个独立的词类，并首次引入术语“ideophone”进行指称，定义为：“声音对意义的一种生动表征。作为一个词（通常是拟声的），能够从方式、颜色、声音、气味、动作、状态或强度等方面对谓语、定语或副词进行描述。”[③]此后，该术语便被一直用作以语音象征为理据机制的词汇形式的类别名称。

为尽量全面地了解该术语的翻译、理解与使用情况，我们在中文影响力较大的中国

---

① 这里的“视觉词语”（visual word）指以书面形式输出、通过“看”来感知的词语；“听觉词语”（auditory word）指以口头形式输出、通过“听”来感知的词语。

② 班图语是上百种具体语言的类别统称，关于班图语应归为语系 / 语族 / 语支存在不同观点，国内多称为“班图诸语言”“班图语（言）”等。

③ 英文定义为：A vivid representation of an idea in sound. A word, often onomatopoeic, which describes a predicate, qualificative or adverb in respect to manner, colour, sound, smell, action, state or intensity.

知网与读秀数据库中进行检索：首先查找与英文术语“ideophone”配合使用的中文译名，进行“类”的收集；再分别考察不同译名的使用频次，进行“量”的统计。涉及的文献包括词典、专著、论文等类型，共收集到 18 个中文译名：意音词、意声词、表意音词、表意象音词语、表意音、摹（模）拟音、象声语、象音语、象声词、象（像）音成分、拟音词、拟声词、仿声表达、拟音表达、拟声拟态词、拟态词、状貌词、摹状词。这些译名均采用意译，且大多采用“种差 + 属”的结构，与汉语固有的名词、动词、形容词等词类术语保持了较强的系统性。译名变异主要发生在“种差”部分，反映了译者们在翻译方案上的不同取向。翻译策略有异化与归化之分。异化翻译策略倡导保留源语言的语言文化特点，归化翻译要求尽量适应目的语言（Venuti，2004）。根据翻译策略、方法和技巧的差异，“ideophone”的翻译方案主要分为异化仿译和归化释译两大类。

（一）异化仿译

从内部结构来看，术语“ideophone”是由“ideo-（意义）”和“-phone（语音）”两个词根构成。谭载喜（1993）使用的译名“表意象音词语”，王福生（2004）、《国际语音学会手册：国际音标使用指南》（2008）等采用的“意声词”，戴炜华（2007）所译的“表意音”，以及束定芳（2008）所用的“意音词”等等，均是参考、模仿源术语的结构形式和词根意义，逐语素进行的翻译，即构词仿译。

这种仿译法采取了典型的异化策略，原术语的构词方式和词义理据得以最大程度保留；缺点是词义透明度较低，汉语使用者很难从字面上理解“意音词”等术语的概念。

（二）归化释译

应用归化策略翻译术语时，译者们会用高度概括的功能表述单位替换原有语素，相当于对概念内涵的一种主观阐释，即 Komissarov（1982）所说的释译（interpretation）。归化释译是术语“ideophone”最重要的一类汉译方案。译者们基于对该类词汇形式的理解，重新选取“种差”特征进行命名。例如，贺川生（2002）、杨文江（2020）等人将该术语译为“摹拟音”或“拟声拟态词”，凸显了这类词语的音义象似性。不过更多情况下，译者所选的代表性特征只侧重一个方面，即“象声”或者“状貌”。

1. 象声类

围绕“象声”形成的译名比较多，例如象声（音）语、象声词、象音成分、拟声（音）词、仿声表达、拟音表达等等（吴光华，1993；沈家煊，2000；孙复初，2009；徐晓红、张荣根，2010 等）。“象声”是汉语言文化传统中的固有概念，拟声词本身也是“ideophone”

所指词语的一个典型子集，“象声语”等译名有助于由表及里地联想并理解该类词汇形式的语音象征机制，词义透明度较高。而且，这一类译名大多采取与“拟声词”存在关联但并不相同的表述形式，说明译者们已经注意到两个概念以及相应词类之间的联系与区别。

2. 状貌类

孙天心（2004）等学者将“ideophone”译为“状貌词”，这一译名在民族语言研究领域中具有较高的影响力。与之类似的译名还有“拟态词”和“摹状词”。

对于汉语句法语义研究而言，“状貌”一直是一个通行度较高的范畴术语。《马氏文通》对“状字”的界定是“实字以貌动静之容者”，并举例：“天子穆穆，诸侯皇皇，君子谦谦，王臣蹇蹇，大人谔谔，重言之以状其容”（马建忠，1898）。其中，“穆穆”“皇皇”等重言词便是用来形容天子诸侯状貌的词语。鉴于“ideophone”这类词语的典型功能是描摹感官印象，“状貌词”作为其译名能够反映主要的语义功能，并与现代汉语中名词、动词、形容词、代词、叹词等绝大多数词类术语的命名依据保持一致。

（三）通用程度比较

通用程度是术语规范工作中的一个重要考量指标。“ideophone”众译名在中国知网与读秀中文数据库里的使用情况如表 1 所示，截至 2022 年 8 月 6 日。

表 1　术语“ideophone”不同中文译名使用情况

翻译方案		中文译名	使用频次	是否多义
异化仿译		表意音	10	是
		意声词	4	是
		意音词	3	是
		表意象音词语	2	否
		表意音词	2	否
归化释译	综合	摹（模）拟音	28	是
		拟声拟态词	1	否
	象声	象声词	7	是
		拟声词	6	是
		拟音词	5	是

续表

翻译方案		中文译名	使用频次	是否多义
归化释译	象声	象（像）音成分	5	否
		象声语	4	是
		仿声表达	1	是
		拟音表达	1	是
		象音语	1	否
	状貌	状貌词	42	是
		拟态词	4	是
		摹状词	3	是

由表 1 数据可知，中文语境中最常使用的译名依次是状貌词、摹（模）拟音和表意音；其次则是以“象声”为种差特征的译名，如象（拟）声词、拟音词和象声语等。除了“表意音”之外，其他的常用译名均采用归化释译的翻译方案。这说明在归化策略与概念理解的基础上重新命名，确实能够更好地适应目的语言的规范与习惯。由此形成的中文译名词义透明度较高，更容易被广泛采用。

其中，“状貌词”不仅使用频次最高，应用情况也比较稳定。关于少数民族语言的调查研究中，许多学者都采用这一术语指称符合“ideophone”定义与特征的词语，如例 3 为娥庆厦（2004）对苗语状貌词的描写。近年来，张新华（2020）、董秀芳（2021）等学者在描写汉语重叠形态时也沿用了“状貌词”的说法。

3）ŋi^{44}（看）pu^{33} tɕu^{33}（果看貌）　　（呆呆地看）
lo^{11}（流）ə^{33}mɛ^{33}（眼泪）ku^{11}lju^{11}（流貌）　　（眼泪汪汪）
ɕha^{55}（写）tsen^{44}ei^{44}tsen^{44}lei^{44}（快貌）　　（很快很快地写）

归化策略下形成的译名虽然接受度更高，但从字面上看，中文语境中有许多概念邻近、甚至同音同形的术语，例如“象声语”也被定义为拟声词组成的独立语（黄伯荣、廖序东，1991；邢福义，2011）。在不了解术语定义的情况下，这类译名具有较高的失真风险。

三　失真现象：概念跨语言表征的局限性

（一）归化策略下术语翻译的失真风险

术语“ideophone”虽然已有众多译名，但置于整个语言学研究领域来看，“知名度”仍然偏低，对应概念及相关研究也一直没有引起广泛关注。其中一个很重要的原因，应是译名容易引起对中文语境中一些原生邻近概念的联想，即“名”对“实”的反映存在较高的失真风险。这也是应用归化策略翻译外来术语的一个常见后果。

例如，“象声语”“拟音词”等常用译名的不便之处在于，本身也经常用于指称其他邻近的语言学概念，甚至比作为“ideophone”的译名更为通行。《语法修辞讲话》《说象声词》《现代汉语语法讲话》等早期语法论著中，以吕叔湘（1952）、廖化津（1956）为代表的学者将拟声词与叹词合为一类，称作“象声词”；邢福义（2004、2011）则一直主张将拟声词和叹词合称“拟音词”。上述语境中的“象声词”“拟声词”“拟音词”和“ideophone”的概念既有交集又有不同，并且相关论述已经在汉语研究中产生深远影响，“象（拟）声”或“拟音”都有较高的专指性。因此，“象声语”等归化释译的名称虽然很契合语言文化背景、具备良好的推广基础，却容易引起概念混淆。

同中有异的近义词辨析十分必要（储泽祥、刘琪，2021），译名“状貌词”即属此类。普通话以及粤方言、闽方言、赣方言、平话、东北方言等也有丰富的状貌词（李如龙，1984；杨运庚，2007；郭必之，2012），问题在于传统状貌$_1$范畴与“ideophone”所谓“状貌$_2$”语义范畴的冲突。“状貌$_2$”即感官意象，实际上涵盖了视觉意象（状貌$_1$）、听觉意象（声音）、内心情绪感受等复杂范畴。换言之，摹状（拟态）与拟声一样，都属于“ideophone”所具有的描摹功能集合。一旦从字面意义上理解“状貌词”，将“状貌$_2$”等同于状貌$_1$，便会对该术语的概念内涵产生一定误解。例如，日韩语研究中，一般认为拟声词和拟态词都是“拟声拟态词”（ideophone 的译名之一，也是 mimetics 的通用译名）的子类；而叶婧婷（2017）、王一涵（2020）等人曾将“ideophone”译为“拟态词”，认为拟声词是其下位概念，实际上就是将“状貌$_2$”解读为“状貌$_1$”。

与“ideophone”外延高度重合的词类还有状态形容词。张新华等（2020）认为状貌词（ideophone）就是朱德熙（1982）所说的状态形容词[①]，储泽祥、申小阳（2022）对状

① 张新华等（2020）提到“拟声词与状貌词有着天然的内在联系”，但未具体说明二者关系。笔者于第五届名词及相关问题学术研讨会上（2022 年 7 月 30 日）就此问题向张老师请教，他的口述观点为：拟声词属于状貌词，描摹的是声音意象。

态形容词的最新介绍也和“ideophone”的概念与分布基本一致。“ideophone”能否直接与状态形容词对等，关键在于如何理解后者与拟声词的关系。尽管二者目前在现代汉语词类体系中相对独立，但袁毓林（2010）、郭锐（2018）等学者一直主张从句法功能的异质性考虑，将“叽里咕噜”“叮叮当当”“扑通扑通”等四音节形式从拟声词中剥离出来，归入状态形容词。因此，归根结底，还是我们对状貌词、状态形容词、拟声词等相关词类的关系梳理得不够明晰，对“ideophone”的概念背景认识也存在不足。归化策略下译名失真，本质上还是没有处理好跨语言、跨文化的概念共享问题。

（二）有限的概念共享与有限的翻译对等

为什么术语的归化翻译容易产生失真现象？首先，人类认知活动具有“锁定效应”（Guirdham，1990），即人们面对新事物时会有选择地进行变形处理，从而维护已有认知，尽量避免改变观点。归化策略强调翻译对目的语言的适应性，因而强化了锁定效应，使译名天然地接近目的语言中的固有概念。

从Groot（1992）提出的分布式概念表征（Distributed Conceptual Representation）模型中，我们可以更清晰地了解双语翻译过程中的心理机制。如图1所示，某个概念可以表征为概念记忆中的一组节点，每个节点对应一项语义元素，我们称为“概念元素”。翻译抽象词汇时，双语之间只能共享概念表征的部分节点，即语义子集。这意味着，如果某个概念在双方语境中的发展不对称，那么术语和译名只能实现有限对等。从译者的立场来看，源语言和目的语言之间共享的概念元素越多，由术语到译名的扩散激活越快，翻译也就越准确。

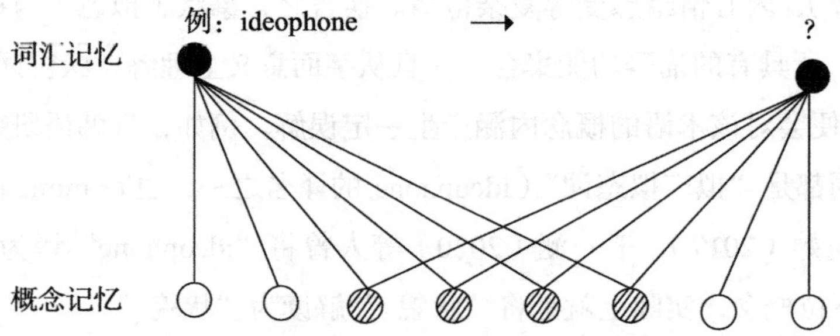

图1 抽象词汇的分布式概念表征模型

由于翻译术语只能依靠共享的概念元素，双方的概念体系以及译者对概念的理解就非常关键。我们继续以“ideophone”为例，该术语在英文语境中所指词类的主要特征有：

1. 重叠形式显著，往往通过音段或超音段手段来对语义的某个方面进行象似性表征，并且会有一些超音系的表现。

2. 主要的句法功能是做状语，用于修饰动词，尤其是感官动词，重叠形式具有程度加强的语法意义。

3. 多用于叙事语体，典型的语义功能是对感官意象进行描摹（depict），并且在口语互动中常伴随手势。

从形式特征和句法语义功能来看，该术语所指的词类确实和汉语词类体系中的拟声词和状态形容词高度重合。而对于“象似性地以音表义”，我们最熟悉、最容易联想到的机制也的确是拟声。根据双方语境中的共享元素，将“ideophone”译为“象（拟）声词”“状貌词”等，是在归化策略下做出的自然决策。这些译名植入中文语境后存在一定程度的失真，即译名实际反映的概念在本土概念体系中定位不够准确，较之于原生语境中的相对位置存在一定偏差。可见，译名失真实际上是译者和目的语语境共同塑造的结果，需要在双方概念体系中进一步明确术语所指概念的相对位置，即进行概念定位。这一问题有望通过知识图谱技术的介入来辅助解决。

四　介入对策：知识图谱辅助的概念定位

知识图谱（Knowledge Graph）本质上是一种语义网络，以节点表示实体，以边表示实体之间的关系，基于三元组（实体 1，实体 2，关系）在知识间建立关联，形成由节点和边组成的图数据结构，进而实现对语义知识的结构化、可视化表达。如冯志伟（2021）所言，知识图谱是知识的有效载体，有望成为“人工智能时代最为宝贵的知识财富”。知识图谱在梳理概念体系方面有着天然的优势，近年来常用于不同学科的文献研究和术语谱系考察。VOSviewer 软件和 Neo4j 图数据库是创建知识图谱的两个常用工具，在功能与表现上各有优势。本节将分别使用二者对术语“ideophone”的国内外概念体系进行梳理，以此为例说明知识图谱对术语翻译失真问题的辅助性介入价值。

（一）基于 VOSviewer 的关键词共现与聚类

VOSviewer 知识图谱软件主要面向文献数据，基于批量导入的文献信息构建关系网络，自动分析作者、机构、时间、关键词等的共现聚类情况，并提供网络视图、密度视图等多种可视化输出形式。

为快速而全面地了解源语言中的相关概念及研究，我们首先以“ideophone”为主题词在 Web of Science 数据库中进行检索，得到 207 篇英文文献[①]；然后使用 VOSviewer 知

① 检索时间：2022 年 7 月 26 日。

识图谱软件，设置关键词的阈值为 10（即出现次数大于 10），对文献的标题、摘要等内容进行计量分析。经过删去非特征词（如“article”“author”等）、合并同义词等处理后，最终得到英文文献中常与“ideophone”共现的 30 个关键词，其关系网络如图 2 所示。这些关键词整体呈现 4 个聚类，反映了与“ideophone”相关的四类研究。

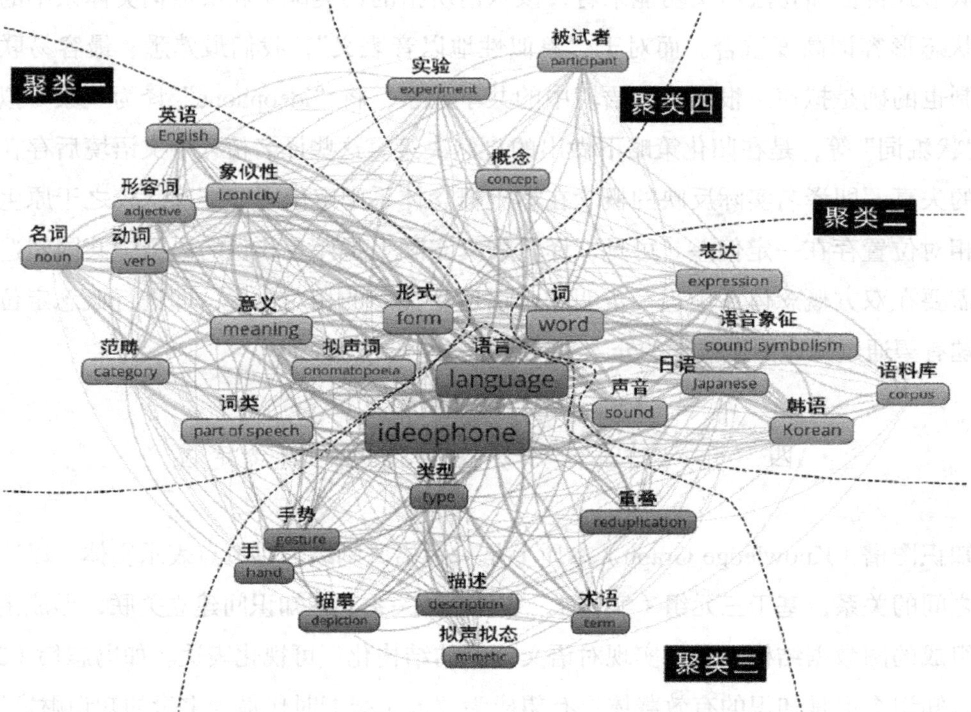

图 2 术语“ideophone”的关键词共现图谱

1. 聚类一：以英语为主的词类关系研究

聚类一主要是围绕英语展开的词类关系研究。英语的词类之间区分清楚，本身未对“ideophone”单独设类。因此，相关研究对这类词汇形式和名词、动词、形容词、叹词等固有词类之间的关系讨论较多，也常与拟声词进行对比，关注的核心特征则是音义之间的象似性（iconicity）。

2. 聚类二：以日韩语为代表的拟声拟态词研究

聚类二是以日韩语为代表的拟声拟态词研究。拟声拟态词与“ideopohone”的范畴基本一致，国内也有学者直接以此为中文译名。日语、韩语中拟声拟态词非常发达，因而经常作为“ideophone”在亚洲语言中的典型分布被提及。这类词汇形式的主要句法功能是充当状语，因而在日韩语的语法词类体系中被归入副词。由于日韩语中的拟声与拟态范畴总是并举，研究者重视解释这类词汇形式共同的语音象征机制，而非局限于声音等单一的感官意象。

3. 聚类三：类型特征与交际功能研究

聚类三是关于“ideophone”所指词汇形式的类型特征与交际功能研究。该类词语的重叠形式与描摹功能具有广泛的跨语言一致性，因此具有重要的类型学研究价值。为保证描摹的生动效果，人们在口头交际中使用这些形式时，常配以手势辅助演示。

4. 聚类四：关于语音象征机制的实验研究

聚类四是关于“ideophone”背后语音象征机制的实验研究。该类词汇形式之所以令人感到生动形象，是因为音义之间存在跨模态象似性表征，即语音象征（sound symbolism）。语音象征是近一个世纪以来认知科学领域非常关注的一个现象，其理论假设是人脑能够实现不同模态的知觉交叉，而语言加工可能在其中起到非常重要的作用（Simner et al.，2010）。该假设得到了心理学实验数据的支持，其中最经典的是 Köhler（1929）设计的行为实验：提供“takete”和“maluma”两个假词（后来研究更多使用“kiki”和“bouba”），要求人们用它们对类似图 3 中的两个形状进行匹配命名；实验数据显示，绝大多数的参与者认为左侧尖锐形状的名字是“takete（kiki）”，而将“maluma（bouba）”对应于右侧的圆润形状。许多后续研究重复或借鉴了这一实验，在不同语言的母语者中均得出类似结论。这一现象被称为“Bouba-Kiki 效应”，比较通行的解释是大脑通过跨模态联觉抽象，在图形的视觉特征与假词的语音特征、发音动作、发音唇形、甚至字母形状等之间建立起象似性关联。

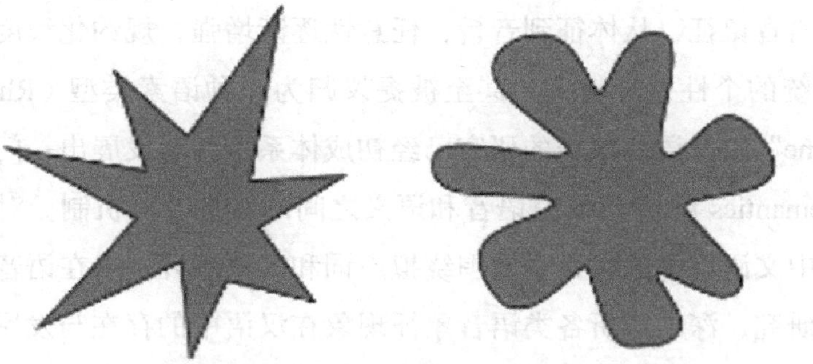

图 3 Bouba-Kiki 效应图形示例

相较于上述研究类型，国内对这类词汇形式的研究目前以聚类二、三为主，侧重于类型学视角下的描写与比较，因此术语“ideophone”在中文语境中的应用范围非常有限。鉴于语音象征和“ideophone”互为表里的概念关系，若要准确界定该术语对应的词汇范畴，进而通过实验语言学、会话分析、语料库语言学等方法开展更加丰富的研究，还需深入了解语音象征的不同类别。

（二）理解“ideophone”的关键：语音象征

语音象征是语言符号的语音理据，其基本假设是语言符号的音义之间存在一定联系，与完全的任意性相对。Hinton 等（1994）在总结大量跨语言数据的基础上，将语音象征分为四类：

第一类是体征（corporeal sound symbolism），指通过音段或超音段特征等来表达言者内在的情绪或身体状态。叹词即属此类，甚至还包括咳嗽、打嗝、呼喊、驱使动物等并非语言符号但可以用语言材料大致记录的声音。Hinton 认为它们揭示了语音象征的边缘现象与生理基础。

第二类是拟声（imitative sound symbolism），主要指使用拟声词和拟声短语来表征外部声音（相对于体征而言），也包括使用拟声形式对富有节奏的动作进行描述。

第三类是联觉（synesthetic sound symbolism），指使用元音、辅音、超音段特征等语音材料对视觉、触觉、本体感觉（proprioception）等非声音体验进行跨模态的象似性表征，例如前高元音 /i/ 和开元音 /a/ 所在的词语经常分别表示“小”和“大”的语义。

第四类是音旨（conventional sound symbolism），即 Firth（1930）所称的“语音联觉”（phonaestheme），指一个或一组音位（尤其是辅音簇）与一系列语义之间的可类推关联。例如“gl”开头的“glitter（闪耀）、glisten（液面闪光）、glow（发光）、glimmer（闪烁微光）”等都与“发光”相关；“fl”开头的英语单词通常表示快速运动或逃离；“sn”开头的单词常表示与鼻子有关的概念——就像有着共同的语音主题。

上述四类语音象征，从体征到音旨，任意性逐渐增强，规约化程度越来越高。音旨在不同语言系统的个性差异较大，甚至被提议归为一种语素类型（Rhodes，1994）。国外对“ideophone”以及语音象征的研究已经初成体系，甚至发展出一门新兴学科——音义学（phonosemantics），专门研究语音和语义之间的联系及其机制。对于音义之间的非任意性关系，中文语境中的讨论主要围绕拟声词和叹词展开，未在语音象征的整体框架下开展系统性研究，深入辨析各类语音象征现象在汉语中的存在与发展。而上文提及的“corporeal/ imitative/ synesthetic/ conventional sound symbolism”“phonaestheme”等语音象征的下位术语，也大多尚未形成稳定、规范的中文译名。音义学概念体系的发展不足，加之拟声词在现代汉语词类系统中的独立地位，容易使人们形成“语音象征＝拟声”的印象。实际上，拟声词属于“ideophone”所指词类的子集，对应于拟声和语音象征之间的上下位关系。由此可见，某个外来术语的翻译失真，反映的可能是一整套概念体系的发展问题。

（三）"ideophone" 在中文概念体系中的定位

根据"ideophone"在原生语境中的研究背景与概念体系，我们重新审视该类词汇形式与中文词类的关系，尝试基于 Neo4j 图数据库构建该术语在中文语境中的概念体系。Neo4j 支持输入语句或导入数据来生成节点及其关系，便于用户自行构建新的知识图谱。本文初步梳理的"ideophone"概念关系网络如图 4 所示，其中较大的节点表示词类范畴，较小的节点表示其他概念。该图谱还有待进一步完善。

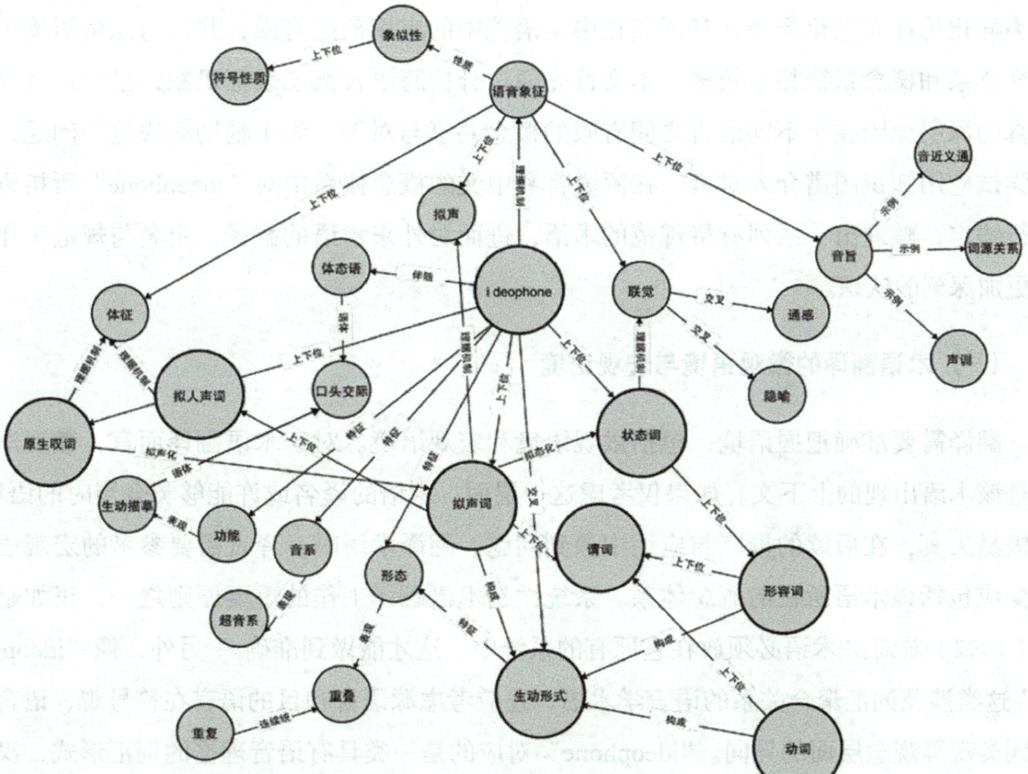

图 4　"ideophone"所在的中文概念体系

在知识图谱的介入下，术语所指在源语言和目的语言概念体系中的相对位置都更加明晰；此时再去考虑中文译名，便能有效降低翻译带来的失真风险。比如，我们可以结合"ideophone"的构词方式、概念内涵以及中文词类术语的系统性特征，再提供一个归化意译方案——"音象词"。推荐该译名的理由有二：一是该类词语的核心特征是基于语音象征来描述感官意象，从中提取关键语素"音"（对应词根"-phone"）与"象"（解释词根"ideo-"）构造中文译名，既能反映概念内涵，又能在一定程度上兼顾源术语的词根与结构，接近仿译，有利于保持术语的国际一致性（李宇明，2010）；二是"音象"在我国文学理论中常有提及，更易通达“摹声绘景”的概念认知，不易与“拟声”“状貌”等固有范畴混淆，同时也能从字面上与“象声”“拟音”等常用术语区分。

五 结论

本文以对语言学术语“ideophone”的个案分析为线索，集中讨论了外来术语的常用翻译策略与隐藏的译名失真风险。“ideophone”是一类词汇形式的聚合名称，主要翻译方案为异化仿译和归化释译，其译名在中文语境中的应用范围有限，并且与原生语境中的研究体系和概念系统相差较多。本文首先通过分析跨语言概念表征机制，指出这类译名失真的深层原因在于不同语言之间有限的概念共享与对等。为了辅助解决这一问题，本文尝试应用知识图谱介入对策，在源语言和中文的概念体系中对“ideophone”所指概念进行锚定，整理出一系列有待规范的术语，进而对外来术语的翻译、定名与规范工作有了更加深刻的认识。

（一）术语翻译的微观语境与宏观语境

翻译需要准确把握语境，包括微观语境和宏观语境。对于术语翻译而言，微观语境就是该术语出现的上下文。如果仅考虑这一层面，术语的译名或许能够契合当时的语境，却极易失真，在后续的推广与应用中遇到问题。翻译术语时，译者需要参考的宏观语境至少应包括该术语所在的概念体系。系统性是术语翻译工作的重要原则之一，正如赵世开（1992）强调：“术语必须放在它原有的系统中，这才能做到准确。”另外，像“ideophone”这类涉及词汇聚合关系的语言学术语，还应考虑源语言和目的语言在符号观、语言观与词类观等观念层面的异同。“ideophone”对应的是一类具有语音理据的词汇形式，汉语词类系统中没有现成的位置，翻译时不能对号入座，需要重新匹配、辨析与定位，并且在同义或同音术语中作出有效区分，才能有效规避译名失真的风险。

（二）知识图谱技术在术语规范工作中的应用

适当运用知识图谱技术，能够辅助分析译名失真现象，有效缓解知识爆发式增长背景下的术语整理压力。许多软件工具都可用于便捷地自建知识图谱，除了本文使用的 VOSviewer 和 Neo4j 图数据库，还有文献计量分析常用的 CiteSpace 等等。相关研究大多是“术语→知识图谱”的顺向应用，以构建类似图 4 的概念关系网络为目标。本文为了探索术语翻译失真问题背后的原因与对策，调转思路，采用“知识图谱→术语”的溯源式分析路径，达到了比较清晰的可视化效果，也确实有助于在宏观语境下充分认识该术语的翻译问题。在人工智能时代，知识图谱等技术如何与中文科技术语体系建设相结合，是一个值得继续探索的新课题。

参考文献

[1] 鲍文、耿艺源. 统计类文本专业术语翻译探析. 中国翻译，2020（2）.

[2] 储泽祥、刘琪. 论近义词辨析的实用性. 语言文字应用，2021（4）.

[3] 储泽祥、申小阳. 状态形容词与程度副词组配的一致性和差异性. 语文研究，2022（2）.

[4] 戴炜华. 新编英汉语言学词典. 上海：上海外语教育出版社，2007.

[5] David Crystal. 现代语言学词典. 沈家煊译. 北京：商务印书馆，2000.

[6] 董秀芳. 汉藏语系语言的评价性形态. 民族语文，2021（2）.

[7] 方小兵. 语言学术语的译名变异——兼评《语言学名词》[J]. 辞书研究，2014（1）.

[8] 冯志伟. 现代术语学引论. 北京：语文出版社，1997.

[9] 冯志伟. 自然语言处理的重要资源："知识图谱". 外语学刊，2021（5）.

[10] 郭必之. 从南宁粤语的状貌词看汉语方言与民族语言的接触. 民族语文，2012（3）.

[11] 郭锐. 现代汉语词类研究. 北京：商务印书馆，2018.

[12] 国际语音学会. 国际语音学会手册：国际音标使用指南. 江荻译. 上海：上海教育出版社，2008.

[13] 贺川生. 音义学：研究音义关系的一门学科. 外语教学与研究，2002（1）.

[14] 黄伯荣、廖序东. 现代汉语（增订版）（下）. 北京：高等教育出版社，1991.

[15] 李如龙. 闽方言和苗、壮、傣、藏诸语言的动词特式重叠. 民族语文，1984（1）.

[16] 李宇明. 术语论. 中国术语学研究与探索. 北京：商务印书馆，2010.

[17] 廖化津. 说象声词. 中国语文，1956（9）.

[18] 吕叔湘、朱德熙. 语法修辞讲话. 北京：中国青年出版社，1952.

[19] 马建忠. 马氏文通. 上海：商务印书馆，1898.

[20] 束定芳. 认知语义学. 上海：上海外语教育出版社，2008.

[21] 孙复初. 新英汉科学技术词典. 北京：国防工业出版社，2009.

[22] 孙天心、石丹罗. 草登嘉戎语的状貌词. 民族语文，2004（5）.

[23] 谭载喜. 跨语交际. 桂林：漓江出版社，1993.

[24] 王福生. 再论"意声词". 汉字·汉语·汉文化. 北京：新世界出版社，2004.

[25] 王敏、刘朋建. 外语中文译写规范工作的原则与方法——兼及新时期国家语言文字规范服务

工作的特点. 语言文字应用，2014（3）.
[26] 王一涵. 东北方言中的拟态词. 中国民族博览，2020（12）.
[27] 吴光华. 现代英汉综合大辞典. 上海：上海科学技术文献出版社，1993.
[28] 肖辉. 论翻译变形. 语言与翻译，2005（3）.
[29] 邢福义. 拟音词内部的一致性. 中国语文，2004（5）.
[30] 邢福义、汪国胜. 现代汉语. 武汉：华中师范大学出版社，2011.
[31] 徐晓红、张荣根. 英汉·汉英语言学词汇手册. 上海：上海外语教育出版社，2010.
[32] 杨文江、王健宜. 学术用语对照语言学领域. 日语学习与研究，2020（5）.
[33] 杨先明. 术语翻译中的误译现象及其消减策略. 中国科技翻译，2014（3）.
[34] 杨运庚. 牛蹄赣语方言中 ABB 式状貌词的特点初探. 安康学院学报，2007（6）.
[35] 叶婧婷. 拟态词的跨语言考察. 复旦外国语言文学论丛，2017（1）.
[36] 袁毓林. 汉语词类的认知研究和模糊划分. 上海：上海教育出版社，2010.
[37] 张新华、张和友. 从状貌词的实质与演进看汉语的分析性. 语言科学，2020（5）.
[38] 张英、赵以. 论法律解释在法律文本翻译中的运用. 西南政法大学学报，2015（4）.
[39] 赵世开. 语言学术语译名中的新问题. 语言文字应用，1992（4）.
[40] 朱德熙. 语法讲义. 北京：商务印书馆，1982.
[41] Albir A H, Alves F. Translation as a cognitive activity. *The Routledge Companion to Translation Studies*. London, New York: Routledge, 2009.
[42] Candlin C. General editor's preface. *Discourse and the Translator*. London: Longman, 1990.
[43] De Groot A M. Determinants of word translation. *Journal of Experimental Psychology: Learning, Memory, and Cognition*, 1992（5）.
[44] Dingemanse M. On the history of the term 'ideophone' [EB/OL]. 2008-01-10. https://ideophone.org/on-the-history-of-ideophone/.
[45] Doke C M. *Bantu linguistic terminology*. London: Longmans, Green & Co., 1935.
[46] Firth J R. *Speech*. London: Ernest Benn, 1930.
[47] Guirdham M. *Interpersonal skills at work.* New Jersey: Prentice Hall, 1995.
[48] Hinton L, Nichols J, Ohala J. Introduction: Sound-symbolic processes. *Sound Symbolism*. Cambridge: Cambridge University Press, 1994.
[49] Hofstede G. *Cultures and organizations: Software of the mind*. London: Mcgraw-hill, 1991.
[50] Katan D. *Translating cultures: An introduction for translators, interpreters, and mediators*. London, New York: Routledge, 2014.

[51] Köhler W. *Gestalt psychology.* NewYork: Liveright Publishing Corporation, 1929.

[52] Komissarov V N. Translation and interpretation. *Tetradi Perevodchika* [The Translator's Notebook], 1982 (19).

[53] Rhodes R. Aural images. *Sound Symbolism*. Cambridge: Cambridge University Press, 1994.

[54] Samarin W J. Survey of Bantu ideophones. *African Language Studies XII.* London: Luzac and Co., 1971.

[55] Scripture E W. *The elements of experimental phonetics.* New York: Charles Scribner's Sons, 1904.

[56] Simner J, Cuskley C, Kirby S. What sound does that taste? Cross-modal mappings across gustation and audition. *Perception*, 2010 (4).

[57] Venuti L. *The translator's invisibility: A history of translation*. London, New York: Routledge, 2004.

（原载《语言文字应用》2023 年第 1 期）

第三部分　译写的规范

论经贸术语译名的统一与规范
——一项基于经贸英汉词典的研究

李海峰
（四川外国语大学翻译学院）

一 引言

经贸英语专业性强，专业术语多，涉及的领域有贸易、金融、经济、会计、管理、保险、税务等；而且词典永远跟不上学科的时代发展，每年都会产生大量新术语，所有这些给术语翻译提出了严峻的挑战。据笔者不完全统计，我国近年来出版的较有影响的英汉经贸词典有《国际商务英语大词典》（2002）、《实用外贸英汉词典》（1989/1992）、《综合英汉经贸词典》（2002）、《英汉经济贸易词典》（2002）和《新世纪英汉国际经贸词典》（2004）、《朗文国际贸易辞典》（2004）、《英汉国际经贸词典》（1996）等。然而，这些词典在专业术语译名方面均存在不同程度的问题。本文将结合笔者的经贸英语教学和翻译实践，分析英汉经贸词典和其他一些较有影响的大中型英汉词典中经贸专业术语译名存在的问题，最后提出我们解决这些问题的途径。

二 经贸术语翻译中出现的问题

（一）把“规范”等同于“统一”

在翻译理论研究中，图瑞把“规范”定义为“对翻译进行描述性分析的一个范畴，即某一译语社会里所共享的价值和观念。”（Toury，1980）几乎所有汉语词典都将“统一”释义为“分歧归于一致”。因而，我们显然不能将两者等同起来，但在翻译理论研究中，很少有人将两者区分开来，比如刘法公（2006）在论及商贸译名翻译的统一问题时认为：“国际商贸交流的术语规范是正常开展国际商务交流的前提。固定译名不统一是商务翻译的大错”。英语中不是有“A is also（otherwise）called B”这种语言表达式吗？汉语中不是有“A亦（也）称作B”这种语言表达吗？显然，我们对待术语统一的问题不能一刀切，应具体问题具体分析。如英语里 port of loading 和 port of shipment 是两个不同的表达，但所指的概念是一致的：“装运港”；汉语里“净利”和“纯利”是两个不同的表达，但所指的概念也是一致的：net profit。按照图瑞的观点，port of loading 和 port of shipment 与“净利”和“纯利”一样都是某一特定社会共享的东西，都是规范正确的，均被这一社会群体所认可；而按照刘的观点，我们只能选择其一，因为选择另一种就违背了“统一”的原则。他举了如下三个例子：

贸易体系 trading system（参考：trade system）

核心竞争力 core competence（参考：core competitiveness）

利润率 profit ratio（参考：profit rate）

刘指出，第一种译名出自中国商务部外事司翻译的“中国的开放与世界共赢”的英文版，括号内参考译名出自 *China Daily Business* 和中国对外经济贸易出版社出版的《国际商务英语大词典》。其实，两种译名均为规范用语，我们逐一分析上述三例：

第一例中，将“贸易体系”译成 trading system 是确信无疑的，有例为证：Kyle Bagwell 和 Robert W.Staiger 合著的 *The Economics of the World Trading System* 被译成《世界贸易体系经济学》，该书的汉语译本已于 2005 年 10 月由中国人民大学出版社出版发行。Yong-Shik Lee 的 *Reclaiming Development in the World Trading System* 被译为《在世界贸易体系中寻求发展》（见中南财经大学 2006 年推出的精品外文法律原版书目推介展）。我们再来看外国报刊财经新闻中的一个句子：

The global trading system is in trouble—mainly because it became overdependent on big U.S. trade deficits.（*Newsweek*：August 25，2003）

译文：全球贸易体系正面临困境，这主要是由于过度依赖美国庞大的贸易赤字造成的。

当然，“贸易体系”的译名也可对应 trade system，如 Special Trade System 的译名就是“专门贸易体系”（以关境作为标准统计一个国家的进出口贸易，当外国商品进入国境以后，暂时存在保税仓库，不进入关境，一律不列为进口）。又如，WTO multilateral trade system 的汉语译名是“世贸组织多边贸易体系”。但《英汉经济贸易词典》第 1054 页给 trade system 的译名竟然是“贸易分类法”。而“贸易分类法”的正确译名应是 trade classification，如“国际贸易标准分类”的简称为 SITC，其全称为 Standard International Trade Classification。同时该词典未收录 trading system。trading system 在某些情况下也可译成“交易系统”，这一点就被许多词典所忽视，如证券市场中的 floor trading system 就应译成“大厅交易系统”，electronic trading system 应该译成“电子交易系统”，Trading volume 应译成“成交量”。再如“贸易伙伴”一词，在英语国家出版的经贸刊物里 trade partner 和 trading partner 两种用法均可。但在《英汉经济贸易词典》里只有前者而无后者，在《新世纪英汉国际经贸词典》里只有后者而无前者，在《综合英汉经贸词典》里两个术语均录入其中，也难怪很多译者对究竟选择 trade partner 和 trading partner 争论不休。

关于“核心竞争力”的英文译名，我们可以追溯到该理论的创立者 Hamel 和 Prahalad。他们从 1990 年就相继在哈佛大学商学院标志性杂志 HBR（*Harvard Business Review*，即《哈佛商业评论》）杂志上发表文章，创立了他们命名为 core competence 的企业战略模型。全球著名《经济学家》杂志的官方网站（Economist.com）2008 年 9 月 15 日也有如下一段文字：

Prahalad and Hamel went on to outline three tests to be applied to determine whether something is a core competence：First, a core competence provides potential access to a wide variety of markets. Second, a core competence makes a significant contribution to the perceived customer benefits of the end product. Third, a core competence is difficult for competitors to imitate because it is a complex harmonization of individual technologies and production skills.

译文：普拉哈拉德和哈默尔接着概括了判断某企业是否具有竞争力的三要素：第一，核心竞争力为企业提供一个进入多种产品市场的潜在途径。第二，核心竞争力能为终端产品客户的利益发挥巨大作用。第三，核心竞争力是竞争对手很难复制的，因为它将个体技术和生产技能复杂地协调起来。

该理论的创始人、世界权威经济学杂志和知名专业网站皆用 core competence，我们有什么理由来怀疑它的合理性？ MBA 智库百科用的也是 core competence，维基百科（Wikipedia）里用的是 core competency，至于 core competitiveness 以及 core competition 也在国外的经贸文章中出现过，但它们都发端于 core competence。遗憾的是《国际商务英语大词典》遗漏了最基本的规范译名，导致某些译者将最规范的术语视为不规范的表达。

Profit ratio 和 profit rate 均是规范的专业术语，但专业性的杂志里，profit margin 的使用频率更高，如：

News that Apple expects thinner profit margins sent shares of the consumer electronics maker plummeting on July 22.（BusinessWeek.com，July 22，2008）

译文：受苹果公司预计其利润率降低消息的影响，该消费电子产品生产商的股票在 7 月 22 日大幅跳水。

路透金融在线词典（glossary.reuters.com）和维基百科都用的是 profit margin。请看维基百科对这一专业术语的定义：Profit margin，Net Margin or Net Profit Ratio：all refer to a measure of profitability.Profit margin is an indicator of a company's pricing policies and its ability to control costs. 显然，profit margin 还可叫作 net margin 或 net profit ratio。同样，《英汉经济贸易词典》（2002：888—889）将 profit ratio，profit rate 和 profit margin 三个词条均收录其中，且给出的译名均为"利润率"；《国际商务英语大词典》（2002：1221）也收录了上面三个术语，但遗憾的是，给定的译名不一样。profit margin 的译名是"利润率，利润幅度，盈利率"；profit rate 的译名是"利润率"；profit ratio 的译名是"盈利比率，损益比率"。三个不同的术语在英语里的解释是一致的，为什么译成汉语就不一样了呢？对于初涉经贸翻译的人，还误以为三个术语指的是完全不同的概念！

其实，同一经贸专业术语对应多个译名的情况非常多，因而，在编纂英汉经贸词典时，不能只简单地给出一个译名，应尽可能地包括专业文献中常见的规范译名，如：

syndicate loan 银团贷款，辛迪加贷款

tax returns 税单，纳税申报表

currency-swap agreements 货币交换协议，货币互惠信贷

compound duties 混合税，复合税

landed cost 卸岸成本，起岸成本

back-to-back credit 背对背信用证，背对信用证，对开信用证

FOB（free on board）船上交货价，离岸价

All Risks 一切险，综合险，全险

p-e（price-to-earnings ratio）市盈率，价格收益比率

FPA（free from particular average）单独海损不赔，平安险

WPA（with particular average）单独海损负责赔偿，水渍险

还有一种情况：同一术语可能对应不同的概念。如 compensation committee，根据不同的语境可以译成"赔偿委员会"，也可译成"薪酬委员会"如：The Compensation Committee has primary responsibility for reviewing and approving the compensation of the Company's CEO and other executive officers；overseeing the Company's benefit plans.（薪酬委员会的主要职责是审核并通过公司首席执行官和其他高级管理人员的薪水；负责监督公司福利计划的实施。）

又如 terms of trade 既可指"贸易术语"，即相当于 trade terms 或者 price terms，也可指"进出口比价"。"贸易术语"指的是在国际贸易中一笔交易成交的条件，它规定了买卖双方在该交易中各自承担的义务和责任，FOB、CIF 和 CFR 就是最常见的三个贸易术

语。而“进出口比价”则指某个国家在一定时期内出口商品价格指数同进口商品价格指数对比而得出的百分数。如：Suppliers will be notified about the potential changes of terms of price.

译文：将通知供应商价格术语可能发生变化。

The shares of the less-developed countries in world trade are decreasing. Their terms of trade with the developed countries are constantly deteriorating.（《国际商务英语》，2005：302）

译文：欠发达国家在世界贸易中的份额在不断下降，与发达国家的进出口比价也正在不断恶化。

其实，一个汉语术语对应的英语术语也可能不止一个，比如：信贷限额可译为 credit limit，credit line；普通股可译为 equity share. equity securities；（股票）市值可译为 market value，market capitalization，market caps。

综上所述，正如汪惠迪（2005）指出的那样，规范的字词和译名并非都收录在词典中。因而，我们完全没有必要只按照某一词典给定的译名来衡量译文的质量。如果词典编纂者把“规范”等同于“统一”，那就可能使其他规范的译名硬性地统一于所谓的最标准的译名里，换句话说，词典编纂者可能把“远期汇票”的英语译名强行地统一于 term draft，而实际上 time draft，usance draft 和 tenor draft 都是“远期汇票”，其可能的结果是，当译者在翻译过程中遇到 usance draft 时还误以为是另一个完全不同的概念。

（二）望文生义导致译名错误

毫无疑问，术语是学科发展的产物，学科发展越深入，术语越丰富。在经贸翻译实践中，必须对术语的概念有所了解，切不可按照字面牵强附会。尤其是对于经贸英汉词典中还未收录过的词，译者应仔细阅读上下文，在可能的情况下还要认真阅读英文解释，请教行业的专家，平时还要多看多听国内外最新财经报道，否则就会出现外行话。经贸英汉词典中望文生义的例子也不少，请看以下几例：

Supply-side 在布什执政以后因其减税方案而频频见于美国具有影响的报刊，如：Removing the double dividends tax has a long supply-side lineage back to Ronald Reagan's tax-reduction revolution.（*Newsweek*，Jan. 20，2003）

正确的译文应该是：免除对红利的双重征税这一供给派观点有很长的历史渊源，可以追溯到罗纳德·里根时代的减税改革。

但前面提到的英汉经贸词典根本就没有收录这个词，好不容易在王同亿主编的《英汉辞海》中找到，但给出的译名竟然是“供应侧”。依笔者的看法，估计词典编纂者在编写这个条目时，由于找不到对应的译法，只好采取望文生义的译法。后来，笔者在财经专业书籍里才发现“供给派经济学”的英语原文就是 supply-side economics，供给派经济学的核心就是通过减税来促进经济增长，这与布什的经济政策刚好一致。Supply-side 中的 side 一词不是“侧边”的意思，而是取自于 on the side 中 side 一词的意思，意为“站在某一边”，引申为“某一派别”。这个词在里根任总统的时候就经常见诸美国财经新闻，“供给派经济学”也称“里根经济学”。

《综合英语经贸词典》将 working capital 译成“运用资本”。这种译法欠妥，准确的译法应该是“营运资本”。前者指对资本的有效利用，而后者指的是流动资产减去流动负债后的净值，在英语中也称为 net working capital，即“净营运资本”。

Underwater option 通常应译成“潜水期权”，即执行价格（exercise price，也称 strike price）高于股价的期权。如：As they say，idle hands and underwater options are the devil’s workshop. Besides，if an employee decides her options are hopelessly underwater，she’ll go down the road to your competitor and get a fresh start.（*Newsweek*，July 21，2003）

译文：正如他们所说，懒散和潜水期权是邪恶的工厂。另外，如果员工认为她持有的期权是没有任何希望的潜水期权，她就会跳槽到老板的竞争对手的公司去重新创业。

但《综合英汉经贸词典》竟然只从字面意义把 underwater option 译成“水下选择权”，让人不知所云，其他词典则更是对这一术语视而不见。

Headline inflation 系指反映个人消费价格指数的通货膨胀，与之相对的是 core inflation（核心通胀），即把食品（尤其是新鲜食品）和能源（尤其是石油价格）这些价格波动较大的项目扣除以后所算出来的消费者物价指数变动比率。然而，headline inflation 的译法不胜枚举：标题通胀、总通货膨胀、报道通胀、公布通胀、表面通胀、媒体通胀、基底通货膨胀。《新世纪英汉国际经贸词典》又将它误译成“通货膨胀指数”（2004：600），且解释为“包括所有的项目，如其他国家不计算在内的抵押借款利率和地方税”，无论是译名还是释义都出现了严重的失误。“通货膨胀指数”对应的英文译名应该是 inflation index。“标题通胀”这种译名常见于经济评论文章，更何况在外贸函电中，headline goods 通常被译成“标题货物”。看来，词典编纂者不能闭门造车，要经常涉猎专业书籍，时常了解当今世界重大经济新闻。

（三）违反约定俗成

《荀子·正名》中说：“名无固宜，约之以命，约定俗成谓之宜，异于约则谓之不宜。”在荀子看来，事物的命名无所谓合不合理，只要人们共同约定就行了，约定俗成的就是合理的。经贸涉及各行各业，且各个行业有自己的“行话”，一些词在证券市场行业里的译名和在金融领域里的译名不一样，但都在各自的行业里约定俗成了。如 forfeiting 早已被金融业内人士音译成熟悉的“福费廷”或意译为“包买票据”，但《新世纪英汉国际经贸词典》未给出译名，只给出了释义：（国际贸易中的）未偿债务买卖（指融通资金的一种方式），而且将它拼写为 forfaiting（2002：534）。Forfeit 源自法语，在这种情况下，应先列出英文单词，再标明词源（如：forfeit，[法语 forfait]），这样才不至于让词典使用者感到困惑。《英汉经济贸易词典》将它译成“无追索中期出口信贷”（2002：436）。《综合英汉经贸词典》（2002：571）没有收录 forfeiting 一词，只有 forfeit 这个动词和 forfeiting market 这一短语，对 forfeiting market 给出的译名是“不包兑市场”，如此混乱的译名让词典使用者无所适从。

Forfeiting 的英文释义为：the business of discounting medium-term promissory notes or draft related to an international trade transaction. The promissory note or draft is guaranteed by an importer's bank ensuring the holder thereof that the importer will pay it at maturity. 笔者认为应根据业内行话将 forfeiting market 译成“福费廷市场”，然后给出释义：福费廷是指贴现与国际贸易有关的中期本票或汇票的一种业务，本票或汇票由进口商所在地银行担保，该银行向其持有者保证进口商将在到期日付款。

但在证券领域里，forfeited shares 和 forfeited stocks 的译名是“作废的股票”或者是“失效的股票”，forfeited stock subscription 的译名是“失效的股票认购”，这些译名是站得住脚的，请看英语原文对 forfeiture of shares 的释义：Forfeiture of shares means confiscation of the shares of a shareholder by way of penalty for non-payment of any call made in respect thereof（没收股票指的是由于股东未能支付相关款项而没收其股票的一种处罚行为。）互联网上有人将 forfeiting market 译成“放弃的市场”和“丧失的市场”实属外行翻译。

Position 指经营外汇业务的银行账户上的外币余缺的数额，常常译作“头寸”，而《实用外贸英汉词典》（1989：392）却将之译成“寸头”，莫非这种译名借用了男士发型的名称？

Hot money 又称作 refugee capital，“热钱”是耳熟能详的译名，但《实用外贸英汉词典》（1992：263）给出的译名是“赃款”和“游资”。“游资”也是常见于经贸报刊的译名，但“赃款”却无法让人接受，因为 hot money 指的是一种投机性短期资本，目的是通过汇率波动以最低的风险获取最大利益。在全球实行浮动汇率制（floating exchange rate system）的今天，有一部分资金就是通过汇率正常波动这一正常的途径来获取利益的，因此不能译作“赃款”。

Zero-sum game 的常见译名应该是“零和游戏”。该原理源于博弈论，指一项游戏中，胜方所得与负方所失相同，两者相加，正负相抵，和数必为零，是谓“零和”。而《国际商务英语大词典》(2002：1682)给出的译名却是“零和竞赛”，且解释为“一种竞赛原理”;《最新英汉国际经贸词典》(1996：1932)给出的译名是“一得一失对算理论，零和对策理论”，并解释为“认为一方胜利和另一方失败恰好相等的理论”。后者的解释要准确些，但译名却违背了约定俗成的原则。

《英汉经济贸易词典》对 certified accountant 这一条目的译名：[英]合格会计师；[美]持有国家颁布的许可证的合格会计师。众所周知，“注册会计师”或“执业会计师”是常见的译名，因而《英汉经济贸易词典》给出的译名违背了约定俗成这一原则。以上两种译法与其说是译名，不如说是释义。又如《新英汉词典》将 certified mail 译为“只保证传送、不负责赔偿的一类邮件”也违反了约定俗成，一般常译成“认证邮件”。

由于新出现的经贸术语在译成汉语时往往根据字面意义逐字译出，这种译法或许并不准确，不过随着时间的推移已渐渐被人们接受，成为已约定俗成的术语，如 acid test ratio 译成“酸性试验比率”就属于这种情况。该概念系指公司偿付短期负债能力的指标，即在无须出售库存的情况下解决其短期负债的严谨的测试，根据公司不包括库存在内的流动资产(现金、准现金、应收账款及短期投资)除以流动负债得出。刘长立(2003)认为“酸性试验比率”的译法不太妥当，因为它会使一般人联想到化学测试。约定俗成的译名不必重译，否则，译名太多，无法识记，也无法统一。在笔者查阅的经贸类词典几乎都同时收录了“酸性试验比率”和“速动比率”这两种译名。

三 解决译名问题的途径

“名不正则言不顺”，经贸术语的译名规范是为了加强国际经贸合作。经贸术语规范的重要性已得到高度重视，有的学者甚至认为术语的标准化应先于技术和产品的标准化。要解决经贸词典的译名问题可从以下三个途径入手：

第一，优化词典编纂的人力资源，编纂学科更细的专业词典。经贸的分支相当多，包括货物运输与保险、货币银行学、证券、国际投资、工商管理、国际商法、财务会计、税务、市场营销等。虽然上述各个专业领域相互联系，但由于学科分类越来越细，专业术语越来越多，词典编纂者不可能在上述每一个领域都是专家，因而应根据词典编纂者所擅长的领域编纂学科更细的专科词典。令人欣慰的是，目前已经出版了《会计英语词典》和《保险英语词典》等学科分类更细的词典，这类词典无论是在释义和译名方面都比普通的经贸词典要准确可靠得多。一个英语术语无论是在同一专业领域还是在不同的专业领域都可能对应多个不同的译名，如不采取分门别类的方法，那就很容易导致译名收录遗漏和混淆术语及其译名。比如，premium 在金融领域的译名是“升水”（也称“溢价”），在证券市场领域内还可译为“期权费用”，在保险业内指“保费”，在商业合同法里指“预付的租金”，在其他领域还可译成“奖金”。当然，学科分类更细的专科词典也会存在译名收录不全的可能，但其可能性会大大降低，进而会帮助词典使用者解决实际运用当中的许多问题。

第二，吸收新的术语，定期对词典进行修订或补遗或者在专家指导下建立在线词典。由于每年都会产生一些新词，词典收录的术语往往落后于时代发展，因此有必要建立在线词典。目前虽有些在线词典，但往往没有得到很好的更新，而且缺乏行业专家指导，致使一些非标准译名泛滥。经贸词典编纂者也应该关注国内外经贸各个领域的最新发展动态，关注国外最新出版的行业术语词典，必要时要请教国内某个行业的专家。如果词典中的新术语遗漏太多，词典的质量就无法得到保证，以下几个术语就不被上述经贸词典所收录：

draw-down period 提款期（即签订贷款协定后支用款项的期限）

lead bank 牵头银行（银团贷款业务中负责成立银团的那家银行）

pump-priming 政府注资，政府刺激资金

pro forma accounting 备考会计法

词典遗漏这些术语导致的结果是可怕的，比如学生将 draw-down period 译成“容易招致危险的期间”，将 lead bank 误认为是 leading bank 而译成“资产雄厚的银行”或者“主要银行”，对 pump-priming 和 pro forma accounting 更是感到束手无策了。pump-priming 一词最近频频见于国内外各大媒体，其实它早在 20 世纪 40 年代就产生了，许多英汉经贸词典却一直回避它，其实，只要我们经常关注财经新闻，就不难发现它有一个现成的译名：“政府注资”或者“政府刺激资金”，如：A combination of low interest rates，easy credit and government pump-priming set the economy growing by more than 5% in the second quarter.

译文：低利率、宽松的信贷和政府刺激资金多管齐下使第二季度经济增长了 5% 以上。

Pump-prime 现在也常用于经贸文章中，从构词法上讲，由名词 Pump-priming 反转构词（backformation）生成一个动词，可译作“注资”。

Pro forma accounting 是会计学术语，请看一例：It’s about as much as all the operating income Intel reported under generally accepted accounting principles for the second quarter and about one-fifth of such income calculated under the pro forma accounting the company prefers.（*Business Week*，Oct. 22，2001）

译文：这大致相当于根据通用会计准则计算出来的英特尔公司第二季度的所有营业

收入，或者相当于根据该公司更喜欢采用的备考会计原则计算出来收入的五分之一。

Generally accepted accounting principles 倒是有现成的译名：通用会计准则，而国内还没有 pro forma accounting 这一会计原则的确切译名，pro forma invoice 在外贸业务中常译作“形式发票”，但在会计业务中，pro forma 常译作“备考”或“模拟”，如 pro forma earnings 就是指“备考盈利”，pro forma statement 就是“备考报表”，笔者据此将之译作“备考会计原则”。

第三，对经贸术语进行实证研究，以便能够精选译名。虽然前面提到，有些术语的两个或三个规范译名不能被强制地“统一”于其中之一，但我们必须清楚地认识到译名过多易导致混乱局面，甚或有可能因国内同行使用不同的译法而造成相互交流的困难。《朗文国际贸易词典》第 334 页给 hedging 一词的译名竟然多达九种，如果我们中国同行各用各的译名，他们之间能进行有效交流吗？因此，我们必须对此进行实证研究。笔者认为，术语译名的实证研究主要是考察它们在专业文献和权威期刊使用的频率。如 hedging 的译名中，“戥仓保险”过于生僻，“抵平”过于笼统，“现买先卖办法”“卖现买期”和“买现卖期”中任一译名都缺损了一半的信息，它们的使用频率都非常低，充其量只能说是我们可以借助它们来理解 hedging 这一概念而已。经验判断，金融市场的风险业务中意译名“套期保值”和音译名“海琴业务”的使用频率都非常高。如果译名得到了统一，我们就不必担心译名的混乱。

综上所述，要实现经贸译名规范，必须优化经贸词典编纂的人力资源，发挥他们在不同分支领域的优势，编纂学科分类更细的专科词典或者经贸在线词典以适应经贸术语和经济活动不断发展的需要，同时要注意吸收专业期刊和相关行业里的规范用语，以保证经贸术语译名的科学性和准确性。

参考文献

[1] Hinkelman, E. G. Trans. annoymous. *Longman Dictionary of International Trade*. 北京：中国人民大学出版社，2000.

[2] Toury. Gideon. *In Search of a Theory of Translation*. Tel Aviv: The Porter Institute for Poetics and Semiotics 1980: 51.

[3] 冯祥春. 国际商务英语大词典. 北京：中国对外经济贸易出版社，2002.

[4] 劳允栋. 综合英汉经贸词典. 北京：商务印书馆，2002.

[5] 刘长立. 改革会计报表和会计方法用语提高会计信息的可理解性. 吉林会计，2003（10）：4—6.

[6] 刘法公. 论商贸译名的统一问题. 中国翻译，2006（3）：64—68.
[7] 威云方主编. 实用外贸英汉词典. 杭州：浙江大学出版社，1989/1992.
[8] 单其昌编. 英汉经济贸易词典. 北京：外语教学与研究出版社，2002.
[9] 王发明、陈荣烈、郑敏. 最新英汉国际经贸词典. 天津大学出版社，1996.
[10] 汪惠迪编. 字痴告大侠的启示. 咬文嚼字，2005（2）：4—5.
[11] 王学文编. 国际商务英语. 北京：中国人民大学出版社，2005.
[12] 王学文、张富林. 国际商务英语通典. 北京：中国社会科学出版社，2001.
[13] 周国强主编. 新世纪英汉国际经贸词典. 上海外语教育出版社，2004.
[14] 新英汉词典编写组. 新英汉词典（增补本）. 上海译文出版社，1985.

（原载《中国翻译》2010 年第 2 期）

外语地名汉字译写的规范化历程

刘连安
（民政部地名研究所研究员）

地名不仅是人们生活中使用最频繁的专名之一，更是民族文化的化石，凝结了当地的文化特征。外语地名的汉字译写是广受关注的一项工作。译得好了，会成为经典而千古传颂，为人称道。译得不好，也很容易引起社会的批评。由于地名是中外交流中必然涉及的基本信息，所以只要有翻译活动，就会有地名翻译的问题。实际上，对外语地名汉字译写规范化的探索是与翻译工作一直相伴的。对外语地名汉字译写进行鉴古而知今的分析，对于明确目标与路线，采用更加科学的方法做好这项工作具有重要意义。

一　我国古代对外语地名汉字译写规范化的探索

早在春秋时期，孔子就提出了“名从主人”的重要观点。意思是说事物以主人所称之名为名。这一观点作为外语地名汉字译写的一条重要原则沿用至今，即应该按照地名所在国家的书写和读音来翻译外语地名，而不应根据第三方的称呼。例如德国的 Bayern 州，应译为“拜恩州”，而不是按照英语惯用名 Bavaria 译为“巴伐利亚州”。

同时，荀子提出了“约定俗成”的重要观点，后来也成为地名译写工作中非常重要的一条基本原则，即有些译名虽然于理不合，但因为已被广泛使用，就不能再轻易改动。例如，我们今天不按照俄语“Россия”译为“露西亚”，而是译为“俄罗斯”；不按照波兰文 Warszawa 译为“瓦尔沙瓦”而是译为“华沙”。

我国古代影响最大的翻译工作是对佛经的翻译。早期佛经翻译中，专名翻译不合适的地方很多。玄奘看到了因为外语发音不准、使用汉字方言读音等给翻译带来的严重问题，呼吁“必也正名乎”。主张进行严谨译名，并提出了著名的“五不翻”的观点（五种情况下直接音译）。在这种翻译理论的指导下，玄奘对具体地名的译写也做了很多深入的探究，对今天影响最大的应当是“印度”这一译名的确定。我国在唐以前，称印度为“身毒”或“天竺”。玄奘在《大唐西域记》中指出，应该译为印度，因为“详夫天竺之称，异议纠纷。旧云身毒，或云贤豆，今从正音，宜云印度。”玄奘根据亲耳所听，对这一地名的传统译法提出质疑，并按照其实际读音重新译写，体现了极为严谨的学风。

但是，总体而言古代佛经翻译中对外语地名汉字译写的专门探讨较少，未能形成系统化的理论。

二 近、现代对外语地名汉字译写规范化的探索

清朝时来华的英国人傅兰雅（John Fryer，1839—1928年）最早在我国提出了专名翻译规范化的理论，并制定了具体办法。他提出，译书的时候遇到的人名、地名都应该专门记下来，附在书后，以便查阅。日后应将这些译名附录汇总成专门的译名工具书，以便大家共同遵循。这些宝贵建议对地名规范化起了重要作用。他确定的很多译名沿用至今，影响深远。

徐继畬是清末介绍西方文化的著名人物，对外语地名汉字译写进行了比较深入的探讨。他指出，外国地名十人译之而十异，一人译之而前后或异，而早期来华的外国人多居广东。他们用广东话译外语地名，多数中国人都很难辨认。面对这种现象，徐继畬总结了一些发音规律，比如“亚”字在词首的都读为“阿”，在词尾的一般读为“讶”。同时，他也认识到约定俗成的重要性，例如，按照发音，“西班牙”应当译为“西把尼亚”，葡萄牙当作“波尔都噶亚”。但是一旦改变了传统译法，读者一时难以适应，所以还是维持传统译法。这是对“约定俗成”原则的生动阐释。实践证明，徐继畬关于地名译写的思想适合我国的社会、文化环境。他确定的很多译名都沿用至今。

近代杰出的翻译家严复提出了翻译要“信、达、雅”的著名论断。他的名言“一名之立，旬月踟躅”为后世地名译写工作者树立了认真、严肃的楷模。他提出，各类翻译作品都要将专名译法在书后单独列出，并将外文和中文加以对照。国名等各类地名已经广为流传的译法沿袭不改。积累到一定程度要编制专门的译名词典，以供后人参阅。可见他设计了切实可行的措施提高外语地名译写规范化水平。

近代著名学者章士钊1910年—1915年间掀起了对译名问题开展学术讨论的热潮。尽管这次讨论并不是专门针对地名译写问题，但对完善外语地名汉字译写理论起到了重要作用。1910年章士钊发表了《论翻译名义》一文，积极倡导音译。他的这种见解可以视为对玄奘“五不翻”理论的发展。章士钊的观点引起了学术争论，很多学者竞相发表关于译名的各类学术观点。例如教育家胡以鲁1914年发表《论译名》，主张对于地名主要采取音译，并尽量简略，还要坚持约定俗成原则，避免人为地加剧译名混乱。1916年陈

独秀设计了“单独字母译音”“拼合字母译音”，前者就是单独元音、辅音与汉字的对译方案，后者就是元音与辅音相拼后与汉字的对译方案。这显然就是现代外语地名汉字译音表的雏形。1919 年朱自清发表《译名》一文，认为促进译名规范化需要采取政府审定、学会审定、学者鼓吹、约定俗成等各项措施。可以说他对外语地名汉字译写规范化的路线进行了很好的设计，令人叹服。

应当说，在睁眼看世界、学习西方文化浪潮的推动下，近、现代时期我国的外语地名汉字译写理论有了较大发展。

三 新中国成立以来对外语地名汉字译写规范化的探索

新中国成立后我国各项事业蓬勃发展，社会各界都需要使用详细、准确的外语地名信息，但译写不规范的情况非常普遍，困扰着我国地名工作者。为了解决这一问题，有关单位开始研制技术规范。中央马恩列斯著作编译局曾试图在各单位拟定的 20 余种俄语译音表的基础上制定统一的译音表，但无法统一大家的意见。1966 年我国人名、地名译写委员会组织有关单位共同制定《外国地名汉字译写通则（试用稿）》和英语等 6 个语种的译音表。1972 年总参测绘局又邀请新华社等单位研究统一外语地名汉字译写技术规则的问题，但未能达成一致意见。

1977 年中国地名委员会成立后，在以往成果的基础上，1979 年形成了《外国地名汉字译写通则（试行）》，1981 年制定了英语等 6 个语种的译音表（试行），以及泰语等其他 44 个语种地名译写的译音表草案（合称为“50 译音表”）。这标志着我国终于有了统一的外语地名汉字译写技术规范。

1999 年起，在民政部的组织下，我国陆续发布《外语地名汉字译写导则》国家标准。截至 2016 年该系列标准已发布的有英语、法语等 8 个语种的规范，另有日语等 6 个语种的规范即将发布。

四 当前外语地名汉字译写规范化工作面临的问题

虽然我国对外语地名汉字译写规范化问题进行了长期、深入的探索，但目前社会上对地名译写的争论仍然很多，并导致新的译名不一致现象层出不穷。随着信息传播速度的加快，外语地名的使用数量、频率都在急剧增加。人们对地名信息标准化的要求日益提高。外语地名汉字译写不规范现象不利于信息传播与共享，不利于人们的交流。由于汉字在译写外语地名方面存在的种种特点，制定、遵守译写技术规则，发布标准化的汉字译名是提高外语地名汉字译写规范化工作的必然选择。为此，相关各方都应做出相应努力。主要措施包括：

第一，进一步加强外语地名汉字译写工作的理论研究，探讨更为科学、高效、便捷地译写方法。

第二，译名工作者进一步加快外语地名汉字译写技术规范研制进度，首先将原有的50译音表上升为国家标准。对于新出现的、现有工具书查不到的外语地名，迅速组织专家进行译写和标准化处理，并利用网站等媒体尽快公布，提供社会使用，使译名使用者能更方便地得到标准化译名资料。

第三，翻译研究者养成查阅工具书的良好习惯，培养自己的标准化意识。对于某些外语地名如果无法确认其标准化汉字译名，应在首次出现时附上原文，甚至干脆照写不译，但绝不应轻易传播不规范的译名。

第四，从事翻译教学的学者、译者应努力将国家关于译名规范化的精神贯彻到教材、讲义、课堂中去，教育学生遵守译名标准，培养他们严谨的学风与译风。

第五，编辑出版部门应明确规定稿件、出版物须符合国家译名规范，杜绝不负责任的错译、乱译行为。

第六，积极开展学术交流，与我国的港澳台地区，以及使用汉字的各国研讨外语地名汉字译写规范，以期逐步提升整个华文圈的地名译写规范化水平。

（原载《中国民政》2016 年第 22 期）

字母词的汉语化问题

祝吉芳
（河海大学外国语学院）

针对字母词汉语化问题展开的专门性研究到目前为止仍然较为薄弱，而为方便字母词在汉语中畅行无阻的研究性成果却颇为丰硕，例如短短十年间就已有《汉语字母词词典》（刘涌泉，2009）等至少五部字母词辞典相继问世，此种状况似与当前一定程度上不提倡使用字母词的某些规定相矛盾，这便使得字母词如何汉语化的问题显得尤为迫切和突出。

一 禁用字母词的理据

（一）《国家通用语言文字法》的相关规定

《国家通用语言文字法》规定：国家通用语言文字是普通话和规范汉字。国家推广普通话，推行规范汉字。国家通用语言文字的使用应当有利于维护国家主权和民族尊严，有利于国家统一和民族团结，有利于社会主义物质文明和精神文明建设。还规定：广播、电影、电视用语用字应当以国家通用语言文字为基本的用语用字[①]。显然，字母词作为外来词不属于规范汉字，也不属于以国家通用语言文字为基本的用语，尽管各类媒体中大量夹杂字母词。

（二）国外的实践

在母语中禁用外语及英语字母词的举措并非中国首创。在法国，人们为自己的母语制定了严厉的法律，设置了语言警察，规定在法律条文和公共文件中不得使用外语。最近，法国高等视听委员会要求法国的电视频道须将诸如 la star academy 和 popstars 的栏目

① 参看教育部门户网站 http://www.moe.edu.cn/edoas/website18/95/info5895.htm。

名称改换成法语。法国政府甚至对“email”一词下达禁令，要求用“courriel”表示“电子邮件”。[①]在罗马尼亚，电视台和报纸早已全面禁止出现外语单词或英语字母词。在俄罗斯，许多公民不能接受在各类媒体上出现外语的现象。

对上述国家的人民而言，禁用外语及英文字母词是捍卫民族语言纯洁、维护媒体用语统一的体现。

（三）国内的实践

面对字母词的大量涌入，翻译工作者们拿出了许多为大家所认可的既简洁实用又鲜明入耳的译文，如：

NATO（North Atlantic Treaty Organization“北大西洋公约组织”）→北约；BARCLAYS（Barclays English Premier League“英格兰足总属下的巴克莱超级足球联赛”）→英超；FIFA（Federation International Football Association“世界足球联合会”）→国际足联

翻译界的实践活动在一定程度上证明，只要努力，字母词是可以用我们民族自己的语言进行等值再创造的。

二 字母词在汉语中的优、劣势及其可译性问题

（一）优势

字母词能在汉语中大行其道，主要因为具备了如下优势：

（1）省力。笔画少，书写简易，写起来不费力，也不占空间，较为经济；

（2）上嘴。音节少，加上读音已经被汉语语音化，读起来不费时，且上嘴；

（3）通用。字母词具有世界通用性，临时使用起来比较方便，无须费脑；

（4）洋气。中国历来有读书人与非读书人之分，其差异的最直观体现不在穿着而在语言上。换言之，读书人言谈时被期望带有几分书卷气，而字母词的使用则被认为透着中国人所崇尚的书卷气的洋气。

（二）劣势

然而，英文字母词在汉语中的存在自有其劣势。如：

① 参看 http://news.sina.com.cn/w/2003-07-20/0543410350s.shtml。

（1）在形的方面，其字形明显与汉语方块字字形不兼容，破坏了汉语书面语方正、象形、和谐的特点。

（2）在音的方面，其发音虽然采取了四个声调的汉字发音方法，但与汉字形、音、义相结合的特点不符，即只有发音，无形、义与之相配套。

（3）在义的方面，其语义传达不明，因为一般而言字母词中每个字母代表的是一个英语单词或一串英语单词，这些单词在汉语里根本不存在，易被含混不清、不求甚解地接受，从而造成思维的模糊或混乱。

所以，对相当一部分汉语使用者而言，字母词不过是记音符号和身份符号。

（三）字母词的可译性

关于字母词近年在汉语中的大量存在，有解释称“因为当初翻译时没找到合适的名称”（刘涌泉，2009），此辩解归根结底与字母词在最初引入时是否具有可译性这一问题有关。

有关文字的“可译”与“不可译”，经过旷日持久的大讨论之后，国内外学者早已基本上达成共识：只要是文字就具有“可译性”。虽然有的字母词翻译有难度，有的甚至不是一般人可译出的，但只要努力就能成功，况且我们还有许多翻译家活跃在译名领域。另外，我国历年来在引进西方现代科学技术术语上所取得的成就，从一个侧面证实了字母词的可译性。早在明末清初我国学者就开始了大量的译介活动，如徐光启译《几何》、严复译《天演论》，与此同时一大批西方科技术语被译成汉语。由于译者当时充分利用了汉语原有的成分，有的术语完全感觉不出是由外语翻译而来，如“物理”“三角”“微生物”“细胞”“数学”“函数”“工程师”等。（周庆生，2004）

然而，近年来外来词却在汉语中大量涌现，这种现象并非“因为当初翻译时没找到合适的名称”，而是因为一段时期以来人们对外来词的推崇以及媒体、有关部门和译界的不作为导致的。

三　简称——汉语化字母词的一种有效途径

教育部语言文字信息管理司司长李宇明代表国家语言文字工作委员会表示，“国家语委对字母词的使用持比较谨慎的态度，希望能尽快汉语化，以符合中国人的表达习惯”①。针对字母词汉语化的问题，主流媒体用中文全称取代字母词的做法并不完全可取，主要

① 参见中国新闻网，2010年04月10日。

因为全称比较正式，冗长低效，拘谨刻板。考虑到汉语简称的成词方式、语言功能，在参阅翻译界大量翻译成果的基础上，我们认为一般情况下用简称取代字母词，不失为一种有效途径。

（一）作为缩略手段的简称

NBA 是取 National Bas ket ball Association 中每个单词的首字母组成的缩略词，此类缩略词又名字母词。汉语中也有简略词语现象，即“仅仅简缩文字，而不缩小或扩大被缩略词语的内容”，因而也与字母词一样笔画少，书写简易，所占空间小，所用时间少，朗朗上口。（韩品夫，2004）

例如：

中国人民解放军总政治部→总政

北京大学→北大

全国普通高等学校统一考试→高考

缩略词俗名“简称”。中国地名就常用简称，例如南京简称“宁”，合肥简称“肥”。这些简称都是约定俗成的，在词法上既找不到什么依据也无一定规律可循，而有些简称则是有一定方法可用，有一定规则可遵循的。要解释有关方法与规则，首先需了解有关语言学知识。

（二）语言符号的任意性和理据性

绝大多数的单纯语言符号在形、音、义的创制上具有任意性，缺少理据性，例如汉语的“门”为何念 mén？英语为何以 cat 表示“猫”？都是最初有人制定，后人沿袭使用而约定俗成的。但是，一旦单纯语言符号组成有意义的复合符号时，就有了理据性，例如门＋楣＝门楣就是综合了门与楣的意义，cat+walk=catwalk，就是综合了 cat 和 walk 的意义。再如以“高”表示“高等”，用“校”表示“院校”，也是有理据的，因而有一定的原则需遵守。

（三）用简称取代字母词的方法与原则

字母词的汉语化问题在中国早已不是什么新鲜事，翻译界及术语界已经积累了大量的字母词汉语化成果，并形成了一套可行的成词方法与原则。

1. 意译字母词

汉语常借用其他文化的词语，这一点突出表现在意译包括字母词在内的外来词上，从而制造出意译词。

谈起意译词必然涉及音译词。所谓音译词，是指音、义都借自字母词的词。如中文全称为“石油输出国组织（Organization of Petroleum Exporting Countries）”的字母词是OPEC，20世纪60年代译入中国时被音译为“欧佩克”。“欧佩克”严格意义上不属于简称，因为它没有取原词中最关键的字成词，不能简要归纳字母词全称的意义，充其量就是一个记音符号。但是，从大的范围上看，考虑到其文字简略但意义丰富的特征，考虑到其汉字记音及汉字书写形式，考虑到其直接源于英语的缩略形式，可以归为汉语的简称范畴。

只借用字母词的意义，而构词材料和构词规则完全用本民族语言材料构成的词，是意译词。例如代替字母词“CIA（Central Intelligence Agency）”的“中情局”就是意译词，是“美国中央情报局”的简称。

总体而言，意译字母词的情况多于音译。以“SARS（severe acute respiratory syndromes）”翻译为例，之所以没有选择“杀嘶”或“萨斯”等作为音译词，一方面是因为当年广东省非典型肺炎医疗专家组组长钟南山在“参与会诊了第一批非典型肺炎病人后将这种不明原因的肺炎命名为非典型肺炎”，从而按汉语习惯简称为“非典”（柯平、吴志杰，2003）；另一方面是因为汉语根据自身的结构特点、语言习惯、社会文化等因素吸收外来词时不习惯把汉字音节当作无意义的记音符号使用，一般倾向于用汉语的字表示实际意义，用汉字的词素构成新词。换言之，汉语倾向于用意译的方式吸收外来字母词。例如将“北大西洋公约组织”简略为“北约”，使之与字母词NATO等值，而非用音译“内陶”或“拿涛”。在必须音译字母词的情况下，汉语也会自觉不自觉地加上能明确表意的构词成分，如字母词AIDS（acquired immunodeficiency syndrome）被译为“艾滋病”。

2. 双音节化字母词

中国古代汉语以单音节词为主，现代汉语广泛利用古汉语单音节词充当词素，构成复合式双音节词语。另外，古汉语单音节词在现代汉语中常被双音节词代替，同时，现代汉语多音节词往往减缩为双音节词，所以，现代汉语的词语中双音节词最多，已成为汉语构词的趋势和特点。例如“EU（European Union）”虽译为“欧洲联盟”，但人们不约而同、自然而然地将之简化为双音节词“欧盟”。

汉语词汇不断双音节化是汉语词汇发展史上的一条重要规律。双音节的简称作为一种简洁明快的语言单位，以更简短的形式凝结着更丰富的信息，有效地增强了现代汉语词汇的表现力，在汉语表达中使用频率越来越高。相应地，双音节在表达字母词时被越来越多地使用，如UFO（unidentified flying object）已有正式译名“不明飞行物”，但人们更乐于使用其双音节的“小名”——“飞碟”。

3. 词化字母词

随着简称的高频使用，部分字母词经音译或意译后逐渐词化，特别是音译词的词化，以顺应汉语词汇双音节化的发展规律，是汉语词汇双音节化的延续和发展。例如由TOEFL（test of english as a foreign language）译成的“托福”及由IELTS（international english language testing system）译成的“雅思”就是词化字母词的成功案例。可见，简单、易记是产生词的目的之一，也是翻译字母词这种英语简缩语形式的一个目标。

不过，汉语化后的字母词并非个个都能使用汉语简称，继而被词化。例如IAB（International Association of Broadcasting）不用词组“国际广播协会”表达，而用“国广协”或“国广”很难让人知道其具体所指；又如“CPI”如果不用词组“消费者物价指数”表达，而用“消物指”或“消指”，则会令人不知所云，因为这些简化形式不符合现代汉语词汇规范化原则要求。

4. 汉语化字母词的原则要求

从掌握的材料看，翻译界及术语界汉语化字母词的实践活动基本遵循了现代汉语词汇规范化的三原则：必要性原则，即某词如果有存在必要，则保留或者吸收；普遍性原则，即选择人们能普遍接受的形、音、义实体；明确性原则，即选用意义明确、容易被人们接受的词形。

同时，翻译界及术语界汉语化字母词的实践活动还遵循了以下四条规范标准：

第一，不滥译。滥译有损汉语的严肃性，尽量使用汉语固有的词素汉化字母词，其前提是表达意义正确清楚；

第二，统一字母词译后的译名；

第三，对字母词除去不用音译不能准确表示的，尽量考虑汉语的习惯，采用意译，以便于理解和记忆；

第四，视具体情况对字母词的汉译进行简化，不能缩略的，就用全称。

四　用简称译字母词的功能意义

用简称取代字母词，是字母词汉语化的一条切实可行的有效途径，成词后的新词多符合著名翻译家严复提出的“信达雅”原则，也符合著名翻译理论家奈达（Eugene Nida）的“功能对等”理论，且具备以下功能意义：

1. 上口入耳，醒目显豁，便于记忆。如译自字母词DINK（double incomes no

kids“两份收入无孩子”）的“丁克”；

2. 简洁明了，新颖别致，能强化听者或读者的印象。如用“亚行”译字母词 ADB（asian development bank“亚洲开发银行”）；

3. 色彩鲜明。如 USSR（the Union of Soviet Socialist Republics“苏维埃社会主义共和国联盟”）被简称为“苏联”；

4. 语句组合节奏明快和谐。如 ASEAN 是 Association of Southeast Asian Nations（东南亚国家联盟）的字母词，其汉语简称是“东盟”；

5. 可使译名与原字母词一样语言经济简练，与此同时词本身所包含的内容和信息更清晰。如 EQ（emotional quotient“情感商数”）被简称为“情商”。

然而必须明确指出的是，中文简称在汉语化字母词方面并非万能，比如其正式程度、庄重程度、详细程度逊于字母词的中文全称，所以在正规场合或正式文本中使用简称要特别注意的是，话语或文本前面已经使用过其中文全称。

五 结语

用简称的方法来汉语化字母词不仅可行，有时还很有必要。有关部门宜尽快成立专门队伍，研究字母词的汉语化问题，及早出台译名与原字母词一样简洁、鲜明、实用的中文简称方案。至于暂时拿不出响亮又经济的简称的字母词，用其中文全称也未尝不可，虽费时低效，但信息更精确，语义更明朗，能较有效地提高交流质量，如把 GDP 改写或读成其全称“国民生产总值”。虽然比字母词多三个读音和三个方块字，但对听众或读者而言，其所包含的内容远比原字母词详尽，信息量也更大，还可以避免原字母词的非表义性，满足语言的大众化要求及语言交流过程中的清晰化需要。

参考文献

[1] 刘涌泉. 汉语字母词辞典. 北京：外语教学与研究出版社，2009.

[2] 周庆生. 主流媒体应慎用字母词. 科技术语研究，2004（6）：14—15.

[3] 韩品夫. 从“非典”、“SARS”看缩略词. 科技术语研究，2004（6）：19—21.

[4] 柯平、吴志杰. “SARS”与“非典”. 中国语文，2003（6）：564—567.

（原载《中国科技术语》2011 年第 2 期）

字母词多维透视

侯　敏

（中国传媒大学国家语言资源监测研究中心）

字母词的使用在汉语中已有100多年的历史，近30年来字母词数量增多，日益引起社会、学界和政府的关注，争议颇多。在梳理前人研究以及自动监测、大规模调查的基础上，本文试图从本体、历史、功能、政策等不同侧面对字母词做一个多维度的透视。

一　本体

字母词本体研究主要涉及字母词属性、定义及其分类等。

1994年，刘涌泉发表文章《谈谈字母词》，全面论述了字母词的概念、性质、范围和类型等，标志着字母词概念的形成和确立。他认为“字母词是指汉语中带有外文字母（主要是拉丁字母）或完全用外文字母表达的词”。此定义引起了很多专家学者的思考与讨论，许多学者发表了不同的观点。此后，刘涌泉（2002）又提出了较为全面的定义，字母词是指“由拉丁字母（包括汉语拼音字母）或希腊字母构成的或由它们分别与符号、数字或汉字混合构成的词。”学者们关于字母词的属性和界定存在争议：（1）字母词是外语词还是汉语词；（2）汉语拼音缩略词是不是字母词；（3）外文原单词是不是字母词。

邹玉华（2006、2012）避开后两个争论，根据认知语言学原型范畴理论，构拟出了字母词概念结构，求证出了字母词的四个形式特征：（1）与汉字组合；（2）读字母名称音；（3）形体大写；（4）缩略，从理论上解决了字母词的概念和范围问题，认为字母词是个原型范畴，从形式和语言词的维度上看都有典型和非典型之分，非典型字母词是学界的分歧所在。

侯敏（2007、2016a、2016b）指出，典型字母词除了在形式上要符合上述四个条件，在语言运用上还要符合以下四个条件：（1）语义上具有概括性；（2）认知上具有公众性；（3）使用上具有较高频度；（4）具有国际通用性。这形式四特征和语言运用四条件是判定一个字母串或带字母串是否典型字母词或在多大程度上是典型字母词的标准。

上述定义在承认字母词是汉语词的前提下说明了字母词的内涵，并没有界定它的外延。汉语书面表达中字母使用现象纷繁复杂，字母词只是其中的一部分，从本体研究以及语言监测的角度，有必要对其进行工程分类，通盘考察，给出一个更加清晰的描述。

从自动监测、语言调查这一工程性目标出发，字母词这一集合与其他汉语词汇类别有两点不同，其一，字母词是从书写形式角度提出的一个汉语词汇的类别，采用带西文字母形式或完全用西文字母形式来书写记录词义，是字母词的本质特征；其二，从这一形式特征出发，汉语字母词与非汉语字母词（如英语词）、典型字母词与非典型字母词均形成一个连续统，其间并没有明显的形式上的界限。上述两点中第一点给字母词的自动识别带来一定的便利，第二点则造成了字母词自动识别的困难和障碍。因此，对汉语中的字母形式进行全面细致的分类，是顺利完成字母词自动监测和大规模调查的基础。

汉语中出现的字母形式大致可进行三级分类：第一级，可根据其是否属于汉语系统分为字母词和非字母词两类；第二级，字母词又可根据其与原型特征的相似度分为典型字母词和非典型字母词两类；第三级，典型字母词与非典型字母词又可以根据其形式或内容特征各自分为多种类别。

汉字加字母的字母词和外文缩略词是字母词在形式上的两个原型，是典型字母词的核心，但其中情况也不完全一样，还需进一步分析。

（一）外文缩略词

根据表达内容，外文缩略词还可细分为人名、地名、机构名、其他专名、量词、化学符号、货币符号和普通缩略词 8 类。根据典型字母词在语言使用上的四个条件，其中后 4 类基本上可以认定为典型字母词，当然每一类中各个词的表现也不一样，如量词中，cm、kg、km、KB、MB 使用频率较高，而 BTU、GEV 的使用频率就不那么高，化学符号和货币符号也带有较明显的领域性，其中有相当部分使用频率也不是很高，但考虑到它们的国际通用性和认知的公众性，以及类的封闭性，还是放到典型字母词中为宜。人名，指的是“G.W. 布什、H.T.D. 罗斯特”这种字母缩写加汉字的，这是一个开放的类，专属性极强，使用频率较低，应归属非典型字母词。外文缩略的地名和其他专名在语料中出现较少，因有些无法归入英文单词，只好自成一类，如“KKL 音乐厅、MIL 图书馆；LV、NKK 奖”，都属非典型字母词。机构名又不一样了，它和人名一样具有专属性，但其中有一部分，如 WTO、NBA、IBM，具有极强的国际通用性和认知公众性，也具有相当高的使用频率，从语言运用的角度来看，放在非典型字母词中不合适。但一些层次比较低的缩略机构名，在各种属性和运用上又和人名没什么区别。因此我们做了一个硬性规定：国际级机构名（如 WTO、UN）、国家级知名机构名（如 CCTV、BBC）和国际上知名的商业机构（如 IBM、TCL）划入典型字母词，其余列入非典型字母词。

根据形式上是否带汉字，外文缩略词还可分为带汉字的和不带汉字的两种。不带汉字的外文缩略词上面已有说明，不再赘述。带汉字的普通外文缩略词往往都是外文缩略词再加义标或义类，如ATM机、DVD盘、GPS导航系统；3G手机、4D电影、3D打印机，这类字母词与两个概念原型都有相似之处，符合四条形式特征，一般也符合除了“国际通用性”外语言运用的其他三个条件，其典型字母词的地位无人质疑。

（二）带汉字字母词

其余带汉字字母词根据字母表达内容不同，可分为排序替代词、借形词2类。排序替代词是指维生素A、B小调、A先生、D楼、X光之类的字母词，其中字母的主要作用是排序或者替代。借形词与其不同，是指T型台、T恤衫、A字裙、V字领、S形之类，是借字母的形状来表意。这两类词构成了第一种字母词原型，符合除“缩略”外的三条形式特征，也符合除“国际通用性”外的三条语言运用条件，虽然词种不算太多，但使用频度非常高，是字母词中比较稳定的部分，应归入典型字母词。

（三）其他

除此之外，汉语中还有一些字母形式被使用，包括外文原单词、汉语拼音、汉语拼音缩略词、（产品等）型号、车牌号、车次航班号、版本号、网址邮箱、网名等，具体分析如下：

1. 外文单词与汉语拼音

外文原单词是外语中的词，汉语拼音是给汉字注音的工具。这两个类别与字母词概念原型之间没有直接的相似性，不符合任何一条形式特征，也不符合语言运用上的四个条件，因此不是字母词。

2. 汉语拼音缩略词

汉语拼音缩略词是指GB（“国标”拼音的缩略）、HSK（“汉语水平考试”拼音的缩略）这样的词。虽然不是外文缩略，也没有与汉字组合，但是它和概念原型外文缩略词共同满足形体大写、读字母名称音和缩略三条形式特征，同时符合语言运用四个条件，因而应归入典型字母词。

3. 型号、车牌号、车次航班号、版本号

型号是指各种产品、项目的编号。在所有字母形式中，型号是较早出现在汉语中的、词种数最多、一次性使用频度最高、构成最不稳定的一个类。车牌号是指汽车牌号。车次航班号是指火车车次和飞机航班编号。版本号是指报纸等版面信息。这四类词语都带有编号的性质，都往往与阿拉伯数字组合，但由于形式特征不同，为便于工程处理和词表管理，将其分为四类。因表意不具有概括性，使用频度低，这类词属于与原型有较大差别的非典型字母词。

4. 网址邮箱

网址、邮箱是随着互联网飞速发展，近几年才出现在汉语中的语言现象，一般较长，网址以“www”或“http”为标志，主要组成部分为数字和小写字母；邮箱以“@”为标志，以小写字母为主，也有的带有数字。因其随意性太大，形式和语言使用上都不符合字母词条件，而且直观上也不像一个词语，因此，我们将其归入非字母词之列。

5. 网名

网名也是近年来出现的一个新鲜事物。因其用于虚拟社区，不具法律作用，所以人们可以随心所欲创造，形式也五花八门，其中带有字母的，就自然进入我们研究的视野，如风信子 waiting、jinto 大鹏、小石头妈妈 sbt、POCKEY_LAI，这类也可以看作字母词与非字母词的中间地带，我们将其归于非典型字母词，属于非典型字母词的最外围。

6. 特殊词

由于字母形式非常复杂，还有一些比较特殊的现象，如 OK、IN（in）、OUT（out）、N（n）、ing，它们有的是英文词，有的是英文词的一部分，但用在汉语中，经过汉化，表达了与英文不太一样的意义；还有像 WORD、Windows 等，是普通英文词，但也是软件名称，后者常用在汉语中。好在这些词语不多，我们称其为“特殊词”，因使用率较高，暂且归入典型字母词中。

根据上述分析，汉语中使用的字母形式可根据在汉语中的作用分为典型字母词、非典型字母词、非字母词这样不同层级，用图形表示如下：

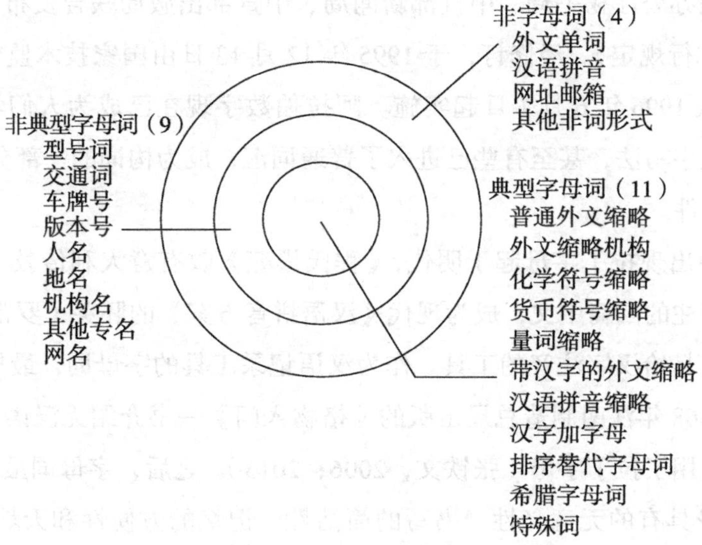

图 1 字母形式不同类别层级图

二 历史

从 1868 年《格物入门》首次出现拉丁字母的元素符号开始算起，字母进入汉语的书面表达系统有近 150 年的历史。但我们不妨把眼光放得更宽远一些。

（一）汉语记录系统发展的历史：从同质到异质

从古至今，汉语记录系统经历了一个从同质到异质的变化（郭熙，1992）。翻开先秦的作品，其中只有方块汉字，汉代以后，有了断句的点号。今天，汉语书面表达系统包括四个子系统：汉字、标点符号、阿拉伯数字、字母。其中汉字是中华文化中固有的，是从我们的古人那里继承下来的，尽管不同时代的书写形式也发生了甲骨、金文、小篆、隶书、楷书等的变化，但根是中国的。其余三者都是外来户、舶来品，是语言接触、文化交融的产物。

标点符号的使用，是借鉴西方，经过一定改造，在五四运动之后开始广泛使用的。我国 2011 年公布了《中华人民共和国国家标准标点符号用法》，目前正在进行修订中。

阿拉伯数字本是古代印度人创造，传入阿拉伯后，阿拉伯人将其发扬光大，12 世纪由阿拉伯传入欧洲，欧洲人称之为“阿拉伯数字”。大约 13—14 世纪，阿拉伯数字传入我国，但并没有得到广泛运用。直到 20 世纪初，随着我国对现代数学的引进和重视，阿拉伯数字在我国才慢慢开始使用。中文出版物改为横排版后，阿拉伯数字的使用范围日益广泛。1987 年 1 月 1 日，国家语言文字工作委员会、国家出版局、国家标准局、国家计量局、国务院办公厅秘书局、中宣部新闻局、中宣部出版局联合发布了《关于出版物上数字用法的试行规定》。经修订，于 1995 年 12 月 13 日由国家技术监督局正式作为国家标准颁布，从 1996 年 6 月 1 日起实施。阿拉伯数字现在已成为人们学习、生活和交往中最常用的数字写法，甚至有些已进入了普通词汇，成为构词的一部分，如 211 工程、4S 店、9·11 事件。

汉语文献中出现拉丁字母起于明代，《程氏墨苑》收有意大利传教士利玛窦在 1605 年用拉丁字母标注的四篇中文，成为现代《汉语拼音方案》的胚芽（罗常培，1958），但这时拉丁字母仅是给汉字注音的工具。作为汉语记录工具的字母词，最早可以追溯到 19 世纪下半叶，1868 年江南制造总局出版的《格物入门》一书介绍无汉语译名的元素符号表示法时直接使用了拉丁字母（张铁文，2006；2013）。之后，字母词虽然使用不多，但因拉丁字母本身具有的无意义性、书写的简洁性、记忆的方便性和天然具有的位序性，非常适合作为排序和指代的符号，如 A.、A 组、B 座、W 先生，这种用法在汉语中却是常见的。以至于毛泽东批评党八股是“开中药铺，甲乙丙丁一二三四 ABCD”。大量外文缩略式字母词进入汉语是在改革开放以后。

应该说，这三者的吸收丰富了汉语的书面表达系统，使信息传递更准确、更简明，大大提高了汉语书面表达的效率。

还有一点也应注意到，这四个子系统在汉语书面表达中的作用是不同的，汉字是汉语书面表达的主体，汉语词汇绝大部分是用汉字来记录的，其余三个都是起辅助作用的，标点使信息传递得更准确，排除歧义性；阿拉伯数字使数目的书面表达更简洁明了，增加了排序和数字表达的丰富性；字母的指代、排序作用使汉语的指代、排序表达更丰富更方便。但新近出现的字母词，尤其是其中的外文缩略词与它们不一样，它直接表达内容，替代了原本应由汉字来传递的概念性信息。这大概也是人们格外关注它的主要原因。

（二）字母词进入汉语的历史：从无序走向有序

与世间万物产生发展的轨迹相似，字母词进入汉语词汇系统也经历了产生、形成、发展的过程：从晚清萌芽时期的零星出现，如元素符号，光学领域的 D 线、X 线，到民国时期集中于文学、政治、医学领域，数量不多，如阿 Q、三 K 党，再到改革开放以后，随着新概念、新事物的大量涌现，受科技迅猛发展和国际交流的影响，字母词高频出现、数量激增，发展到今天，字母词俨然具有了自身的词汇家族系统。（张铁文，2013）常用字母词不仅被一些权威词典收录，学界有专门收录字母词的词典，如《字母词词典》（刘涌泉，2001 年，上海辞书出版社）、《汉语字母词词典》（刘涌泉，2009 年，外语教学与研究出版社）、《实用字母词词典》（沈孟璎，2002 年，汉语大词典出版社）、《实用字母词词典》（侯敏，2014 年，商务印书馆）等。

字母词的书写形式也经历了从无序慢慢向有序发展的过程，同形词多是字母词使用的一个特点（侯敏,2007）。1949 年《人民日报》中表“滴滴涕”义的字母词共出现 57 次，有 4 种写法：“DDT” 33 次，“D.D.T” 20 次，“D · D · T” 3 次，“D · D · T · ” 1 次。后来才形成统一的 “DDT” 的规范写法。表“无线保真”义的字母词自 2007 年首次在《人民日报》上出现以后，就有 “WIFI、WI-FI、wifi、wi-fi、WiFi、Wi-Fi” 等多种不同写法，直至 2015 年《人民日报》还有两个词形：“WiFi” 101 次，“Wi-Fi” 2 次，还没有达到最后的统一。

（三）字母词传播的历史：从专业领域进入日常生活

字母词的传播也有一个历史过程。从最早的“X 光”到新晋的“APP”，大部分典型字母词都经历了专业领域——科普文献——日常生活的过程。目前最常用的字母词，如X光、CT、B超、DNA、维生素C、ICU是来自医学领域，GDP、A股、B股、H股、APEC、IC卡、CPI、CBD、IMF、ATM机、POS机、VIP、P2P来自经济领域，NBA、CBA、F1赛车、VS、PK来自体育领域，3D、4D、3G、4G、IT、PC、LED、GPS、APP来自科技领域，4S店、SUV、ETC来自汽车领域，MTV、KTV来自文化领域，PM2.5、PM10来自环保领域，只有少数如T恤、DIY原来就属于日常生活领域。值得注意的是，一旦字母词这种形式在汉语中被接受并扎下根后，并不是所有的字母词都是外来词，其中有一部分是汉语自产的，如阿Q、AA制这种带汉字的以及“GB、HSK、WSK”这种汉语拼音的缩略形式，也有一部分字母词竟是我们中国人自己先把汉语翻成英文，再进行简缩而形成的，如在某些时段饱受网民诟病的“CCTV”。本来已有好好的“中央电视台”，也有其简缩形式“央视”，为什么一定要用与英文中简缩意义与其大不相同的“CCTV”？其中原委值得我们深思。

（四）字母词是世界两大文字系统对话的结果

如果我们再把眼光放开一些，从世界文字演变历史的角度来看汉语中的字母词，它应该是世界两大文字体系对话的结果（樊友新，2007）。作为世界上现存的唯一的表意的自源文字，几千年来，汉语和汉字一直在一个相对封闭的环境中成长、创新并传承下来，其中虽有几次与外界的交融，但基本守住了汉字表达的底线，汉唐时传进的一个非汉字符号“卍”只用在艺术表现的场合，并没有成为普遍使用的文字。但到了20世纪末期，当代全球一体化的大潮、中国改革开放的胸怀和英语咄咄逼人的气势，以及国人对汉语拼音的熟悉和外语水平的提高，再加上汉语表达系统中已有的缝隙（如X光、阿Q、三K党、维生素C之类少数字母词），使得以外文缩略词为主的字母词撕开汉字表达的防线，在人们猝不及防中如潮水般灌进汉语表达系统，在表意的自源汉字的铁板中掺进了表音文字的沙子。是也？非也？从长远来看，还不好说，但从近处来看，至少可以说，是字母词救了汉字一时无法消化扑面而来的科技文化新词的急，弥补了汉字不易转写外来成分的局限（写成“西替、西剃”可能还不如直接写成“CT”），帮助汉字记录了汉语中吸收的外来新成分，才使得汉语能够高效完成交际沟通的任务。从这一意义看来，是不是也可以说字母词的使用是汉语记录系统为适应新的社会需求，汲取了表音文字的优势而做出的自我改进和创新？

三　功能

字母词进入汉语后的百年间，表达意义从简单的排序、替代到记录复杂的具体内容，从只表达单纯的理性意义到附加上不同的色彩，表达功能不断增加。下面按这些功能在汉语中的重要程度逐一说明。

（一）排序替代

在我们的语言生活中，经常需要给同类事物内部作一些临时性的区别，如一片楼房中需要给每一栋楼一个区别性的代号，企业需要给不同型号、不同性能的产品一个区别性的名称，飞机的航班、火车的车次、汽车的牌号，都需要一个区别性的代号。这种代号性的东西，没有很强的内涵意义，在具有区别性的前提下只求方便、简洁。而字母的无确定含义性，书写的简洁性，记忆的方便性和天然具有的位序性，使得它非常适合承担这个任务。“A 区、B 楼、C 座、记者 D”显然比“第一区、乙楼、第三座、第四个记者”更简便、更便于交际。因此，在需要表示区别意义的指代、排序等场合，字母和阿拉伯数字共同联手，在汉语的交际系统中起到了非常重要的、不可替代的作用。（侯敏，2007）最早有文献可查的典型字母词是“X 光”，其中的“X”就表示替代，“一种未可知的（光）”。当然，这种替代是在英语中就存在的，汉语只不过是直接借用过来，将其后的英文单词“ray”意译为“光”或“射线”。再比如维生素 A、B、C、D、E，G 调、F 调、B 调，W 君、Y 君等早期使用较多的字母词，都是字母和汉字组合起来在汉语中起排序和替代作用，因此它们和一些表形的字母词如 T 形、S 形、V 领等一起构成人们对字母词认知的第一个原型。一直到 20 世纪 90 年代初，字母词的这种作用仍然是主流。这从《人民日报》1980、1990、2000、2010、2015 各年度使用频度最高的 10 个典型字母词中就可以看得很清楚。

表 1　各年度使用频度最高的 10 个典型字母词

序号	1980	频次	1990	频次	2000	频次	2010	频次	2015	频次
1	阿 Q	51	A 组	148	WTO	760	GDP	2183	GDP	1888
2	三 K 党	25	B 组	128	NMD	311	CPI	372	APP	551
3	DNA	19	C 组	51	IT	247	LED	326	APEC	429
4	X 光	11	IMO	40	GDP	239	3D	301	PM2.5	399
5	维生素 C	9	D 组	38	甲 A 联赛	196	3G	296	PPP	343

续表

序号	1980	频次	1990	频次	2000	频次	2010	频次	2015	频次
6	ABC	8	AC 米兰	30	甲 A	165	A 股	229	020	315
7	X 射线	7	OK	27	VCD	154	IMF	181	P2P	293
8	A 型	6	A 级	25	APEC	137	ECFA	181	4G	276
9	BBC	5	三 K 党	24	DNA	126	NBA	142	G20	241
10	PCT	5	卡拉 OK	23	WAP	108	QQ	135	CPI	232

表中可以看出，2000 年以前，字母词是以表排序替代的为主，1980 年和 1990 年 10 个高频字母词中均有半数以上属这类。但 2000 年以后越来越少，2000 年有 2 个，2010 年有 1 个，2015 年 1 个也没有了，外文缩略词占据了绝对主流。但这些表排序替代的字母词并没有消失，只是在使用频度上不如外文缩略词。而且可以预测，这类字母词在汉语中将会永远存在下去。

（二）直接借用

这里指的是直接把外文缩略词（主要是英文）的形音义拿来在汉语中表达一个比较复杂的概念，也有人称之为"零翻译"，李宇明（2013）称之为"形译类字母词"。改革开放以后涌入汉语的字母词大部分都属这类。因此，90 年代以后，它成了汉语字母词的第二个认知原型。由于它直接表达词汇内容，替代了原本应由汉字来传递的概念性信息，所以引起了人们的格外关注，也引起了一些人的恐慌。这些词语既然是缩略语，就说明它的特点必然是言简意赅，又高频使用。如 GDP、NBA、GPS、MP3，它们要么对应汉语中的短语"国内生产总值""美国职业篮球协会""全球定位系统"，要么对应的是一种解释性话语"一种能播放音乐文件的播放器"。语言工具的经济性原则以及各种心理作用使得人们在多数场合下放弃了后者，而使用短小简洁、时髦前卫的前者。

（三）借形表义

借形表义指的是借用字母的外形来表明词义。如 T 台、S 弯、V 领、A 字裙、D 形盒、U 形弯、O 型腿。汉语中也有一些汉字可用来表形造词，如八字眉、工字楼、丁字尺、国字脸、十字路口、之字形等，但方块汉字能这样用的数量有限，所以形体简单、形状各异的字母就被借用来造出表形状的词，生动、形象，易于理解。

（四）借形记音

汉字表意，无法拼音，所以汉语中有些词有音无字。早年鲁迅笔下的“阿 Q”就是一例，当代的“duang”也是一个明证。duang 这个音汉语中早已有之，但无字。因其是口语中的拟声词，很少出现在书面上。有时人们一定要写时，往往用“噹、当、咣”等字替代。有意思的是 2015 年成龙做的洗发水广告不知触动了网民的哪根神经，一定要把他口中的那个音作为特效表现出来，于是，只能用“duang”来记录。口语中表“别致、可爱”或“滑弹、有咬劲”义的“kiū”无字，也只能写作“Q”“QQ”“Q 弹”。

（五）借以标识

有些字母词主要不是用来记录词汇，而是在书面上起一个标识的作用。如 GB、SC，它们在口语中一般不会读字母名称音，而是按汉字词来读。GB，“国标”的汉语拼音缩写，在话语中一般会读成“guobiao”，而不是像与之同形的表信息容量的“GB”那样读字母名称音。“SC”是我国 2015 年 10 月 1 日开始启用的食品生产许可标志，是“生产”一词的拼音缩写。就心理感觉来说，“SC”作为一个生产许可标志比较容易接受，直接用“生产”来标识似乎就不是那么回事，因为它的表义性太强了。实际上，中央电视台的“CCTV”以及很多地方电视台的台标如“BTV”“SDTV”“TJTV”等，都主要是起标识作用。这种功能有些时候是汉字无法替代的。

字母词在表达上述理性意义的同时，还能传递出一些感性的附加色彩，年轻人以及有些媒体人喜欢用字母词，是因为字母词在汉字系统中的另类形式往往会带给人们新奇前卫感觉，也有一些字母词的使用会起到表达委婉、含蓄的作用。（沈孟璎，2002）

四　规范

字母词大量出现以来，政府相关机构及权威媒体都给予了相当的关注，也出台了一些相关的政策。

（一）政策与措施

2010 年 12 月 21 日，新闻出版总署下发了《关于进一步规范出版物文字使用的通知》，规定：“出版物中需高度重视外国语言文字的规范性使用。汉语出版物中，禁止出现随意夹带英文字母或缩写。”

2012 年 1 月 7 日，国务院批复同意建立外语中文译写规范部际联席会议制度。联席会议主要职能是“统筹协调外国人名、地名和事物名称等专有名词的翻译工作”，包括“组织制定译写规则，规范已有外语词中文译名及其简称，审定新出现的外语词中文译名及其简称”。2012 年 6 月 20 日，联席会议专家委员会成立，委员会主要由各成员单位推荐本领域的专家组成，各领域设首席专家。2012 年底开始，专家委员会秘书处开展了“第一批拟推荐外语词中文译名”的调研工作。2013 年 4 月 19 日名词委和联席会议专家委员会联合发布 PM2.5 的中文译名“细颗粒物”。2013 年 10 月 23 日外语中文译写规范部际联席会议专家委员会公布了《第一批推荐使用外语词中文译名表》，包括 AIDS/ 艾滋病、E-mail/ 电子邮件等 10 组，之后陆续公布，至 2016 年 6 月 21 日，联席会议专家委员会共公布了四批共 72 组外语词及其中文译名。

《人民日报》作为我国权威纸媒的代表，近些年更是一直关注字母词语的使用，发表了一系列文章。如 2004 年就有 3 篇 :《请尊重我们的母语》《维护祖国语言健康发展》《外来词使用当规范》，2012 年 2 篇 :《外来语将有规范中文名》《可用不可滥，翻译要到位》，2013 年 1 篇《警惕字母词侵蚀汉语》，2014 年 6 篇 :《外来语滥用，不行！》《对汉字多一份敬畏》《要预防外语词“捷足先登”》《“零翻译”何以大行其道》《留住我们语言的根》《纯洁语言，让母语保持生命力》。这些文章从不同角度讨论了字母词现象，主要思想是使用字母词应慎重。

（二）影响与效果

显然，对字母词，主要是其中的外文缩略词的使用，政府相关机构和权威媒体都采取措施，做了一系列的工作，那么结果怎么样呢？

“PM2.5/ 细颗粒物”是名词委与联席会议专家委员会共同发布而且是最先发布、单独发布的，影响应该比较大。调查比较发布前后的媒体应用状况发现，虽然单独使用 PM2.5 形式趋于减少，但包括《人民日报》《光明日报》在内的纸媒，包括《新闻联播》在内的广播媒体，单独使用 PM2.5 的频次仍然是最高的。（王敏　刘朋建，2014）

我们在每年近 4 亿字次的报纸和广播电视语料中分别调查了第一批 10 组词语在 2010 年、2012 年、2015 年的使用状况。具体数据如表 2 所示。

表 2　第一批发布词语 2010 年、2012 年、2015 年使用数据对比变化表

序号	词语	2010		2012		2015		比值趋势	比值类型
		频次	中外比值	频次	中外比值	频次	中外比值		
1	AIDS	9	529.44	14	380.86	8	534.13		中稍升高
	艾滋病	4765		5332		4273			
2	E-mail	302	5.83	185	9.06	35	33.60		中强升高
	电子邮件	1520		1413		980			
	电邮	242		263		196			
3	GDP	10476	0.24	11975	0.31	11566	0.20		中稍降低
	国内生产总值	2538		3686		2348			
4	IQ	113	10.27	151	7.50	162	7.86		中降低
	智商	1161		1132		1273			
5	IT	3962	0.60	3783	0.98	3899	1.41		中由低转高
	信息技术	2371		3722		5489			
6	OECD	86	14.31	71	21.87	208	7.84		中降低
	经济合作与发展组织	112		142		215			
	经合组织	1121		1411		1416			
7	OPEC	7	30.71	11	60.73	95	8.55		中降低
	石油输出国组织	56		159		115			
	欧佩克	159		509		697			
8	PM2.5	23	2.22	6832	0.04	4719	0.07		中由高转低
	细颗粒物	51		281		330			
9	WHO	133	12.59	212	7.46	179	12.80		中稍升高
	世界卫生组织	1129		1279		1540			
	世卫组织	545		303		751			
10	WTO	620	1.83	1133	1.85	683	1.56		中稍降低
	世界贸易组织	470		756		417			
	世贸组织	666		1335		648			

表2显示，10组词语中汉字形式使用一直处于优势的有7组，其中优势最明显的是AIDS（艾滋病）、其余依次是E-mail（电子邮件/电邮）、WHO（世界卫生组织/世卫组织）、OPEC（欧佩克/石油输出国组织）、OECD（经济与发展合作组织/经合组织）、IQ（智商）、WTO（世界贸易组织/世贸组织），汉字形式一直低于字母形式的是GDP（国内生产总值）这组，其余两组中“IT（信息技术）”汉字形式由劣转优，而“PM2.5（细颗粒物）”正好相反，汉字形式由优势转入明显劣势。

更值得玩味的是这三个阶段的变化，汉字形式使用处于上升状态的只有“E-mail（电子邮件/电邮）、IT（信息技术）”，汉字形式使用处于下降状态的则有GDP（国内生产总值）、IQ（智商）、OECD（经济合作与发展组织/经合组织）、OPEC（石油输出国组织/欧佩克）、PM2.5（细颗粒物）、WTO（世界贸易组织/世贸组织）。

同样令我们注意的是GDP（国内生产总值）、OECD（经济合作与发展组织/经合组织）、OPEC（石油输出国组织/欧佩克）、WTO（世界贸易组织/世贸组织）这4组在2012年汉字形式使用比2010年都有或多或少的上升，这或许与2010年年底新闻出版总署的通知不无关系。

如果能从更长历史阶段、更大范围去看字母词的使用，也许会看得更加清楚。侯敏（2016b）对60年《人民日报》字母词使用的抽样调查结果说明，汉语中的字母形式在1990—2000年的媒体语料中急速增长，2000—2015年逐渐平稳下来，甚至呈现减少趋势。侯敏（2016a）对国家语言监测语料库中2006年和2015年各10亿字次进行统计，这10年间，媒体中字母形式的使用比例明显减少，词种比例由2006年的9.01%到2015年的6.85%，减少了近四分之一，词次由0.82%到0.36%，减少过半，并没有出现预期中的增长。其中减少最明显的是英文词语和以各种型号为代表的非典型字母词。

上述调查事实说明：字母词在汉语中使用数量的轨迹是由少变多，再至平稳甚而减少。“由少变多”，自然是改革开放、全球一体化的社会变化所致；“平稳甚而减少”这种变化产生的原因至少有两个：一是语言系统的工具属性使其具有的自我调节功能，使得影响交际的语言代码不为语言系统接受；二是政府机构的行政干预，相关机构出台的一系列有关语言文字使用的规章，对媒体语言使用产生了积极的影响。

五　结论

通过上述不同维度的分析考察，我们对字母词提出以下认识：

1. 就汉语记录系统的历史发展来看，交际工具所追求的效率性已经使其打破了汉字的铁板一块，阿拉伯数字、标点符号的引入方便了书写，丰富了汉语书面表达系统，字母及字母词的引入也成为必然。

2. 以汉字为主的汉语书面表达中已掺入一定量的字母形式，字母词只是其中一部分。字母形式中，字母词与非字母词，以及字母词中的典型字母词和非典型字母词之间是一个连续统，没有截然分明的界限。字母词的使用有一个由无序走向有序的过程。

3. 字母词已成为汉语词汇系统的一部分，其中汉语自产的阿Q、AA制、HSK、GB之类不必说，字母词中的外文缩略词也是汉语中以直接借用方式引入的外来词，不是外语词。有些字母词已经深入汉语词汇底层，成为构词语素，如“e”（英文电子electronic的缩写），可以随时随地、随心所欲地构成不同的词语，如e生活、e支付、融e购、e洗车、e洗衣、e租车、e代驾、e系列。

4. 字母词的表达功能主要有：1）与汉字或符号组合起来表排序、替代（如A组、X光）；2）直接记录某些来不及翻译或不好翻译或翻译效果不尽人意的外文缩略词（如CT、PM3）；3）借形表义（如T台、S弯）；4）借形记音（如阿Q、Q弹）；5）借以标记（如GB、SC）。其中有些功能是汉字无法替代的。字母词的出现可以看作是世界两大文字系统在新时代对话的结果，字母词的使用是汉语记录系统为适应新的社会需求，汲取表音文字的优势而做出的自我改进和创新。

5. 作为汉语词汇系统中新产生的子系统字母词从整体看基本处于一个无序状态，其中只有一小部分稍微稳定下来，因此字母词使用在三个方面有待规范：1）用与不用的规范。陌生化程度高、汉语中又有相应表达方式的字母词尽量不用；2）采用什么形式的规范。如果一个字母词人们已经耳熟能详，如CT，就可以直接使用，没必要给出汉语的注释，但人们不大熟悉的，就需要给出汉语注释，注释时用不用括号，用括号时是汉语注释在括号中，还是字母词在括号中，都需要有一个规范和标准；哪些字母词是人们熟悉的、常用的，哪些不是，也应有个可遵循的范本；3）本身写法的规范。目前有些字母词写法混乱，如PM2.5、$PM_{2.5}$，WIFI、WI-FI、wifi、wi-fi、WiFi、Wi-Fi，应根据一定的原则和人们的书写习惯确定规范形式，引导人们使用，使其逐渐走向有序。

6. 语言有自己的发展规律，其中也包含人对语言的有效引导和控制。字母词要健康使用，政府的管控、媒体的自律、语言机构的引导都会起到重要的作用。大众媒体应该尊重国人的感受，在使用字母词上需谨慎。在这方面《人民日报》作出了榜样，仅举一个简单的例子：2015年全年《人民日报》954次用到“伊斯兰国”，但一次也没有使用“ISIS”或“IS”；而《北京青年报》1544次用到“伊斯兰国”，140次用到“IS”，21次用到“ISIS”，显然“ISIS、IS”是可以不用的。相信，随着政府机构的不断规划、媒体的引导和语言工作者的努力，汉语字母词的使用会朝着一个健康的方向发展。

参考文献

[1] 樊友新. 历史视野里的字母词及其研究新视角. 华东师范大学硕士论文，2007.
[2] 郭熙. 汉语、汉字和汉语现行记录系统运用中的一些问题及其对策. 语言文字应用，1992（3）.
[3] 侯敏. 报纸、广播电视、网络（新闻）字母词语使用状况调查. 中国语言生活状况报告（2006）下编，北京：商务印书馆，2007.
[4] 侯敏、滕永林、程南昌. 2015 与 2006 年媒体字母词语使用比较. 中国语言生活状况报告 2016，北京：商务印书馆，2016.
[5] 侯敏、滕永林. 字母词使用 60 年. 语言战略研究，2016b（3）.
[6] 李宇明. 形译与字母词.《中国语文》，2013（1）.
[7] 刘涌泉. 谈谈字母词.《语文建设》，1994（1）.
[8] 刘涌泉.《关于汉语字母词的问题》.《语言文字应用》，2002（1）.
[9] 罗常培.《汉语拼音方案的历史渊源》.《文字改革》，1958（1）.
[10] 沈孟璎.《解读字母词的表达功用》.《平顶山师专学报》，2002（6）.
[11] 苏培成.《谈汉语文里字母词的使用和规范》.《中国语文》，2012（6）.
[12] 王敏、刘朋建.《外语中文译写规范工作的原则与方法——兼及新时期国家语言文字规范服务工作的特点》.《语言文字应用》，2014（3）.
[13] 张铁文.〈现汉〉“西文字母开头的词语”部分的修订 . 中国语文，2006（4）.
[14] 张铁文. 字母词使用是语言接触的正常现象 . 北华大学学报，2013（2）.
[15] 邹玉华.《现代汉语字母词研究》. 中国传媒大学博士论文，2006.
[16] 邹玉华. 现代汉语字母词研究. 北京：语文出版社，2012.

（原载《语言规划学研究》2018 年第 1 期）

字母词的界定与规范

朱俊玄
（商务印书馆汉语编辑中心）

引言

字母词的存在由来已久，围绕字母词的讨论也一直争论不休。据笔者所及，目前对字母词的研究主要涉及以下几个方面：定义、归属、读音、规范、入典、语用、语法等，各位前贤从不同的角度出发所得结论也多有参差。本文拟在其基础上讨论字母词的界定和规范等问题，并以下面四种专门收录字母词的词典所收条目为调查语料：

A. 沈孟璎主编的《实用字母词词典》（汉语大词典出版社，2002，收词1300余条）

B. 刘涌泉编著的《汉语字母词词典》（外语教学与研究出版社，2009，收词1300余条）

C. 余富林主编的《中国媒体常用字母词词典》（上海大学出版社，2012，收词5000余条）

D. 侯敏主编的《实用字母词词典》（商务印书馆，2014，收词5000余条）。[①]

一　字母词的界定

顾名思义“字母词”就是含有字母的词语。周其焕（2002）认为“所谓字母词语就是由任何字母杂在汉方块字的前面、中间、后面组成的词语，也包括单纯字母词语。”周健等（2001）认为，字母词语，包括纯外文字母词和汉外组合词。李宇明（2013）认为字母词是构成要素中含有字母的词语，当然也包括全由字母构成的词语。百度百科认为字母词是由拉丁字母（包括汉语拼音字母）、希腊字母等西文字母构成的或由它们与符号、数字或汉字混合构成的词。[②] 这比周其焕等的定义的外延更广，但却不能排除外语单词。

① 各词典的收条数目参见其凡例。其中，《汉语字母词词典》和《中国媒体常用字母词词典》将不同义项的词语分做不同的条目，因此其实际收词量要小于凡例中标明的收词量。

② http://baike.baidu.com/view/3331512.htm。

我们认为，明确界定字母词的范围较难，与其绞尽脑汁地为字母词下定义，不如寻找字母词的典型特征，确定典型字母词的范围。

国家语言资源监测与研究中心（2007）提出了典型字母词形式上的四个条件：与汉字组合、读字母名称音、形体大写、缩略。

（一）与汉字组合。字母词的首要构词成分是字母而非汉字。完全由字母组成的组合是字母词的主体；除了汉字，字母还可以与阿拉伯数字、符号等组合构成字母词。

表 1　不同类别的字母词在四种字母词词典中的分布

类别	词语数量[①]			
	A	B	C	D
纯字母词	719（55.3%）	1183（45.5%）	3495（92.1%）	4185（84%）
字母与汉字组合	431（33.2%）/376/55[②]	1080（41.5%）/992/88	166（4.4%）/163/3	577（12%）/497/80
字母与阿拉伯数字组合	69（5.3%）/39/30	169（6.5%）/117/52	70（1.8%）/45/25	125（2.5%）/65/60
字母与符号组合	81（6.2%）/74/7	168（6.5%）/139/29	64（1.7%）/63/1	72（1.5%）/72/0

可见，纯字母词为字母词的主体，由汉字构成的字母词次之，然后是字母与阿拉伯数字和符号的组合；字母居首的字母词在各类字母词中都多于汉字、阿拉伯数字和符号居首的字母词，除了由阿拉伯数字构成的字母词，其他各类都是字母居首的字母词占据绝对优势地位。

字母词（包括纯字母词）虽非汉字字形，但应归入现代汉语词汇系统《现代汉语词典》（第 7 版）设置的附表“西文字母开头的词语”，部分字母词工具书名为“汉语字母词词典”，这都是“字母词属汉语词语”的有力证明。有学者认为“DVD、GPS”等纯字母词不属于汉语词汇系统，而“HSK、RMB”等本土“自产”的字母词才属于。但是，“DVD、GPS”和“HSK、RMB”同由拉丁字母构成，同样非汉字的外形，又在流通领域拥有同样的地位。因此，都应归入汉语词汇的组成部分。汉语词不等于汉字词，

---

① 若某词语中含有数字、汉字等多种成分的，则按照相应成分反复计数，如“Ω3 脂肪酸”在“字母与汉字组合”与“字母与阿拉伯数字组合”两类中各计 1 条。

② “/”间隔的第一个数字为该类字母词的总数，括号中数字为该类字母词的总数与全书条目总数的比值；第二个数字为其中字母居首的字母词的数字；第三个数字为汉字、阿拉伯数字、符号等居首的字母词的数字。

非汉字词也可归入汉语词。

其实，字母词不仅用于汉语中，日语、俄语中也常用DVD、HP（网站主页）等，甚至同属拉丁语系统的法语、德语也常用DVD、GPS等源自英语的字母词。在本族语中引入字母词并非汉语独创，字母词并非仅为汉语与外语接触的产物。在全球化背景下，使用字母词已经成为多国的语言常态，可以说是为多种语言所共有的组成部分。更严谨地说，汉语中那些含有汉字的字母词应该是经汉化处理的字母词，是汉语中特有的。而那些不含汉字的纯字母词，不仅是汉语的字母词，也是其他语言的字母词。因此，宏观地说，字母词包括多种语言通用的“共有词”和各语言本土化处理后的“特有词”。就汉语而言，字母词不仅包括含有汉字的，更包括那些不含汉字、未经汉化处理的“共有词”。因此，纯字母词是字母词，也是汉语词。

（二）读字母名称音。字母词一般应该按照字母名称音读，但是语言现实中也存在拼读的现象，如“APEC、NASDAQ”，而其也是典型字母词。我们认为“读字母名称音”不易鉴定，归入规范应用的议题更为妥当。

（三）形体大写。字母词不能简单地说全部大写或小写，不能一概而论。

1. 全部字母大写。字母词大多源自缩略，缩略后常大写。其中多涉及专名：人名、机构名、公司名、货币名、品牌名、软件名、作品名、专业用语、专业标准、时间词、大调自然音阶名称等。

2. 全部字母小写。刘涌泉（2009）认为“小写的一般是一些计量单位名称”，我们不敢苟同。首先，常见的网络域名、电子文件扩展名（如doc、txt、exe等）、小调自然音阶名称等都是全部小写；其次，计量单位中并非全部小写。

3. 很多特殊类别的字母词，并非字母全部大写或小写。

（1）作为计量单位的字母词，一般是全部字母小写。如：“bps”（每秒传送位数）、“cfm”（每分钟立方英尺）、“kmph”（千米每小时）。也有字母大写或大小写混杂的例子，如：“A”（安培）、“Pa”（帕斯卡）、“Wb”（韦伯）、“dB”（分贝）、“kGy”（千戈瑞）。

计量单位一般字母全部都小写，而为了纪念某人（多为该计量单位的发明者）而产生的计量单位，一般首字母大写，其后字母小写。① 而dB缩略自英语decibel，其中deci源自拉丁语，bel源自发明家Alexander Bell的名字，因此B大写。kGy产生途径类似。

有两个特例：（a）M（兆）。为了与m（毫）相区别，M（兆）一般大写，如：mW（毫瓦）—MW（兆瓦），mΩ（毫欧）—MΩ（兆欧）。（b）L/l（升）。与数字1易混淆时大写，

① 除了计量单位，为了纪念特殊人物而产生的字母词一般是全部字母大写，如“BCS理论”。

否则大小写均可。

（2）表示化学元素符号的字母词，如果只含一个字母，则大写，否则首字母大写，其后字母一般小写。① 如【O】(氧)、【Al】(铝)、【Co】(钴)。

（3）天文星座名的缩写源自拉丁语源词，全部是由三个拉丁字母构成的，所有词语首字母大写。其中源词是一个单词的，缩写规律为：首字母大写，后两个字母小写。如【Cet】(Cetus，鲸鱼座)、【Mic】(Microscopium，显微镜座)。

源词是两个单词的，缩写规律为：三个字母中一般有两个大写字母，分别来自源词的两个单词的首字母；另外一个小写字母，源自源词的位置不一定。如【CrA】(Corona Austrina，南冕座)、【CVn】(Canes Venatici，猎犬座)、【UMi】(Ursa Minor，小熊座)。②

因此，我们只能说典型字母词一般大写，网络域名、计量单位、星座名称等不限。

（四）缩略。缩略是字母词产生的主要途径，虽然通过谐音也能产生一批词语（如“B4” =before，EZ=easy），但是很多具有随意性和不稳定性，因此介于典型与非典型字母词的过渡地带。而通过重叠产生的字母词（如 ABAB、A 里 AB），虽然数量极少，但也不可否认其典型性。因此，我们说典型的字母词主要是通过缩略产生的。

除了上述四条典型特征，我们认为还需增补如下三条：

（五）构成成分为 2 ～ 5 个。字母词构词成分的数量，即字母词的长度下限是 1，而上限不定，但有一定的倾向。通过表 2 数据，我们认为字母词短至 1，长至 20，词长为 2 ～ 5 的占主体，尤其是词长为 3 的，越长的单位越不容易被认定为词语（汉字词也是如此）。③

表 2　不同词长的字母词在四种字母词词典中的数量及占比

词语长度	词语数量			
	A	B	C	D
1	25（2%）	101（4.1%）	85（2.24%）	31（0.6%）
2	200（16%）	316（13%）	684（18%）	649（13%）

① 第一次国际化学会议（德国卡尔斯鲁厄城，1860）规定，化学元素符号采用该种元素的拉丁文首字母的大写来表示。如果几种元素的拉丁文首字母相同，则可通过追加一个小写字母来区分，如 C 表示碳、Cu 表示铜、Cl 表示氯等。

② 有一个例外，只有一个大写字母：【Com】(Coma Berenices，后发座)。

③ 《汉语字母词词典》中词长 2 ～ 5 的条目占 74%，而另三种词典都在 91% 以上。其实前者的很多“长词”可再次缩略，如“MSN Messenger、Windows Me、B（种）股（票）”等可分别缩为“MSN、Win Me、B 股”。

续表

词语长度	词语数量			
	A	B	C	D
3	596（47%）	706（29%）	2094（55.18%）	2397（48%）
4	248（20%）	452（18%）	623（16.42%）	1286（26%）
5	105（8.3%）	341（14%）	183（4.8%）	403（8%）
6	46（3.6%）	200（8%）	51（1.3%）	143（2.9%）
7	19（1.5%）	110（4.5%）	23（0.6%）	30（0.6%）
8	15（1.2%）	91（3.7%）	22（0.6%）	14（0.3%）
9	3（0.24%）	54（2.2%）	17（0.5%）	3（0.06%）
10	2（0.16%）	21（0.9%）	4（0.11%）	2（0.04%）
11	—	18（0.7%）	3（0.08%）	—
12	—	22（0.9%）	1（0.03%）	1（0.02%）
13	—	4（0.2%）	1（0.03%）	—
14	—	5（0.2%）	1（0.03%）	—
15	—	3（0.1%）	1（0.03%）	—
16	—	1（0.04%）	—	—
17	—	3（0.1%）	—	—
19	—	—	2（0.05%）	—
20	—	1（0.04%）	—	—

（六）非成词单位。周其焕（2002）认为，表达“的”的汉语“de”、日语“の”，形声借词如gaga（作响），外文词语的简省写法如com、fax、modem等，都为字母词，笔者不敢苟同。周文列举的或为语法词，或为拟声词，都已成词，都不是字母词，只有com可勉强列入。还需注意区分已成词单位与字母词同形的情况，如word、fans等单词都不能列入字母词，又如以下缩略产生的词：【FAST】（500米口径球面射电望远镜）、【MOST】（①面向媒体的系统传输。②科技部）、【PETS】（全国英语等级考试）。

（七）非构词成分，如词缀“-ING”“-ER”“UN-”“i-”等。

综上所述，我们认为典型字母词具有如下形式特征：a. 含有字母，纯字母＞字母＋汉字＞字母＋阿拉伯数字 / 符号，典型性依次递减；b. 主要通过缩略产生；c. 字母大写，但网络域名、计量单位、星座名称等不限；d. 词长 2 ～ 5 个字符；e. 非成词单位。f. 非构词成分。

二　字母词的规范

关于字母词的规范，文献中多有讨论。刘建梅（2002）提出了“必要性、普遍性、明确性”的规范原则和“定形、定音、定量、定序”的规范方法。郭熙（2005）提出：“字母词的规范应该是推荐性规范。它根据‘科学实用、便于推行和普及、促进汉语健康发展’的指导思想，对字母词使用的若干方面做出原则性规定。”吴建平、谢君（2011）提出了规范字母词的途径：1. 由政府发布相关的语言文字规范法规；2. 规定性词典对字母词规范收录。本文不只停留在原则层面，而尝试讨论字母词的汉化、词典收录、拼写、注音等具体问题。

（一）总体意见

作为一种语言现象，字母词的应用和规范应根本立足于语言内部系统的协调演进。同时，我们也可积极引导：第一，立法执法部门通过法规明确字母词的法律地位，提供法律支撑。第二，政府部门如国家语委、科技名词委、国家标准局等制定相关政策、规范，提供标准指导。第三，文字学、词汇学、词典学、翻译学等研究者通过研究，提供学术领航。第四，辞书编纂者和出版者通过工具书对字母词的收录和规范注释（包括音形义等），以具体的实践体现对字母词的意见。第五，传媒工作者通过实际的语言应用和宣传，引导字母词的应用和发展。

（二）字母词的汉化

对于引入汉语的字母词，我们一般通过以下形式进行汉化：

1. 添加汉字，如“三 K 党、B 超、X 光”。

2. 用汉语的发音读其中的阿拉伯数字，实现“汉音”构词，如“3X、3Q、F2F”等。

3. 对汉语拼音进行缩略，产生本土的“HSK、RMB”等字母词；汉语拼音与外语单词杂糅缩略产生，如“BTV”（北京电视台）等。

4. 翻译汉化，字母词的翻译和汉语化、汉字化难度较大，如“APET、CT、BBS、IT、PM2.5、IC 卡”，虽然存在对应的汉字词汇——“亚洲—太平洋经济合作组织、计算机断层扫描、电子公告牌系统、信息科技、可入肺颗粒物 / 细颗粒物、集成电路卡”，但是出于语言的经济性和简明易记等因素，人们会选择且约定俗成地选用字母词而非对应的汉字表达形式，即使人为强制推行汉字词汇也不一定奏效。中央电视台在2010年曾建议将NBA改为“美职篮”，且作为规范形式推行，但目前大多数媒体及大众仍倾向于使用NBA。另外还有部分字母词，短期内恐怕是无法进行汉字化的，如QQ为本土原创产物，从产生之日起就无汉字名称（“QQ”已输入英语）。但我们不能因此就停止对字母词的汉化工作，而是要继续寻找字母词对应的汉字形式，不仅要追求“信、达、雅”，更希望出现为大众喜闻乐见、能替代字母词的汉字词，如“快速公交（BRT）、情商（EQ）、艾滋病（AIDS）、阿司匹林（APC）”等，从而实现汉化成功。

虽然短期内我们无法又快又好地对字母词进行汉化，但也不能任字母词自由泛滥，而应对其存在和使用进行积极引导，尤其要对词典中的字母词进行科学的规范。

（三）字母词的词典收录

1. 综合性词典的收录

对于综合性通用词典，我们建议根据字母词的汉化程度有针对性地收录字母词。

尚未汉化或未成功汉化的字母词，可精选后将常见常用的收入通用的、以收录汉字词为主的规范工具书，以附编等形式呈现，如“X光、CT”等。已成功汉化的字母词，不仅需要以附编等形式呈现于通用的、以收录汉字词为主的规范工具书之后，更需要在其正文部分收录对应的汉化词语且详细释义，附编中的字母词可与汉化词语对照，简略释义，从而起到规范引导的作用，如“艾滋病（AIDS）、阿司匹林（APC）”等。

2. 专门字母词词典的收录

无论是否成功汉化，上述工具书只能收入数量有限的字母词，而作为以收录字母词为主体的专门字母词词典（非专业字母词词典）来说，无论其是否汉化，我们都要尽量收尽收全，[①]但并非全收，而是要遵循一定的收录规则。[②]

首先，优先收录典型的字母词——通过缩略产生、2—5个字符构成的纯字母词。其次，谨慎收录指涉专名的字母词，不宜在正文中收入过多的专名、术语等，可将此类字母词编入附录。再次，勿收录成词单位、构词成分等。

3. 专业字母词词典的编纂和收录

上述四种专门字母词词典所收录的条目，横跨多个学科门类，因此属综合性词典。

---

① 这里谈及的专门字母词词典主要是描写性的中小型词典。

② 关于专门字母词词典的收条，可详参朱俊玄《字母词词典收条探析》，《中国出版》2015年第23期。

就笔者所及，目前市场上暂无专业类或者专科类字母词词典出版。上述四种词典涉及新技术领域的条目较多，余桂林（2006）指出，《实用字母词词典》（沈孟璎）和《汉语字母词词典》中超过三成的字母词都源自信息技术领域。[①] 但这些词覆盖面和流通度一般很低，因此我们建议：首先，综合性字母词词典不宜过多收录只用于专业领域的条目或者义项。如【CAR】（承诺访问速率）、【IPS】（①横向电场效应显示技术。②诱导多能干细胞）。其次，专业领域的专家，根据学科发展、学科领域内字母词的使用和发展等情况，适时编纂相应的字母词词典，收录专业性较强的条目或者义项。

（四）字母词的拼写

部分字母词具有多种拼写形式，国家语言资源监测与研究中心（2007）称为“异形字母词”，包括大小写、是否搭配汉字或搭配什么汉字、是否用连接符、是否省略等。在其统计的1619个字母词中，异形的占28.5%。笔者对四种专门字母词词典的S母（S母的收词量较大，故可选做抽样调查的样本）做了对比，其中有大小写、搭配汉字、搭配符号等多类“异形”。

表3　四种字母词词典中同义异形的条目

A	B	C	D
SECAM 制式	SECAM 制		SECAM
	SEQUEL 语言		SEQUEL
	Sina		SINA
	S.K.D		SKD
SOC	SOC（SoC）		SoC
	SOHO（SoHo）		SOHO
	SOHO 族	SoHo（一）族	SOHO 一族
	SOS（儿童）村		SOS 儿童村
	ST（股）		ST
	STAQ 系统		STAQ
	STK 卡		STK
	STR 等位基因数据库		STR

① 据笔者粗略统计，目前已出版的专业类缩略语词典（册数）为：医药（28）、信息（24）、军事（22）、计算机（21）、经管（17）、车船（12）、生化（9）、地理（8）、航空（7）、金融（6）、媒体（4）、海事（3）、会计（2）、摄影（1）、法律（1）、农业（1）。

1. 字母大小写

字母词中字母的大小写，虽然只是词形上的小问题，但却是“异形”字母词中较为凸显的一类，而且很多字母词正是依靠大小写区分意义的：

【Cd】镉，cadmium。　　【CD】激光唱盘，compact disc。

【Hp】幽门螺杆菌，helico-bacter pylori。　【HP】惠普。也写作“hp”。Hewlett-Packard。

除了表3所列条目，常用字母词中还有很多没有固定的大小写词形，如E化/e化、VS/vs、WIKI/Wiki，甚至科技术语中也有大小写不一致的现象。

表4　大小写不一致的科技术语条目

条目					释义
A	B	C	D	名词委[①]	
PH值	pH	pH	pH值	pH值	酸碱值
DB	db（dB）	db（dB）	dB	dB	分贝
cc（c.c.）	cc（c.c.）	—	—	CC	容量单位
RH血型	Rh血型	—	Rh血型系统	Rh血型系统	一种血型系统

因此，我们需尽量消除如同表3、4（尤其是表4）中的不规范现象。这不仅需要词汇研究者及相关主管、研究部门及时制定规范，更需辞书工作者严格遵守规范，以引导读者。“有国家规范的照国家规范，有行业标准的依行业标准，有国际通用习惯的按国际通用习惯；如果暂时没有统一规定，可以根据学理或使用频度等确定一个形式，引导读者使用。”（余桂林，2006）

2. 拼写形式

除了上述“异形”字母词的种类，我们还发现拼写的不确定、是否使用数字或使用什么数字（阿拉伯数字、汉字数字）等“异形”种类，如：

【CtrlCV族】又称“CV族”。也写作“CtrlC/V族”“Ctrl+CV族”“CTRL-CV族”。

【R&B】也写作“RnB”“rnb”。

【Orz】也写作“orz”“Oro”“Or2”“On_”“Otz”“OTL”sto”“Jto”。

【BtoB】也写作“BTB”“B2B”。

【欧Ⅳ标准】也写作“欧四标准”。

多种书写形式可以增加语言的灵活性和丰富性，但同时也存在混乱的问题。如“Ctrl

① 参见全国科学技术名词委员会网站：http://www.cnctst.gov.cn/index.jsp，2014-05-27。

CV族”“R&B”，尤其是“Orz”，是急需规范统一的对象，至少应区分出推荐形式和非推荐形式。而关于“欧IV标准”这样与汉语已有词对应，而且二者在语言的经济上不分伯仲的情况，按照多数学者的观点，是建议使用汉语已有词的。但是根据语言实际，恐怕“欧IV标准”更为常见。因此，此类问题需要相关部门、专家等结合语言使用情况适当引导。“应根据外来字母在汉字系统中的出现频率，确定一个使用较普遍的形体。”（刘建梅，2002）

（五）字母词的读音

1. 字母如何读？郭熙（2005）、贾宝书（2000）、沈孟璎（2001、2003）、衣玉敏（2011）、原新梅（2005）、曾德万（2009）、周其焕（2004）、周晓林（2003）等都探讨过字母词的读音问题，原新梅（2005）还罗列了已出版辞书中涉及的字母词及其注音情况，并提出字母词词典的注音原则和标准。部分学者建议按照汉语拼音的读法读字母词，一是按北京人口语中的英文字母读音并结合一定的声调读，二是依照中国数理化教员等对英文字母的读法读（如E读yī，J读jiè，U读yóu，V读vì等），并敦促制定英文字母的汉化读音标准，从而为将字母词与汉语词按照音序混排做准备。周健等（2001）、贾宝书（2000）还专门设计了字母词的汉化读法：

A	B	C	D	E	G	J	K	N
[ei]	[biː]	[siː]	[diː]	[iː]	[dʒiː]	[dʒei]	[kei]	[en]
ei	bi	sei (xi)	di	yi	zhei	zhai	kei	en
O	P	Q	R	T	U	V	Y	Z
[əu]	[piː]	[kjuː]	[aː]	[tiː]	[juː]	[viː]	[wai]	[ziː]
ou	pi	kiu	a	ti	you	wei	wai	zei

上面是“接近单音节”的字母，下面是“接近多音节”的字母：

F	H	I	L	M	S	W	X
[ef]	[eit]	[ai]	[el]	[em]	[es]	[dʌbljuː]	[eks]
aifu	aichi	a'ai	ailo	aimu	aisi		aikesi

这套“构拟”虽基本实现了用汉语拼音对拉丁字母的注读，但多有不当：首先，多个字母的发音不够精准：C、N、R、V、F、H、L、M、S、X，其对应的国际音标和汉化读音的发音有明显差异。尤其可疑的是，F、H、L、M、S、X的国际音标中的[e]对应汉语拼音的ai，但是N中的却对应e，且其汉化的读音也不准确。其次，多个拉丁字母的长音在汉化读音中未能反映。再次，个别字母的汉化读音和我们的语感不符，如G和J。最

后，C 有两种汉化读音，W 处的汉化读音却为空，这使得该套“构拟”不够整齐。因此，我们认为贾宝书（2000）的“构拟”从语音学上看不符合精准的要求，且人为构拟汉化读音不符合语言规律，“半土半洋”的读音也不利于国际交际。沈孟璎（2003）对上述做法提出了否定意见，此不赘。郭熙（2005）也提出了一套类似的汉语拼音与国际音标的对应表，比贾宝书（2000）有了明显的音位系统的改进。但郭文也指出，拉丁字母可按照其拉丁原音读，也可按照其改进的汉语拼音读，而希腊字母等则需按照科技界的习惯读法读，也就是说可以不用其“对应表”的读音。因此，我们建议读字母的本音，拉丁字母按照拉丁语读，希腊字母按照希腊语读。

在学者意见的基础上，我们调查了本文提及的四种专门字母词词典，其基本都未标注读音。只有《实用字母词词典》（侯敏，2014）对条目中的汉字做了注音，字母和阿拉伯数字都未注音，纯字母词更是未做任何读音的标注。我们还调查了几种汉语缩略语词典，其中收录了极少量的字母词，其对字母词的注音方式与《实用字母词词典》（侯敏，2014）类似，只是对包含的阿拉伯数字标注了汉语拼音，如：

【ABC 武器】“ABC” wǔqì…… （雅坤、秀玉，1992）

【K 房】— fáng…… （王均熙，1988）

【21 遥】èrshíyīyáo…… （王均熙，1988）

原新梅（2005）还考察了 14 种收录了字母词的通用性词典，指出除了《现代汉语词典》等 4 种词典为条目中的汉字标注汉语拼音外，其余 10 种词典皆未注音，至多是在前言或后记等部分做总体说明。笔者倾向于字母词不为字母注音，阿拉伯数字也同样。

关于汉语拼音字母构成的字母词，如 HSK、RMB 等，沈孟璎（2001、2003）提供了四种处理方法，并倾向于在字母词之后附上括号，括号内写出汉字，只读汉字的全称，如“RMB（人民币）”读“人民币”音。我们认为沈文的读法不宜，若按其建议，HSK 就需读成“汉语水平考试”了，这样岂不违背语言的经济性原则？

我们建议，字母词按字母在拉丁语、希腊语中的字母音读，包括源自汉语拼音的字母词。而字母词词典只需在凡例中统一说明，无须一一注音，条目中若含有汉字则对汉字注音，字母（及阿拉伯数字）部分不注音，可参见《实用字母词词典》（侯敏，2014）中的标注方法。

2. 各字母是否拼读？曾德万（2009）指出：“由三个字母构成的英文缩略语字母词，如果是由辅音和元音组合而来，则字母词的读音可字母认读，也可以音节拼读。如 DOS，可念 /d-o-s/，也可念 /daus/；UFO，可念 /u-f-o/，也可念 /ufou/。由四个或四个以上的字母构成的缩略语字母词，如果是辅音和元音相连（可前可后），则要音节拼读……在由四个或四个以上字母组成的字母词中暂时没有发现不能连读的。”其结论我们不敢苟同。经调查统计，四个字母或更多字母构成的字母词，诸如“CNKI、CNNIC、SCDMA”等都未拼读。

我们认为，部分含辅音和元音、具备声韵拼读可能，且有一定流通度、有进行拼读的简化需求的字母词，可拼读，如“APEC、NASDAQ、POS机、SIM卡、THAAD系统”。部分字母词内部含有完整的单词，该单词可拼读，如下列各词的加线部分：“C.TEST、E-mail、IMAX3D”。部分字母词缩略自源词中连续的字母，该部分可拼读，如“Alt、FedEx、InterNIC”。

当然，并非所有具有拼读可能和简化需求的字母词都可以拼读，这还受制于习惯读法等。如“SOS、CIP”虽有拼读的可能，但人们习惯上不拼读；“UFO”虽然有拼读的可能性，而且也有近似“幽浮”的实际读音，但是读字母音仍更为常见。另外，与成词单位同形的字母词，如上文提到的“FAST、MOST、PETS”，一般不再拼读，即使其合乎声韵拼读规律。

笔者对《实用字母词词典》(侯敏，2014)C母做了重点调查，全部505个条目中共找到76个有拼读可能的条目。为了核实其实际读音，我们搜索了牛津词典(https://en.oxforddictionaries.com/)和韦氏词典(http://www.merriam-webster.com/)两种英英词典，并与英汉词典海词(http://dict.cn/)做了对比验证，见表5。除了C母的条目，我们还重点抽查了其他字母段中常见字母词的拼读情况，见表6。

表5　C目部分形义全同条目的拼读情况

条目	海词	牛津词典	韦氏词典
CAAC	两可	未拼读	—
CABG	未拼读	未拼读	拼读
CAI	两可	未拼读	未拼读
CAL	两可	拼读	—
CAM	拼读	拼读	拼读
CAPEX	两可	拼读	—
CATV	未拼读	未拼读	未拼读
CEO	未拼读	未拼读	未拼读
CIP	两可	未拼读	—
COPD	未拼读	未拼读	未拼读
COSPLAY	拼读	拼读	—

表 6　其他常见字母词的拼读情况

条目	海词	牛津词典	韦氏词典
APEC	两可	未拼读	—
DNA	未拼读	未拼读	未拼读
DOS	拼读	拼读	未拼读
HALAL	拼读	拼读	拼读
JAVA	拼读	拼读	拼读
JPEG	拼读	拼读	拼读
NASA	拼读	拼读	拼读
NASDAQ	拼读	拼读	—
SIM	拼读	拼读	未拼读
SOHO	拼读	拼读	拼读
SOS	未拼读	未拼读	未拼读
TEFL	拼读	拼读	拼读
TOEFL	拼读	—	拼读
UFO	未拼读	两可	未拼读
WTO	未拼读	未拼读	未拼读

表 5、6 合并，去除“未收条”（以“—”标示）的条目，共有 18 条。其中“海词”“牛津”“韦氏”进行拼读的分别有 10、10、8 条，笼统来说，各词典中拼读与未拼读的条目各占一半。三种网络词典对这 18 条是否拼读的意见完全一致的共 13 条，其中进行拼读的 7 条，也可算作一半。抽样调查说明，进行拼读的可能性只有一半，这没有实质性意义，我们通过统计手段未能获得字母词进行拼读的倾向与规律。因此，我们认为字母词是否进行拼读，尚不能强行规定，它受元音辅音搭配、使用习惯等多种语言因素影响。

三　结语

本文从积极与消极因素方面提出了认定典型字母词的七条标准，并在此基础上对字母词词典的条目收录、拼写、读音等方面进行探索。我们认为，语言是一个异质但有序的系统，虽然字母词的拼写存在各种“异形”，读音存在各种歧见，但通过语言系统强大的自组织功能和我们的有效引导与汉化工作，字母词会在使用过程中逐渐趋于规范化、系统化的。

参考文献

[1] 郭熙. 字母词规范设想. 辞书研究，2005（4）.
[2] 国家语言资源监测与研究中心. 报纸、广播电视、网络（新闻）字母词语使用状况调查. 中国语言生活状况报告（2006 下）. 北京：商务印书馆，2007.
[3] 侯敏. 实用字母词词典. 北京：商务印书馆，2014.
[4] 纪飞. 汉语字母词规范问题研究. 沈阳师范大学硕士学位论文，2007.
[5] 贾宝书. 关于给字母词注音问题的一点思考与尝试. 语言文字应用，2000（3）.
[6] 李宇明. 形译与字母词. 中国语文，2013（1）.
[7] 刘建梅. 现代汉字系统中外来字母规范浅议. 语言文字应用，2002（1）.
[8] 沈孟璎. 浅议字母词的入典问题. 辞书研究，2001（1）.
[9] 沈孟璎. 字母词的称名与音读问题. 集美大学学报（哲学社会科学版），2003（3）.
[10] 王均熙. 现代汉语略语词典. 上海：文汇出版社，1988.
[11] 吴建平、谢君. 内向型汉英词典的字母词收录、释义、排序问题——兼评《新时代汉英大词典》和《新世纪汉英大词典》. 辞书研究，2011（5）.
[12] 雅坤、秀玉. 实用缩略语知识词典. 北京：新世界出版社，1992.
[13] 衣玉敏. 现代汉语中的字母词读音问题探新. 赤峰学院学报（汉文哲学社会科学版），2011（9）.
[14] 余桂林. 关于字母词的几个问题——兼评两本字母词词典. 辞书研究，2006（3）.
[15] 原新梅. 字母词的收入与注音问题. 辞书研究，2005（4）.
[16] 曾德万. 字母词读音管见. 牡丹江教育学院学报，2009（2）.
[17] 邹玉华. 现代汉语字母词研究. 北京：语文出版社，2012.
[18] 周健、张述娟、刘丽宁. 略论字母词语的归属与规范. 语言文字应用，2001（3）.
[19] 周其焕. 略论字母词语的使用现状和正确对待. 中国民航学院学报，2002（7 月增刊）.
[20] 周其焕. 字母词在汉语中的地位及相关问题的探讨. 科技术语研究，2004（4）.
[21] 周其焕. 两本字母词词典的简析. 辞书研究，2004（1）.
[22] 周晓林. 外文字母词应规范使用. 语言文字应用，2003（3）.
[23] 朱俊玄. 字母词词典收条探析. 中国出版，2015（23）.

（原载《语言文字应用》2017 年第 1 期）

外语中文译写规范工作的原则与方法①

——兼及新时期国家语言文字规范服务工作的特点

王 敏 刘朋建

（教育部语言文字应用研究所）

信息化的迅猛发展促进了全球化的进程，不同语言人群的交流日益频繁、丰富和多元，促进了语言间的交流和转化。伴随着中国走向世界的步伐，与所有相似的历史时期一样，汉语中涌现了大量外来词语。这种语言间的互动，一方面丰富了汉语的词汇，是中华文化与世界接轨的具体体现；另一方面，由于经济和文化生活中巨大的信息流需求，一些外语词来不及汉化，常常以字母词的形式夹杂在汉语中使用。这种现象引起了广泛关注，有学者认为外语词的夹杂使用将导致中华文化的危机。外语词的译写和使用也确实出现了一些问题，如译写形式不统一、已有的译名得不到广泛应用、各类出版物的使用形式不一致等。这些问题导致了语言交际上的不便，甚至影响到广大民众的语言知情权。如何及时跟进语言发展形势，研究外语词使用的相关问题，并在此基础上提出政策建议，引导社会各领域规范使用，成为国家语言规范服务的重要议题。

2012 年 1 月 7 日，国务院批复同意建立外语中文译写规范部际联席会议制度。联席会议主要职能是“统筹协调外国人名、地名和事物名称等专有名词的翻译工作。”包括“组织制定译写规则，规范已有外语词中文译名及其简称，审定新出现的外语词中文译名及其简称。”2012 年 6 月 20 日，联席会议专家委员会成立，委员会主要由各成员单位推荐本领域的专家组成，各领域设首席专家。2012 年底开始，专家委员会秘书处开展了“第一批拟推荐外语词中文译名”的调研工作，并于 2013 年 9 月 13 日将《第一批拟推荐发布外语词译名表》及相关研究材料提交专家委员会审议。审议并修改后形成《第一批推荐使用外语词中文译名表》，于 2013 年 10 月 23 日公布。

① 《国务院关于同意成立外语中文译写规范部际联席会议制度的批复》（国函〔2012〕2 号）附件《外语中文译写规范部际联席会议制度》中，成立联席会议是为了加强“外语专有名词翻译工作”。为行文方便，本文采用“外语词”作为“外语专有名词”的简称，专指由罗马字母形式表示的外语词或外语词语的缩略形式。文章涉及的外语词均源于英语，发音为英文字母发音。

种形式进行了频次、应用形式等统计分析。①

选用的三个语料库各有特点。国家语委现代汉语语料库是现代汉语通用型平衡语料库，所选语料的时间跨度大、覆盖面广，各类型语料的抽样设计均衡，能够比较全面地反映现代汉语的整体面貌。有声媒体语料库和平面媒体的动态语料库，建立时间较短，可以反映当下的汉语应用状况。综合三个语料库的统计数据，能够全面反映词语应用状况。

数据显示，外语词和对应中文译名的比例，从三个语料库得到的数据基本一致。②在此前提下，将三种来源语料库的统计频次相加作为总频次，比率若超过 2 ：1，则认为前者优势明显。按照总频次之比，18 组词可以分为三类。

一是中文译名总频次明显高于其对应外语词的，共有 6 组【AIDS/ 艾滋病、E-mail/ 电子邮件、IT/ 智商、OECD/ 经济合作与发展组织（经合组织）、OPEC/ 石油输出国组织（欧佩克）、WHO/ 世界卫生组织（世卫组织）】。这 6 组词的外语词虽仍在使用，但中文译名已占优势，且其现有中文译名无争议，可作为首批推荐备选词。

二是外语词与其对应中文译名频次基本持平的，共有 5 组【BRT/ 快速公交、IT/ 信息技术、PK/ 对决、VIP/ 贵宾、WTO/ 世界贸易组织（世贸组织）】。

“WTO/ 世界贸易组织（世贸组织）”这一组，词义完全对等，与社会生活关系比较密切，为大家所熟知，如果作为第一批推荐译名，可以更好地促进其中文译名的规范使用。

其他几组中，“BRT/ 快速公交、PK/ 对决、VIP/ 贵宾”这三组的外语词和中文译名在实际应用中并不完全对等，在例句中存在不能互换的情况。例如“快速公交车”，也称“BRT 公交车”“BRT 快速公交”等，但不能称作“BRT 车”，也就是说在具体语境中“BRT”不能完全替换“快速公交”，“各位贵宾”不宜换成“各位 VIP”，“PK”和“对决”的使用场合和词义也不完全对等。这种不能互换，有的是词义不完全对等，有的是语法搭配不完全一致，有的是语境或情感色彩会发生偏离。以此来衡量，“IT/ 信息技术”这一组的词义范围虽也略有出入，但专家审议会认为“IT/ 信息技术”这一组是可以接受的，并曾由名词委发布过规范译名，可以作为第一批发布。

三是外语词频次明显占优势的有 7 个【CBD、CEO、CPI、GDP、GPS、NBA、U

---

① 国家语委现代汉语语料库数据提供者肖航，国家语言资源监测语料库有声媒体语料库数据提供者邹煜，国家语言资源监测语料库平面媒体语料库杨尔弘。

② BRT、CPI、PK、U 盘等词，在现代汉语语料库中统计频次为 0，这是因为该语料库的语料较早（截至 2009 年，1999 年以前为绝对主体），筛选语料的原则更侧重规范汉语，比较新近的字母词或外语词不能得到体现。

盘】。应该说，这 7 个外语词是短期内比较难以替代的，原则上不考虑进入筛选范围。其中 CPI（14 286 次）、GDP（27 627 次）、NBA（19 865 次）三个词的频次极高，说明这三个词曝光率高，已广泛进入社会公共领域，与大众生活密切相关，应予关注。实际上，这三个词的情况并不一致。

GDP 应用范围广，在正式文件中出现概率高，① 译名稳定无争议。CPI 的使用范围与 GDP 类似，但出现较晚，有一定的时效性（与一个时期内物价的受关注度关系密切），其中文译名也尚有争议。“消费者价格指数”（总频次 36）、“消费者物价指数”（总频次 147）、“消费物价指数”（总频次 136）、“居民消费价格指数”（总频次 765）等译名中，按频次统计“居民消费价格指数”占优势，但“消费物价指数”在专业领域较为通行。NBA 的使用范围限于体育类，比较缺乏应用广度。

经征求专家意见②，最终确定并提交专家委员会审议的方案包括了 GDP、CPI。专家审议会认为，CPI 的中文译名还需进一步考察，暂不公布。

（四）其他相关研究

1. 应用形式

根据三个语料库和港澳报刊的调查，目前外语词应用形式包括三种情况：外语词单独出现在中文语境中、外语词与中文译名黏合出现——外语词（中文译名）或者中文译名（外语词）、中文译名单独使用。

从考察情况看，目前各类媒体的外语词的应用形式不够规范。有关部门在推广使用中文译名时，可以选择主要通过规范媒体的使用达到引导规范的目的。特别是关注社会影响大、内容和文风比较正式的媒体及其新媒体形式，如《人民日报》与人民网，《光明日报》与光明网等。与媒体沟通，推荐中文规范译名，至少采取共现的方式——建议优先使用“中文译名（外语词）”和“中文译名”的形式，以保证公众准确理解词义和接受信息。

2. 译写方法

外语词的翻译是一项专业工作，名词委、民政部地名所、新华社译名室、外交部等均有专门的机构负责。译写原则和方法的统一，需要多部门的沟通协调，方可期待形成

① 《国家统计局关于改进和规范地区 GDP 核算的通知》（国统字【2004】4 号）明确规定了 GDP 的中文译名。

② 2013 年 6 月 14 日至 24 日，专家委员会秘书处就第一批拟推荐外语词中文译名建议方案（10 词），征求了部分专家委员会委员的意见。在 6 月 21 至 22 日召开的中国辞书学会中青年学者研讨会上，秘书处受邀介绍了建议方案的研制过程，江蓝生等与会专家提供了宝贵意见。

2. 以引导、提倡、推荐使用为主，分工协作。

本次调研的成果为《第一批推荐使用外语词中文译名》，一是表示本次推出的是第一批，今后还陆续有推荐译名，二是表示本表为推荐使用，并非强制规范，三是10词中有5个推荐2个译名（或简称），可根据实际应用的场合需要选择使用。

在具体工作方式上，通过联席会议制度，由成员单位负责在各自领域推荐使用，秘书处的工作侧重提供解释说明。

3. 对不同社会领域和层面的要求不同，综合考虑今后的实施渠道。

《国家通用语言文字法》所列落实国家通用语言文字的四大领域分别是党政机关、新闻媒体、教育教学和公共服务。四大领域各有特点。党政机关的公文代表我国的官方文本，应率先垂范；教育教学界，特别是基础教育阶段，是落实各类规范、培养公民的语言规范意识的基础领域，新闻媒体的社会影响力广泛，应起到表率作用，公共服务领域应该考虑方便社会交际，既要注重语言规范，也存在一些特殊情况，如方言区的政府、法律部门等为便于服务民众，需要使用方言等。

外语译写规范工作与其他国家语言规范服务一样，首先以四大领域为重点落实渠道。但面对日益多元化的社会和文化结构，为了更恰当地提供国家语言规范服务，既要突出重点，也要有更丰富的设计思路。根据当前的应用状况判断，落实方面应重点关注媒体，特别是具有较高公信力的纸媒，和电视、广播中代表政府、官方或风格庄重的节目和栏目，党政机关发布的各类公文也应重点关注。需要尝试开拓面向各类社会应用的渠道，以多种方式掌握资料，引导规范使用。例如，经由网络渠道，既可以广泛搜集译名使用状况、译写建议，也可以提出译写方案听取意见。

综合以上考虑，为了将规范工作真正做实做好，我们认为尊重社会应用的现状和规律，审慎运用联席会议专家委员会的权威，专家委员会意见以推荐引导的方式发出。在具体的工作中，也同样以审慎推进、科学周密作为基本原则。例如第一批推荐使用的外语词数量是10个，有意见认为太少，希望更多一些，推出的快一些。我们的考虑是，外语词中文译写规范工作刚刚开始，在工作机制、研究方法等方面还有需要完善的地方。特别是以专家委员会名义正式颁布的推荐意见，更需要周详的调研为基础，谨慎取舍，耐心推行，以期取得平稳良好的规范效果。

（二）科学

从语言发展史来看，能够吸收语言交流带来的新词汇，是一种语言保持活力的体现。另一方面，外来词的被接受，也需要一定的时间，特别是外来词与原有词汇系统对接——包括形式、读音，意译词的用字选择等——是关键的环节。对于汉语来说，似乎采用汉字的书写形式应是一个外来词被接纳的基本要求。历史上外来词进入汉语也均以汉字为书写形式。

外语词的特殊性在于，在中文语境中，这些词语保持了罗马字母的形式，采用英文字母的读音，其含义需要听者或读者附加译解的环节。[①] 这样一种“异己者”的状态，好像处于外来词进入汉语的过程当中，必然会引起关注。

关于造成这种情况的原因，有论者分析认为，《汉语拼音方案》的推广普及，使罗马字母成为记录汉语的新形式，因此外语词的词形对于学习过《汉语拼音方案》的人来说，并不陌生。另外随着英语教育的普及，了解英语字母发音的人也越来越多。这都是造成外语词形式能够存在于中文语境中，并且看起来不会在短期内消失的原因。现实中有些外语词确实还难以用汉字词汇代替，并有“X 光、B 超”这样英文发音的罗马字母与汉字紧密结合的词形，字母已经成为汉语词汇的构成部分，难以分剥了。

现实情况如此，也有观点认为，外语词混用没什么大影响，汉语词汇系统会筛选、调适，最终吸收的外语词还会是汉字词的形式。如果这一逻辑成立，似乎对外语词只有接纳了，译写工作甚至也有些多余了？但是我们仍然认为，从语言文字规范服务的角度来说，外语词的译写是一项重要的工作，其核心价值在于维护最广大人群的语言知情权。需要深入研究的是掌握外来词融入的规律，从文化融合等多个角度理解外语词的使用现状，规范的内容、推出的时机与方式都应有多方面的研究为基础。因此，虽然在 20 世纪 90 年代中后期、2005 年、2012 年等几个时段可以见到较为集中的字母词研究成果，但是从本项工作的需要来看，还需要学界给予更多的关注，提供更丰富的观点和材料。例如：

从语言学和词汇史的角度来看，汉语词汇系统是否会继续接纳外语词形混用的形式，还是必将会有汉字词汇取而代之？对字母词实例进行充分的历时分析，对于理解这种语言现象非常重要，对外语中文译写规范也有重要的参考价值。从应用语言学的角度，专名翻译与通用译名的形式是有区别的，专业术语名称出于表达准确、符合术语系统的需要，往往比较长，选用的汉字常常使用较为生僻的专用字；但这些专业术语一旦进入社会通用领域，就要考虑非专业人士的阅读和理解，是否提出形式较短的、用字较为常见的通用译名更好[②]？从词汇学结合语用学的角度，汉语词汇的不同层级对外语词形式的接

① 需要说明的是，同为字母形式，HSK（汉语水平考试）、GB（国标）、PSC（普通话水平测试）等，属于汉语词汇的读音缩写形式，与外语词有本质区别，研究者不得不察。

② 2010 年 7 月 6 日《光明日报》采访时任新闻出版总署副署长、全国科技名词审定委员会副主任孙寿山，谈及外语词翻译，他认为可以用“提取表示核心词义的核心汉字”的方法“缩写冗长的汉语术语”，如 Laser 原有译名“激射光辐射放大”“光量子放大”“受激发射光”等，后来钱学森先生提出采用“激光”，为大家广泛接受。

纳程度是否有影响——如“X光、B超”虽并不陌生，但也属专业词汇，进入更广大社会应用领域多年，似乎也没有被汉字形式词汇取代的迹象，这是为什么？……这些问题给学术研究提供了拓展领域的方向，应该引起学界重视。

三 后续工作

2013年4月19日名词委和联席会议专家委员会联合发布PM2.5的中文译名“细颗粒物”，8月调查比较发布前后的媒体应用状况，虽然单独使用PM2.5形式的趋于减少，但包括《人民日报》《光明日报》在内的纸媒，包括《新闻联播》在内的广播媒体，单独使用PM2.5的频次仍然是最高的。2013年10月23日，《第一批推荐使用外语词中文译名表》发布，社会反响平稳。后续工作将继续侧重于整理综合现有的规范成果，提高相关社会领域关注度，设计多种传播方式，如经由网络提供外语词中文译名的规范成果数据库或资料库以方便查询等，并与主管部门共同协商，联合采取恰当的方式提高相关领域对外语中文译写规范的认知和认同，根据现实需求，切实发挥影响，引导规范使用。

参考文献

[1] 周洪波. 字母词的使用要区别对待，“疏”而不“堵”. 科技术语研究，2004，(3).

[2] 薛笑丛. 字母词研究述评 . 语言与翻译，2006，(1).

[3] 苏培成. 在争论中前行的字母词. 科技术语研究，2006，(2).

[4]《科技术语字母词汉化之路》.《光明日报》，2010年7月6日 .

[5] 傅振国. 英语深度侵入汉语事关文化安全. 创造，2010，(8).

[6] 刁晏斌. 外来字母能不能成为汉字. 汉语言文学研究，2011，(2).

[7] 王宁. 关于PM2.5汉语命名的几点意见. 中国科技术语，2013，(2).

[8] 樊友新. 历时视野里的字母词及其研究新视角. 华东师范大学，2007.

[9] 王琳. 中文报刊中的字母词研究. 中央民族大学，2010.

[10] 谢强英. 论英语缩略词在汉语中应用的原因、价值与策略 . 福建师范大学，2011.

[11] 邹玉华 .《现代汉语字母词研究》. 北京：语文出版社，2012.9.

（原载《语言文字应用》2014年第3期）

动物学物种译名规范的原则与建议

刘　伟
（北京大学外国语学院）

引言

物种译名混乱是动物分类学中普遍存在的一个问题。根据林奈双名法的命名规则，每个物种的拉丁文学名是唯一的，由属名和种加词（种小名）两部分构成。在动物分类学中，经常还需要用三名法命名亚种，这种“属名 + 种名 + 亚种名”的命名法就确保了绝大部分物种学名的严谨规范和一一对应，有利于消除歧义，在研究中精准定位物种或亚种。例如，在英文文献中，white whale 和 beluga 均可指代白鲸，而 beluga 还有欧洲鳇（一种体长可达 6 米的大型鲟鱼）的意思，但读者根据拉丁文学名（*Delphinapterus leucas*）即可清楚地知道，文中所指的是海洋哺乳动物而不是鳇鱼。

汉语是意合语言，用词表意远比英文丰富，而不同的译者使用不同的翻译策略（如音译 / 意译），有迥异的个人思维习惯，这就造成了物种的中文译名更加纷繁复杂。即使有拉丁文学名作指引，同一物种的多种译名还是会对研究者和读者造成很大干扰。特别是在一部合作完成的译著中，如果一个物种对应着多个中文译名，其学术严谨性就会大打折扣，也绝不符合出版质量规范。因此，动物学物种译名的规范和统一是一件艰巨且必须重视的工作。

一　物种译名规范的原则

外文术语的汉译也是文化交流的过程，术语译名的选择会影响我国的学术习惯和规范，尤其是自然科学。如果处理得当，术语的“妙译”能够丰富汉语、引进新知，但若是翻译不当，也可以玷污、破坏民族语言的规范性，甚至喧宾夺主、造成不良风气（辜正坤，1998）。在动物学中，一个明显的例子就是海外多使用人名来命名物种，而我国的文化却没有这个习惯，科技译者在翻译实践中就需要考虑周全，对大量的此类术语简单直译会不会产生负面连锁效应。黄忠廉和李亚舒（2004）建议，在汉译术语的规范中，应遵循标准化、方便性、合理性、科学性、高频率、一致性、约定性等7项原则，这对科技术语统一规范工作具有宏观指导意义。

在物种名的汉译过程中，译者首选的是公认、权威的标准译法，以简明易懂为佳。如果通行译法不够合理，译者完全可以做出修改，并注明理由。例如，Cuvier's beaked whale（*Ziphius cavirostris*）可意译为“剑吻鲸”，但它还有个通行译名“柯氏喙鲸”。由于这种鲸的分类命名者为法国著名古生物学家乔治·居维叶（Georges Cuvier），“柯氏”或“柯维氏”的称法就很不合理，如坚持直译，可译为居氏喙鲸，并注明“原译柯氏喙鲸，此译以居维叶正名”。再如，Chinese paddlefish（*Psephurus gladius*）可依据标准化和约定性规则译为“白鲟”，也可意译为“中华匙吻鲟”，但不应使用不科学的译名“中国剑鱼”。很多物种都有多个常见译名对应，译者可进行全面的文献调查，选用现有文献中使用频率高、为专业研究者和社会大众都认可的译法。我国的一级保护动物Indo-Pacific humpback dolphin（*Sousa chinensis*）有“太平洋驼海豚”和“中华白海豚”两种专业译法，但在同一部论著中，术语必须统一。在中国知网上检索“中华白海豚”，共289条记录，作者主要来自中山大学、南京师范大学、国家海洋局第三海洋研究所、山东大学、厦门大学等对海洋哺乳动物有所研究的机构，发文量前20名的作者总被引量高达6458次，文献作者还包括杰出的鲸豚研究专家周开亚教授（4篇）。相比之下，“太平洋驼海豚”只有1条检索记录，被引量2次。此外，中华白海豚这个称谓已成为我国海洋文化的重要组成部分，广受社会大众认可和喜爱。根据高频率、约定性、简明通俗、有利于环保宣传（刘伟，2017）等原则，应将“中华白海豚”作为该物种的标准译法。

二　物种译名选用的建议

动物分类学涉及层次复杂的分类阶元和数量庞大的术语译名，而且由于学术实践的沿革，不同学者的译名五花八门，难于统一。物种译名的规范是一项需要讨论协作、渐进梳理的长期工作。结合翻译实践，本文在上述普遍原则的基础上，对动物学物种译名的选用提出3条专门建议。

（一）精确区分，消解歧义

有些物种亲缘关系较近，在形态学上非常相似，如果译名不合理，极易造成混淆。因此，译者必须小心从事，可依据它们的分类地位和性状差异具体分析，将物种名称精确细化，从科和属深入到种甚至亚种水平，并使用高区分度的译法厘清它们之间的差异。多年来，剑鱼、箭鱼、剑旗鱼、旗鱼、枪鱼、大马林鱼等概念一直纠缠不清，但如果在翻译中精确区分，问题可迎刃而解。

剑鱼属于鲈形目、鲭亚目、剑鱼科、剑鱼属，只有1种。剑鱼的颌剑长度可占身体的1/3，背鳍呈高耸的三角形。“箭鱼”为剑鱼别称，这种译法强调其游泳的高速度，但旗鱼和枪鱼的游速并不逊于剑鱼，故“箭鱼”区分度不高，不建议采用。鲭亚目包含剑鱼科和旗鱼科，“剑旗鱼”的说法更是混淆了这两科生物的差别，应予淘汰。swordfish（*Xiphias gladius*）应明确译为“剑鱼”。

在鲈形目、鲭亚目、旗鱼科之下，分为旗鱼属、四鳍旗鱼属和枪鱼属，每个属包括数个种。旗鱼和枪鱼也有颌剑，但明显比剑鱼短。两者外观上的区别主要在背鳍：旗鱼的第一背鳍很大，伸展开像一面旗；而枪鱼背鳍长，只有前端高耸。海明威《老人与海》译本中的“大马林鱼”（marlin）是枪鱼的俗称。由于旗鱼和枪鱼分别包含了数种生物，在翻译中应根据拉丁文学名追溯到种以避免混淆。在学术作品中，blue marlin（*Makaira mazara*）应译为“蓝枪鱼”，而不是“大马林鱼”，还应避免“蓝旗鱼、蓝剑鱼、黑皮旗鱼”等易带来混淆的别称。Indo-Pacific sailfish（*Istiophorus platypterus*）可译为“东方旗鱼”或“雨伞旗鱼”，而不应笼统地称“旗鱼”。剑鱼、旗鱼和枪鱼的外观差别如图1所示（注：来自天津自然博物馆摄影图）。

(a) 剑鱼（Xiphias gladius）　(b) 东方旗鱼（Istiophorus platypterus）　(c) 蓝枪鱼（Makaira mazara）

图1　剑鱼、旗鱼和蓝枪鱼的区别

有时，还需要在亚种水平上定名。根据三名法规则，亚种名和种名相同的为指名亚种。例如，虎有西伯利亚虎、华南虎等9个亚种，其中孟加拉虎（*Panthera tigris tigris*）为指名亚种。

（二）意译为主，淡化姓氏

汉语具有意蕴丰富、信息量大、构词灵活等优点，特别适合对自然界的生物进行简洁、生动的描述，而我国动物学界的命名传统是将地理区位、标志性状和分类地位这3

个基本要素中的 2 个或 3 个灵活组合，从而创造出了很多富于美感、有利于环保宣传的物种名，例如滇金丝猴（*Rhinopithecus bieti*）、丹顶鹤（*Grus japonensis*）、玉带海雕（*Haliaeetus leucoryphus*）、梅花鹿（*Cervus nippon*）等。这样简明、优美的祖国语言，值得她的所有使用者，包括科技工作者关照和守护。在对异域物种名的翻译引进中，科技工作者也应有意识地实现汉语的这一优势：以意译为主，发挥创造性，而不必强求与拉丁文学名或英文名称完全字面对应。

例如，Sei whale（*Balaenoptera borealis*）现通常称为“塞鲸”，这就很不高明。Sei 来源于挪威语 seje，意为青鳕。“塞鲸”这种音译毫无意美、音美或形美，属于典型的以弱势译强势，远不如其原名“大须鲸”或意译“鳕鲸”。不过，有些音译的物种名也很成功，如形象生动、异域风情浓厚的几维鸟和鹈鹕，但音译绝不该成为翻译物种名的主流。

以发现者或分类者的姓氏命名动物、植物、微生物是西方学术界的惯例，也是一种悠久的西方历史文化（如以人物命名城市、天体），但这却不符合我国的文化习惯。在《国家重点保护野生动物名录》中，只有“普氏原羚、克氏海马鱼、达氏鲟、库氏砗磲”4 种动物以姓氏命名，其余均为意合命名。如果“姓氏物种名”大量涌入我国的生物学界，大量取代自有的“意合物种名”，就会对文化心态和文化自信产生消极影响，不利于我国国民意识的进步。一个自信、进取的文化总会坚持“以我为主，为我所用”，对外来术语做好同化，取其精华，去其糟粕；一个自卑、落后的社会往往听凭半生不熟的音译外来词泛滥，例如 20 世纪初的旧中国社会。至今，有过被殖民历史的港台地区还在使用“镭射”（激光）等不科学的音译和“太空梭”（航天飞机）等蹩脚的硬译，这些绝不值得学习。

根据我国的文化习惯，Commerson’s dolphin（*Cephalorhynchus commersonii*）应译为“花斑喙头海豚”而不是“康氏矮海豚”；Risso’s dolphin（*Grampus griseus*）应译为“灰海豚”而不是“黎氏海豚”；Hector’s Dolphin（*Cephalorhynchus hectori*）应译为“新西兰黑白海豚”而不是“海氏矮海豚”。不难看到，“意合物种名”承载了外观特征和地理信息而不失简洁，“姓氏物种名”除了外国姓氏的拙劣音译外没有任何有价值信息，两种译法高下立判。

这也并不是说要完全淘汰带姓氏的物种译名。有些物种名已成约定俗成，为学术界广泛认可（如洪堡鱿鱼），无需修改；在古生物学领域中“姓氏物种名”也普遍存在，有利于确认、表彰研究者的贡献。然而，对于我国现存大部分动物物种，我国学者早已有了合适的定名；对于比较陌生的异域物种，汉语里也不乏灵活的手段实现科学与审美统一的译法，不需要使用音译或姓氏。上文例子中的“丑译”绝不是先进与新潮的标志，而是根源于后殖民语境中强势文化的渗透和国民的自我殖民意识（翟晓丽，2009）。在海外研讨会中，科技工作者也有责任守护好祖国语言文化，对外来术语或译法做好把关，对中国风格的命名法多一些坚持。

（三）结合文化，合理创译

在对物种名进行意译时，还可适当考虑文化元素。例如，抹香鲸的英文原名 sperm whale 很丑陋，因为命名者认为抹香鲸硕大头部中的乳白色鲸脑油是精液（Anndisa Berta、James L.sumich、kit M.kovacs，2019）。这种鲸的现代汉语名称则来源于名贵的香料和药材——龙涎香（抹香鲸捕食深海大王乌贼后的肠道产物）。中国学者没有直译英文，而坚持使用富有传奇色彩的“抹香鲸”，也可认为汉译远远超越了原文。

三 结语

规范动物学物种译名是一项复杂的长期工作。术语统一是学者们的共同愿望，而将术语译得既科学又美也很重要，须知自然科学术语的译法也会对国民的文化心态和文化自信产生潜移默化的影响。本文建议科技译者除考虑学术因素外，也照顾到术语翻译在文化层面的影响，更多地采用具有中国风格的术语命名法。在动物学物种译名的规范中，有一些普遍适用的原则值得借鉴：标准化、方便性、合理性、科学性、高频率、一致性、约定性，以及简明通俗、有利于环保宣传。对于易混淆的相似物种，在翻译种名时可精确区分，消解歧义；对于同一物种的多种命名，建议中国学者采用“意合命名法”，减少对音译和姓氏的使用；对于原文不美的译名，可结合文化，合理创译，以求发挥汉语优势，使译文超越原文。

参考文献

[1] 辜正坤. 外来术语翻译与中国学术问题. 中国翻译，1998（6）.

[2] 黄忠廉、李亚舒. 试论汉译术语规范的原则与方法. 科技术语研究，2004（3）.

[3] 刘伟. 海洋哺乳动物学术语翻译探析. 中国科技翻译，2017（3）.

[4] 国家林业和草原局 . 国家重点保护野生动物名录. 2018-01-04.http://www.forestry.gov.cn/main/3954/2018 0104/1063883.html.

[5] 翟晓丽. 后殖民语境：外来词的规范及其翻译 . 湖南科技学院学报，2009（2）.

[6] Annalisa Berta, James L. Sumich, Kit M. Kovacs. 海洋哺乳动物（第三版）. 刘伟译 . 北京：海洋出版社，2019.

（原载《中国科技翻译》2021 年第 1 期）

第四部分　译写的应用

海峡两岸外语地名汉字译写异同辨析

刘连安　高　钰

（中国地名研究所）

一　概述

外语地名汉字译写是地名标准化的重要内容。笔者考察了海峡两岸权威机构各自发布的、罗马字母拼写相同的34 848条地名①，发现其中两岸译写一致的外语地名有7157条（所占比例为20.5%），不同的有27 691条（所占比例为79.5%），约五分之四的地名译名都有差异。在这种状况下，分析两者译写的异同并探索其规律，对外语地名汉字译写的规范和统一具有重要意义。

二　两岸外语地名汉字译写的进程

大陆从20世纪50年代开始研究译写问题，经过多年的理论研究与应用推广，已形成的译写原则可以概括为三点：（1）名从主人；（2）平等对待；（3）约定俗成。译写方法从技术上可以分为转写（又称形译）、音译和意译三种。

台湾现在通用的外语地名译写方法的研究从20世纪40年代开始，当时为了集中翻译中外地名并统一译文，建立了“统一中外地名译文委员会”，设置委员17至23人。全体会议每半年一次，必要时再召集临时会议。这一机构至20世纪70年代被撤销。近年台湾的地名译写工作主要由“国立编译馆”下设的“外国地名译名审议委员会”等部门牵头负责。台湾现行外语地名译写原则也概括为三点：（1）名从主人；（2）约定俗成；（3）比照表示与专音通意。

① 大陆数据来自中国地名研究所的世界地名数据库；台湾数据来自其“‘国家’教育研究院”学术名词资讯网。

三 两岸外语地名译写的相同之处

海峡两岸在外语地名汉字译写的原则和方法方面是基本一致的，可以总结为五点：（1）地名译写采用该国官方出版的地图、地名录、地名词典等资料中的标准地名及其罗马字母拼写；（2）惯用汉字译名和以常用人名命名的地名，不管其与现行规则是否一致，仍旧沿用，其派生的地名，原则上同名同译；（3）地名专名一般音译，地名通名一般意译；（4）地名译写选用的汉字依据相应的音译汉字对照表；（5）对于规律性的译法，总结成技术规范以便译写时遵循。

大陆先后制定了涵盖55个语种的译音表。近年又制定了阿拉伯语、蒙古语、英语、俄语、德语、法语、葡萄牙语、西班牙语8个地名译写国家标准。

台湾“编译馆”在2008年根据大陆的音译表修订而成俄语、法语、阿拉伯语3种音译表。在上述两岸技术规范中，很多读音的对应汉字是相同的，如：布、普、德、特、阿、伊、迪等。

四 两岸地名通名译写的差异

海峡两岸对地名通名译写的差异可总结为以下四方面：

（一）通名称谓不同。海峡两岸因为各种原因，地理术语多有差异，导致地名通名也不同。例如，“沼泽”在台湾被称为“沼地”，因此，Romney Marsh 大陆译作“拉姆尼沼泽”，而台湾则译作“隆姆尼沼地”；“冰川”在台湾被称为“冰河”，因此 Biafo Gl. 大陆译作“比亚福冰川”，而台湾则译作“比亚福冰河”。此外，“水道”在台湾被称为“航道”，“冰原”在台湾被称为“冰覆高原”，“山”在台湾被称为“岳”，“群岛”在台湾被称为“礁群”，等等。这种对应有的是一对一，如“冰河”与“冰川”；有的对应不太严格，如台湾使用“沼地”的同时也在使用“沼泽”。

（二）通名意译的选择不同。当通名一词多义时，应视通名所指的地理实体类别译写。两岸在地理实体类别的选取上存在差异。如 Santaren Chan. 大陆译作“圣塔伦水道”，台湾译作“桑塔林海峡”；Barrier Ra. 大陆译作“巴里尔岭”，台湾译作“巴立尔山”；Deer Cr. 大陆译作“迪尔河”，台湾译作“第尔溪”。

（三）两岸在通名的译写方式上存在差异，即对“通意”的适用情况理解不同。有的通名大陆意译，台湾音译，如 Kilmore Quay 大陆译作“基尔莫尔码头”，台湾译作“启莫奎”；而有的通名台湾意译，大陆音译，如 Aix-les-Bains 大陆译作“艾克斯莱班”，台湾译作“爱克斯温泉”。

（四）是否在专名后增加通名。大陆一般在仅有专名的自然地理实体名称后面加上相应的通名，而台湾很少这么做。举例来说，Etten 大陆译作“埃滕岛”，台湾译作“艾田”；Piaui 大陆译作“皮奥伊河”，台湾译作“皮奥伊”；Brocken 大陆译作“布罗肯峰”，台湾译作“布洛肯”等。但是，也有少数情况下的译名，台湾加了通名，而大陆没加。如 Maasbree 大陆译作“马斯布雷”，台湾译作“马士布雷河”，但这种情况不具有普遍意义。

五　两岸地名专名译写的差异

海峡两岸对地名专名译写的差异可总结为以下三方面：

（一）音译或意译的选择导致的差异。对专名一般采用音译是两岸共同遵守的准则，在此原则的基础上，两岸均对一些明显反映地理实体特征的专名采取意译，但在需要意译的专名的选择上没有统一规范。如 Grain Coast 大陆意译作“谷物海岸”，台湾音译作“格连海岸”；Cat I. 大陆音译作“卡特岛”，台湾意译作“猫岛”；Elephant I. 大陆意译作“象岛”，台湾音译作“爱利芬岛”。对于专名中的形容词，如果是修饰通名的，那么大陆一般音译，而台湾一般意译，如 Great Pt. 大陆音译作“格雷特角”，台湾意译作“大岬”。但是如果形容词是修饰专名的，那么两岸更多的情况是都采用意译，如 great Ruaha 大陆与台湾分别译作“大鲁哈河”与“大鲁阿哈河”。意译时，如果考虑不周，很容易产生一些问题。如 Hot Sulphur Springs 大陆译作“硫磺温泉镇”，而台湾译作“磺泉城”，显然，“磺泉城”会给人一种晦气感。又如 Yellow Mt. 大陆音译作“耶洛山”，台湾意译作“黄山”，“黄山”的译法将这座澳大利亚山峰与我国的黄山重名，显然不是一种完美的处理方式。因此在这种情况下，地名专名采用音译的译法应该是更好的选择。

（二）连词的处理方式导致的差异。大陆对于连词一般用“-”表示，同时连词音译，而台湾一般省译。如 Ponte de Sor 大陆译作“蓬蒂 - 迪索尔”，台湾译作“朋特索”；Pires do Rio 大陆译作“皮里斯 - 杜里奥”，台湾译作“皮勒斯里约”；Moji das Cruzes 大陆译作“莫日 - 达斯克鲁济斯”，台湾译作“莫吉克路斯”。

（三）介词短语的处理方式导致的差异。专名中的介词短语用以说明该地名的地理位置时，大陆采用意译，而台湾一般省译，有时介词后面部分用括号标注或介词前后用“-”连接。如 San Fernando de Atabapo 大陆译作“阿塔瓦波河畔圣费尔南多”，台湾译作“圣佛南多（亚塔巴坡）”；Stocktonon-Tees 大陆译作“蒂斯河畔斯托克顿”，台湾译作“斯托克顿提斯”；Nogent-sur-Seine 大陆译作“塞纳河畔诺让”，台湾译作“诺壤森”；Bar-Sur-

Seine 大陆译作“塞纳河畔巴尔”，台湾译作“巴塞纳－马恩省”；Concepcion del Uruguay 大陆译作“乌拉圭河畔康塞普西翁”，台湾译作“康塞普森（乌拉瓜）”；Santa Maria del Rio 大陆译作“滨河圣玛丽亚”，台湾译作“圣马利里约”。

六　两岸外语地名音译的差异

外语地名汉字译写中，音译重要且复杂。两岸在音译上的差异可总结为以下几方面：

（一）从读音到汉字的转换是否严格。经数据分析得知，大陆与台湾的两万多条不同译名中，仅 4% 的译名属于台湾译写的汉字字数较多，如 Farina 大陆译作“法赖纳”，台湾译作“法里那纳”；Kotri 大陆译作“戈德里”，台湾译作“科特里克”；Sjotorp 大陆译作“舍托普”，台湾译作“斯佐托普”。其余 96% 的译名中，约 40% 属于大陆译法的字数较多，56% 的译名字数相同。列举几个大陆译名较长的例子：Aalsmeer 大陆译作“阿尔斯梅尔”，台湾译作“阿斯美尔”，这里台湾将一些音节的发音忽略掉。与此类似的有 Aguascalientes，大陆译作“阿瓜斯卡连特斯”，台湾译作“阿瓜卡连”；Gluckstadt 大陆译作“格吕克施塔特”，台湾译作“格斯塔”；Marblehead 大陆译作“马布尔黑德”，台湾译作“马波赫”。从上述对比可看出，大陆在音译时是完全按照地名发音进行汉字转换的，而台湾对于读音很长、音节较多的地名，仅抓住一些重要音节，发音为 [b]、[k]、[d]、[r] 等部分常常省略不译。大陆的译名能较真实地反映原地名的发音，但字数较多，读写麻烦。相反，台湾的译名因为字数少，所以易读、易写、易记，但其译名常无法真实体现原地名读音，造成一定的信息丢失。

因为台湾不拘泥于音节的一一转换，加上台湾的译名在汉字使用上与我国本地地名用字有重合，导致台湾一些译名很有本土化味道，而大陆译名一般音节多，每条地名都有外语地名中独有的汉字，很容易看出是外语译名。例如，瓦努阿图地名 Oroni 大陆译作“奥罗尼”、台湾译作“五老里”，巴西地名 Jardim 大陆译作“雅尔丁”、台湾译作“札定”，都属于这种情况。

（二）译音汉字选取的区别。两岸在汉字选取上有许多不一致之处。这里整理了一部分有代表性的相同音节的不同汉字表示，见表 1。

表 1

大陆用字	台湾用字	外文拼写	大陆译名	台湾译名
泽	则	Fraserburgh	弗雷泽堡	夫拉则堡

续表

大陆用字	台湾用字	外文拼写	大陆译名	台湾译名
谢	榭	Niscemi	尼谢米	尼榭米
莱	来	Lydenburg	莱登堡	来登堡
菲	非	Memphis	孟菲斯	曼非斯
茨	次	Paintsville	佩恩茨维尔	佩恩次维
姆	母	Formby	福姆比	福母比
茄	如	Itajuba	伊塔茹巴	伊塔如巴
穆	木	Muzaffarabad	穆扎法拉巴德	木札法拉巴德
洪	宏	Juncos	洪科斯	宏科斯
嫩	农	Duncannon	邓坎嫩	邓肯农
凯	喀	Cherasco	凯拉斯科	喀拉斯科
迈	麦	Himamaylan	希马迈兰	希马麦兰
沃	维	Horve	赫沃	荷维
维	威	Catawissa	卡特维萨	卡塔威沙
派	佩	Peiwar P.	派瓦尔山口	佩瓦山口
图	土	Chetumal	切图马尔	赤土马
龙	伦	Rosario de la Frontera	罗萨里奥－德拉弗龙特拉	罗沙略夫伦特拉
勒	尔	Bahr el Jebel	杰贝勒河	吉布尔河
尔	赫	Trollhattan	特罗尔海坦	特洛赫坦
埃	艾	Elliot B.	埃利奥特湾	艾利奥湾
锡	西	Sikasso	锡卡索	西卡索
欧	奥	Ouro Preto	欧鲁普雷图	奥鲁普累土

因为不同语言中的音节表示不同，而且一个汉字可对应多个相似音节，所以表中未列出对应汉字的音节发音，我们可以从表中的汉字和后面的例子中大概猜出读音。正像前文介绍的通名的译写不是严格对应一样，两岸在选取汉字上也不是一成不变的，大陆用字和台湾用字只能说明两岸译写时选取汉字的倾向性，这种差别既与历史沿用习惯有关，也受语言文字内涵的影响。通过比较两者的地名数据可知，两岸在同一音节的用字上，尚有很多与这种倾向不一致的例外存在。如 Blaydon 大陆和表中选用的汉字相同，译

作“布莱敦”，台湾并没有选用表中的汉字，而是也和大陆选用相同的汉字，译作“布莱登”。大陆已经发布多个地名译写技术标准，台湾也编写出一些相关的译写规则，这些规则对汉字的选用做了详细规定，随着这些规则带动的地名译写规范化的加强，两岸在选用汉字上将逐渐趋于稳定。

另外，很多外国地名是以人名命名的。大陆在对这些地名译写时，为突出人名的男女性别差异，用一些女性化的汉字表示女性名称，而台湾很少这样做。这些字有玛、妮、莉、丽、娅、黛、娜等。如 Port Alice 大陆译作“艾丽斯港”，台湾译作“亚利斯港”；Shirley 大陆译作“雪莉”，台湾译作“社利”；Santa Margarita 大陆译作“圣玛格丽塔河”，台湾译作“圣马格里塔”。

七　对使用汉字国家的地名译名的差异

日本、朝鲜、韩国、越南等几个国家使用（或曾使用）汉字书写地名，两岸对日语、朝鲜语、越南语地名的译写原则相同，都尽量使用所在国的汉字原文译写。因为有据可查，所以两岸在这些国家的地名译名上的一致性很高，经分析，大陆与台湾相同的日语译名占两岸已发布的日语地名总数的 75.1%，朝鲜、韩国地名占 75.3%，越南地名占 60%。也就是说，两岸对这些国家地名译名的一致程度远远高于其他语言的译名的一致程度。尽管如此，译名不同的情况仍存在，译名时所各自参考的中文资料的类别和完整性的差别或许是这种差异的主要原因。例如日本地名 Sasayama，日语原文“篠山”，大陆译作“篠山”，台湾译作“筱山”。又如日本地名 Obira，日语原文“小平町”，大陆译作“小平”，台湾译作“奥比拉”，台湾完全按照罗马字母拼写音译。又如越南地名 Phan Rang，大陆译作“藩朗”，台湾译作“藩郎”。因为越南早已放弃使用汉字，地名汉字译写的参考资料难以获取，很容易产生一音多字的问题。

八　结语

大陆虽然已发布实施多个外语地名汉字译写技术标准，并出版了一些外语地名汉字译写的图书，但技术标准的推广实施任重而道远。外语地名资料的提供远远不能满足社会的需求。台湾的外语地名汉字译写由于缺少统一规范，不同机构对同一外语地名的译写存在分歧。台湾开放教科书版本以后，不同教材也存在外语地名译写不一致现象，不利于标准中文译名的传播普及。海峡两岸都需在外语地名汉字译写领域继续付出艰苦努力，以进一步加快地名标准化进程。

参考文献

[1] 许哲明、王明志. 外国地名译写作法之探究. 编译论丛，2008，1（1）：141—182.

[2] 全国地名标准化技术委员会 . GB/T17693 外语地名汉字译写导则. 北京 . 中国标准出版社，2009.

[3] 朱云影 . 中国文化对日韩越的影响 . 广西：广西师范大学出版社，2007.

（原载《中国科技术语》2011 年第 5 期）

媒体中字母“E”的使用、流行动因及规范思考

常文斐
（教育部语言文字应用研究所）

一 引言

20 世纪 80 年代以来，随着我国改革开放的深入，由拉丁字母（包括汉语拼音）或希腊字母构成的或由它们分别与符号、数字、汉字混合构成的词语开始批量进入汉语交际系统，刘涌泉（2002）将这类词称之为字母词。字母词的出现，使汉语的语音、词汇、语法以及文字系统都产生了一定变化，对汉语语言生活也产生了一定影响。

媒体是使用语言的“大户”，一方面反映社会语言使用状况，另一方面，又示范引领社会的语言使用。媒体语言的使用状况，关乎媒体本身的质量与威望，也关系到社会语言生活的质量与走向。（李宇明，2002）正如许嘉璐（2002）所指出的：“媒体语言（包括文字），尤其是广播电视语言，太重要了——它对社会语言和民族文化的走向有着任何其他载体不可比拟的影响力。”教育部、国家语委印发的《国家语言文字事业“十三五”发展规划》和《国家中长期语言文字事业改革和发展规划纲要（2012—2020 年）》，也都提出要对字母词使用进行监测研究和规范引导。

目前媒体上可以经常看到字母词，这种现象引起了一些专家学者的关注和讨论。陈佳璇和胡范铸（2003）、杨建国和郑泽芝（2005）、郑泽芝（2009）、侯敏（2011）、段业辉和刘树晟（2014）、舒笑梅和张彤（2018）等从共时角度对媒体上字母词的使用情况进行了调查，皇甫素飞（2004）、张荻（2015）、王秋萍（2016）等从历时的角度对媒体上字母词使用情况进行了跟踪调查，这些调查对字母词的使用情况进行了客观描述，并为字母词使用规范的制定以及动态监测的方式方法提供了参考。但这些调查多是对字母词总体使用情况的反映，针对个体的调查不多，尤其是针对某一构词能力强、生命力旺盛的字母进行的调查更是屈指可数，仅见廖礼平（2005）对字母词“E”的使用情况、存在问题以及规范建议的调查分析，李敏（2006）和张译方（2007）对“N”的意义、用法的分析，张超等（2009）对“S”在的用法及成词理据的调查分析等。故本文选取媒体上出

现频率较高的字母词“E”[①]作为对象进行考察，并据此对字母词使用问题进行思考。

二 “E”的使用情况

通过对北京语言大学汉语语料库（BCC）、人民网以及一些贴吧、论坛的调查，本文发现字母“E”的用法主要有两种：一是单独以词的身份使用；二是作词的前缀使用。

（一）单独成词时的使用情况

从词性分布来看，字母词“E”独立使用时可以作名词、序数词、代词、区别词、动词以及语气词，在句中充当主语、宾语、定语和中心语等句法成分。

1. 作名词

一是表音符，E音或E调，为C大调音阶中的第三个音或A小调音阶中的第五个音，在句中的主要功能是充当主语、宾语和定语。例如：

（1）三次谢幕之后，郎朗再度以肖邦的E调，第十乐章练习曲和前奏曲降E调安抚观众飞腾的心。（《星岛日报》2012-05-16）

（2）大字组E音，在理论上是世界上最低的音，在这里却是高音区，其音域达到E以下8度，这是寺庙僧侣诵经时一种独特的发音技巧。（《人民日报》1994-06-22）

二是表事物的形状，通过利用字母与事物形状上的相似性来表达概念、描绘外物。这里，“E”主要充当的是说明的功能。例如：

（3）车辆的后悬挂采用了“三横一竖”的E型多连杆独立悬挂。（爱卡汽车网 2017-08-31）

（4）这种通常被称作“E形组合”的建筑组合在整个中南美洲南部都有发现，拉本塔的建筑也同样被归类为这样的建筑组合。（新华网 2013-04-27）

2. 作序数词

表事物的排序或等级。改革开放以后，人们逐渐将汉语传统中表示序列和等级的一二三四、甲乙丙丁和优良中差改为用英文字母的ABCD来表示（廖礼平，2005）。“E”在字母表中排第五位，经常被用来代表排第五位的事物，在句中的主要功能是与量词一起充当定语、状语或补语成分。例如：

（5）在新落成的E馆的前面，有两架柴油打桩机分别陈列在两旁，中间立着一

① 本文用“E”代替其大小写两种形式。

座牌坊，上面缀着“中华人民共和国”七个中国字，顶上有五颗金星闪闪发光。(《人民日报》1952-09-11)

(6) 学考成绩采用等级制，设A、B、C、D、E5个等级，E为不合格，每科仅一次机会，不合格者可继续报考。(《钱江晚报》2020-01-10)

3. 作代词

主要是作不定代词，代指不确定的人或事物。这属于一种模糊表达，是不愿或无法指明具体情况时使用的一种用法，在句中的主要功能是充当主语、宾语或定语。例如：

(7) 在A女士与E到建委（房管局）办理完抵押过户手续后，E给A女士账户上打了220万元借款。(《中国妇女报》2017-08-23)

(8) 法院查明三方之间关系后，判决E配送公司承担赔偿责任，因D公司在选聘、管理人员方面未尽到相应义务，判决D公司承担补充责任。(《经济参考报》2018-02-14)

4. 作区别词

表事物的类别或级别，具有分类的作用。字母词中有一部分以“型、形、级、等、号”等语素为中心语表示事物形状、型号等属性方面的区别词（邹玉华，2012），如“E型”“E卷”“E级”“E等”等。在句中的主要功能是充当定语。例如：

(9) 持E型机动车驾驶证，并没有强行要求电动三轮车车主上牌照、缴纳车牌费用等情形。(人民网 2016-01-18)

(10) 据了解“深龙英才计划”“1+N”系列政策具体分为A、B、C、D、E五类。(《南方周末》2018-04-13)

5. 作动词

将“E”视为汉语拼音，通过谐音方式，代替动词“饿”，在句中主要充当谓语成分。如知名公司“饿了么”的商标就是“e”。又如：

(11) e死了，我要吃饭了，你们吃了吗？（百度贴吧 2010-04-11）

此外，作动词时还有一种用法就是作“E-mail”的缩写，表示“发邮件”义，如“E一下”“E我”等。目前，这种用法还不常见，传统媒体上尚未见到相关用例，但在一些论坛、贴吧中已经出现了向动词转化的倾向和用法。

6. 作语气词

这种用法也是通过对汉语拼音“E”的谐音，使其代替“呃”，也可以加上“m”(“m”表示拖长的尾音，可以无限添加)，聊天中表示无奈、无语，或不知如何回复而正在思考，或对于对方说的内容感到错愕、惊诧等发出的感叹。这种用法主要出现在贴吧或论坛中。例如：

（12）A：（发来一张很难看的衣服的图片）这衣服好帅！

B：（无语）emmmm……你开心就好。（知乎 2018-02-06）

（二）作前缀时的使用情况

“E”是英文单词“Electronic”的首字母，本为其中的一个音节，不单独表义，后被作为“Electronic”的缩写，以英文词首字母词身份代替该英文词使用，代表整词意义参与构词。刘涌泉（2009）认为带或不带连字符的E，已经成为“类前缀”或“准前缀”，表示与电子（electronic）有关的事物，不仅能用于拉丁字母前，而且还可用于汉字前，如“E-Mail”“E-Business”“e 时代”“e 商务”“e 广告”等。

“E”作为前缀参与构词的情况比较常见，表示“电子”义，后来又引申出“网络”“信息”以及“数字”等义项。

1. 表示“电子”义。例如：

（13）电子护照，即 E-Passport，它在普通护照中，加了一个小小的智能“芯片”。（《人民日报》2011-01-31）

（14）全球第一部名为“新华 E-BOOK”的中文电子图书今天在北京和台北同时上市，标志着中文电子阅读的开始。（《人民日报》2001-07-12）

2. 表示“网络”义。例如：

（15）5 月 13 日，居然之家携阿里巴巴拉开天猫“6 · 18”理想生活狂欢季活动的大幕，推出“超级 e 主播”“BOSS 来了”等多个直播爆款 IP。（《北京商报》2020-05-21）

（16）温州市纪委监委实施“微权力 e 监督”工程，推动纪检监察监督与职能部门监督、群众监督深度融合，运用互联网、大数据等信息化手段，强化对农村重点领域小微权力运行的全过程监督。（《中国纪检监察报》2020-04-28）

3. 表示“信息”义。例如：

（17）运用“一站式”应用和“云”的理念，建成以信息化网络空间为基础形态的镇江教育 e 城。（《江苏科技报》2016-10-11）

（18）e 交易云平台将进一步加强标准化、信息化、智能化建设，通过大数据资产创造机构核心竞争力。（天极网 2018-04-26）

4. 表示“数字”义。例如：

（19）4 月 23 日，第六届中国数字阅读大会首次在线上举行，此次大会主题是“e

阅读，让生活更美好”。(《人民日报》2020-04-24)

（20）在“E 学习”数字化教学试点基础上，利用中小学网络学习平台，推行慕课、微课、翻转课堂等新型教学模式，优化教学过程、提高教学效率。(《宜兴日报》2016-03-08)

（三）其他

“E”还有一种特殊用法，即利用其英文字母音代替汉语中音同或音近的词，如“E 路护航”“理财 e 站”“1 个 E”中的“E”分别是“一”“驿”“亿”的谐音。目前这种用法比较乱，纯属个人表达，充满了不确定性，只要语言使用者认为在当前的语境下有必要，按照谐音规则，也可以用“E”去代表其他发音为 [i:] 的词语。例如：

（21）工作站建立“E 鹿阳光”微信公众平台，根据区域党组织和党员职工实际需求，制定了涵盖党性教育场馆预约、创意党组织活动策划、法治快车等 13 个子菜单。(《人民日报》2016-04-26)

（22）珠海创新建立法院智慧送达（执行）平台，实现了“E 键送达”和执行现场远程指挥，司法质效显著提升。(人民网 2020-06-15)

三　“E”的语用效果

原新梅（2017）认为字母词简洁醒目、形象直观、轻松俏皮、含蓄幽默、时尚新潮并且国际化，这些语用效果使字母词在现代汉语系统中具有不可替代性，也是字母词大量出现的一个十分重要的原因。“E”的使用具有一定的积极效果，但同时也面临着一些问题。

（一）积极效果

1. 省时省力，简明直观

“E”独立成词或参与构词时，其形式都比对应的中文词语简洁。如，在“E”表示与电子相关事物时，对应的“电子”或“电子化”，音节相对较多，读写起来比较麻烦，直接用“E”来代替更加简洁，符合语言使用的经济性原则。用“E”来描摹事物形状，这种象形造词法，直观易懂。另外，由于文字符号系统造成的背景差异，使字母词在阅读过程中，尤其是在速视扫描中，极易成为视觉焦点，显得十分醒目（原新梅，2017）。这也有利于我们在信息爆炸的时代，调整阅读节奏，快速抓到有效信息。

2. 巧用修辞，生动风趣

陈光磊（2012）认为，在本民族的语言文字中夹用其他民族语言文字，以造成表达上的新奇感或显示某种意趣格调，在修辞学上通常称为“异语”辞格。字母词的产生和使用就是对异语这种修辞方式的运用。如在网络聊天中，突然遇到尴尬的事情不知如何回答时，用“e（mmm）”就可以生动表达出无法回答或者不知如何回答的情形，委婉地化解尴尬。此外，媒体中，“E”还有一种特殊用法，即谐音双关，通过谐音，使表达别具意趣，读起来朗朗上口，也便于宣传和记忆。如“合肥第e时间”“纷呈e购”“E政”等用法，新鲜又别致。

（二）消极效果

1. 语义泛化，概念模糊

从以上用例分析可以看出“E”有时按英文字母的读音，有时是按汉语拼音的读音，读音不同，所表达的意义也不同，但何时使用何种读音，并没有规律可循。“E”按英文拼读时，有独立成词、作前缀以及谐音三种用法，每种用法下又包含几种不同的义项，词义众多，反而增加了其意义的不确定性，需要上下文提供更多的语境信息，以帮助读者辨别该词所表达的具体含义，这无疑增加了阅读和理解的难度，影响了交际效果。

2. 滥用乱用，词不达意

目前字母词存在滥用乱用的问题，主要有以下几种：（1）乱改成语，如“E知半解”“E言难尽”“E问一答”“E如既往”“E网情深”“E览无余”等，这些词在媒体上大量使用，不仅改变了成语的书写形式，还改变了成语的内涵，这不利于语言的健康发展，尤其会让处于学习阶段的青少年产生误解，对正确学习和使用这些词形成一定干扰，一旦形成习惯后较难改正。（2）使用冗余，如“数码E城”“E网络经济”中“E”完全是多余的，从中可以看出创作者并不清楚“E”的具体含义，只是为了凑足音节或为追求时尚而故意添加的。（3）随意缩减，如“电子娱乐展览会”（The Electronic Entertainment Expo），媒体在报道时经常直接缩写为“E3”，如《人民日报》2018年1月3日名为《中国网络文化在海外“圈粉”》的文章中“由网易打造的游戏《战意》登陆2017北美E3大展，其中的中式元素获得了大量北美玩家和媒体的关注”就直接使用“E3”，但“E3”还可以指“E3车型”“E3场馆”“E3展位”等，区别性和特指性不强，直接缩减不仅没有增加可读性，反而让不了解电子娱乐展览会的读者不知所云。

四　"E"的流行动因

"E"的流行，既有其自身的特殊性，同时，也受社会文化、语言使用心理、语言习惯等因素的影响。具体如下：

（一）"E"独特的构词价值

"E"的流行，与其意义的不断扩张有很大关系。"E"是"Electronic"的缩写，最初是物理领域的专业术语，表示"电子电路；电子器件"；后来数字电子技术的设备——电子计算机产生，"E"开始进入信息领域，表示"电子的"或与"电子相关的"义；近年来，随着由计算机组成的互联网的普及，信息化、数字化建设的推进，"E"逐渐衍生出"信息"义和"数字"义，意义范围越来越广，相应地，出现频次也越来越高。刘晓梅（2003）认为"E"在形式上是简洁的，有独特的构词价值；在语义上又与固有成分有着交叉和空缺，因而也是不可替换的。这也是"E"能够流行的根本原因。

（二）语言接触的必然产物

字母词是主要是汉语和英语互相接触的产物。语言之间的接触必然会引起双方语言的变化，通常来说，强势语言的影响会更大一些。当今世界，英语无疑是最强势的语言，在汉语和英语的多次接触中，汉语的词汇和语法系统都受到了一定影响。尤其是改革开放以来，受全球化、信息化等时代背景的影响，英语在我国的地位不断提升，在升学、就业以及职称评审等环节都有重要影响，在学英语、用英语这一社会趋势的引导下，大众的英语水平普遍提高。媒体、街道、商场、景区也随处可见英文字母，汉英接触的深度和广度都达到空前水平，这为"E"等字母词的流行营造了语言氛围。

（三）语言使用的效率诉求

"效率诉求"是指运用尽可能经济的形式，表达尽可能丰富的内容和多样的色彩，从而达到语言功能和效用的最大化（刁晏斌，2008）。语言的使用追求效率和经济，词语的长度往往与它的出现频率成反比，相比于汉字词，字母词有四大优点，分别是：快、简、明、广。"快"即可以直接拿来用；"简"即简洁，字母词大多是原形词的缩略形式，比对应的汉字词更为简洁，如"VCD"仅三四画，但如果用汉字书写"激光视盘"，就需要写41画；"明"即十分醒目，因书写方式的不同，字母词极易在一堆汉字中突显出来，成为焦点；"广"即用处广，一些词国内国外都适用（刘涌泉，2001）。字母词的这些特点，极大满足了当下社会大众对快节奏、高效率的诉求，是“E”等字母词流行的主要原因。

（四）追求符号的象征价值

语言不仅是交际工具，还具有一定的象征意义。近代以来，西方经济社会发展水平较高，是思想、文化、科技的主要输出地，字母词来自西方的书写符号系统，因此，部分人将字母词视为一种能力、知识和水平的象征，交际中使用字母词也更容易获得他人的尊重和认可。正如布尔迪厄（2005）所指出的：“言说并不仅仅是需要被理解和破译的符号（除了在特别的情形中）；他们还是财富的符号，意欲被评价和赞美；也是权威的符号，意欲被相信和遵从。”使用者在交际过程中时不时使用一些字母词，意在显示其比使用纯中文交际的人拥有更多的语言资本，以获得语言资本所带来的附加利益，增强自身的影响力和说服力，这为“E”等字母词的流行提供了心理动因。

（五）汉语表达的多元化需求

随着中外接触的增多，国内不断从国外引进新概念、新术语，而辞书的编辑出版需要一定的过程，这就导致一些外来词语尚未翻译成中文形式便在社会上流通起来，进而凭借先入为主的优势影响了大众的语言习惯。而随着大众受教育水平的提高，对英语的接受能力也不断增强，这些词就这样以零翻译的形式在大众中传播开来，逐渐成为汉语词汇系统的一部分。还有一部分词语，汉语中本有相应词语，但描述不够准确，随着人们对词汇表达精准化的需求，外来的字母词顺势而入，成为汉语词汇意义缺位的一种有力补充，是“E”等字母词流行的现实需求。

（六）自由氛围下的求新求变

改革开放以来，社会氛围愈加宽松自由，人们对各种创新用法展现了前所未有的包容，在这种情况下，人类求新求异的天性逐渐展现。语言使用者，尤其是年轻人，为了凸显自己的与众不同，不断打破常规，不断追求和创造新的表达方式。字母词具有新颖性和异质性，使用中通过陌生化、异常化的方式给人“耳目一新”的感觉，一定程度上满足了年轻人追求时尚、标新立异的表达需求，受到年轻人的青睐，这为“E”等字母词的流行提供了社会条件。

（七）特定场域的使用惯习

Bourdieu（1993）认为“场域”是具有自己独特运作法则的社会空间，社会空间由一个个场域构成。场域塑造个人的惯习，场域中的成员根据相应的场域法则进行社会实践活动，同时，场域也有可能被改造或重构。每一个专业领域都相当于一个场域，场域内有属于自己的专业术语，字母词以其简明性、通用性、国际性和统一性成为专业人士表达概念的主要指称方式，成为场域内的使用惯习。场域内的其他成员要想实现平等的交流，就需要遵从这一惯习，基于这种法则，场域内的人在使用字母词时，已经预设对方能够理解，如此以往，某些字母词便在该领域通行起来，这为"E"等字母词的流行创设了使用空间。

五　思考与建议

字母词"E"的流行既有其自身的特性，也与整个社会都使用字母词密切相关。字母词进入汉语系统，展示了汉语的开放性和创造性，有助于丰富现有语言表达，推动语言创新。但过量使用，也会造成沟通障碍，影响大众信息知情权，甚至可能造成语言乱象，有碍语言的健康发展。语言文字是文化的基础要素和鲜明标志，是文化传承、发展、繁荣的重要载体（姚喜双，2016），规范使用国家通用语言文字不仅事关文化自觉和文化自信，也是文化自强和文化安全的客观要求。因此，需要对字母词使用进行规范。

字母词的规范需要学界和业界通力合作，共同努力。目前，学界也多认识到"堵"不如"疏"，当下应做好规范和引导字母词使用的工作（周洪波，2002；李宇明，2013）。业界的媒体作为信息传播的重要平台、语言文字应用的重要领域，对大众语言使用具有较强的示范作用，也应自觉加强自身的规范意识。具体可从以下方面入手。

（一）研究层面

1. 着重关注具有构词能力的字母，保证汉语发展的主动性。"E"独立成词时使用范围有限，但参与构词时，因其具有独立的音和义，符合语言使用的经济性原则。因此，在使用中，语素身份逐渐强化，构词能力越来越强，能产性越来越高，不断与其他语素组合产生新的词语，对汉语系统的影响较大。李敏（2006）认为这类字母词已经深深地打上了汉语的烙印，无论在意义和用法上，都有强烈的汉语色彩。最重要的是，它的意义包含着汉语的创造，没有汉语拼音的理据，在外文的日常语言中也没有直接来源"C"（C 位）、"N"（N 个）、"S"（S 形）、"V"（V 字领）"T"（T 台）等，均属于这类字母词。语言使用遵从约定俗成、从俗从众的规则，这类词一旦大规模用起来将很难逆转，因此，应加强对这类字母词的本土化、标准化研究，科学吸收，及时汉化。

2. 加强术语缩略规律的研究，压缩字母词的扩张空间。大众使用字母词的一个重要原因就是简洁，当一个新词出现时，如能够较好较快地给出准确、简明、便用和可接受的中文译名，便可有效减少大众对字母词的依赖。如2020年初新型冠状病毒肺炎爆发后，因术语名太长，媒体报道中多选择使用简称，但如何简称，用法不一，有“新冠肺炎”“新型肺炎”“新型冠状病毒”“病毒性肺炎”“COVID-19”等多种用法，还有人建议用英文大写字母缩写“NCP”。刘丹青（2020）根据语言学和信息论原理建议使用“新冠肺炎”，得到官方和大众的认可、接受。又如“国际足联世界杯”（FIFA World Cup），因及时赋予其汉语简称“世界杯”，极大减少了“FIFA”的使用频次。而“NBA”的流行则是因为其中文译名“美国职业篮球赛”较长“美职篮”这一简称出现较晚，用“NBA”来代替“美国职业篮球赛”已经成为大众使用习惯。因此，无论是外来术语，还是本土术语，都需要及时给予合适的简称，及时占位，以减少字母词的使用。

（二）使用层面

1. 做好特殊领域字母词的规范工作，保持汉语健康发展。字母词在汉语中已存在百年之久，有一定的群众基础，因此，字母词的规范工作需要逐渐推进。2010年国务院办公厅秘书局印发《关于加强对行政机关公文中涉及字母词审核把关的通知》，要求“各级行政机关要严格执行有关规定，制发公文时一般不得使用字母词，确需使用字母词的，应在文中首次出现时以括注方式注明已经国务院语言文字工作部门或者其他有关部门审定的汉语译名”。2014年原国家新闻出版广电总局《关于广播电视节目和广告中规范使用国家通用语言文字的通知》规定“各类广播电视节目和广告应严格按照规范写法和标准含义使用国家通用语言文字的字、词、短语、成语等，不得随意更换文字、变动结构或曲解内涵，不得在成语中随意插入网络语言或外国语言文字”。党政机关、学校、媒体以及公共服务行业是语言文字工作的重点领域，做好字母词的规范使用工作可先从这四大领域入手，尤其应抓紧抓好媒体。媒体作为语言文字使用的榜样，担负着引领和示范的职责，应带头规范使用国家通用语言文字，自觉避免乱用、滥用字母词等情况，做好社会的表率。

2. 加强已有中文译名的宣传和推广应用，保障大众信息知情权。新华社、外交部、民政部、全国科学技术名词审定委员会等部门（单位）都有外语词中文翻译的内设机构，但主要负责专业领域的译写工作。为了解决大量出现在通用领域中的字母词问题，2012年国务院批准建立外语中文译写规范部际联席会议制度，由其“统筹协调外国人名、地名和事物名称等专有名词的翻译工作。组织制定译写规则，规范已有外语词中文译名及其简称，审定新出现的外语词中文译写及其简称"[①]。该联席会议制度建立以来，已经发布9批155组向社会推荐使用的外语词中文译名，涉及科技、经济、国际组织等多个领域。根据该联席会议制度的工作方式（王敏、刘朋建，2014），推荐的中文译名由联席会议成员单位负责在各自领域推广应用，这些成员单位应承担起主体责任，加强对已有中文译名的宣传推广，让更多人知晓这项工作及其成果。同时，媒体也应及时关注外语中文译写规范工作的相关成果，使用中有意识地避免使用已有统一规范中文译名的字母词。

字母词的规范离不开政府部门的参与，政府部门需要充当学界和业界的旋转门，及时将研究成果转化为可供操作的规范性文件，并通过政策宣传、组织培训等方式传递给使用者。同时，还可通过抽查、审查等方式加强对规范效果的评估，从而达到规范字母词使用的目的。

参考文献

[1] 陈光磊. 字母词的修辞观 . 当代修辞学，2012（5）.

[2] 陈佳璇，胡范铸. 我国大众传媒中字母词使用状况的调查与分析. 修辞学习，2003（4）.

[3] 段业辉、刘树晟. 权威媒体字母词使用状况的调查与分析. 语言文字应用，2014（1）.

[4] 侯敏、滕永林、刘俊、刘欣斐. 广播电视语言外文缩略词使用状况调查 . 北华大学学报（社会科学版），2011（4）.

[5] 皇甫素飞. 从《文汇报》看汉语字母词的历史演变 . 修辞学习，2004（5）.

[6] 李敏. 从"N"看汉语里的另一种字母词 . 修辞学习，2006（2）.

[7] 李宇明. 大众媒体与语言 . 媒体与语言 . 北京：经济科学出版社，2002.

[8] 李宇明. 形译与字母词 . 中国语文，2013（1）.

[9] 廖礼平. 谈当代我国新闻传媒中"E"字母词的使用 . 徐州师范大学学报（哲学社会科学版），2005（6）.

[10] 刘丹青. "新冠肺炎"——一个呼之欲出的简称. 今日语言学公众号，2020-02-04.

[11] 刘晓梅. 当代汉语新词语研究 . 厦门大学博士学位论文，2003.

[12] 刘涌泉. 关于汉语字母词的问题 . 语言文字应用，2002（1）.

[13] 刘涌泉. 汉语字母词词典 . 北京：外语教学与研究出版社，2009.

[14] 皮埃尔・布尔迪厄. 言语意味着什么 . 褚思真，刘晖译. 北京：商务印书馆，2005.

① 参见外语中文译写规范网，部际联席会议制度简介，http://zwyxgf.cn/index.php/13。

[15] 舒笑梅、张彤. 语言规范下的媒体口语生态：电视新闻节目字母词使用状况调查. 现代传播，2018（7）.
[16] 许嘉璐. 媒体与语言——来自专家与明星的声音序 . 媒体与语言. 北京：经济科学出版社，2002.
[17] 王敏、刘朋建. 外语中文译写规范工作的原则与方法 . 语言文字应用，2014（3）.
[18] 王秋萍. 汉语书面语中字母词使用稳态与动态跟踪研究. 沈阳大学学报（社会科学版），2016，（2）.
[19] 杨建国、郑泽芝. 汉语文本中字母词语的使用与规范探讨. 语言文字应用，2005（1）.
[20] 姚喜双. 增强更基础更广泛更深厚的文化自信. 中国教育报，2016-07-20.
[21] 原新梅. 汉语字母词语研究. 北京：中国社会科学出版社，2017.
[22] 张译方. 字母词 N 的认知语义分析. 中北大学学报（社会科学版），2007（2）.
[23] 张超、王娆、杨文全. 英文字母“S”在汉语中的两种用法及其成为汉语词的理据探析 . 乐山师范学院学报，2009（1）.
[24] 张荻. 媒体使用外文缩略语规范状况研究 . 中国社会科学院研究生院博士学位论文，2015.
[25] 郑泽芝. 字母词语跟踪研究 . 语言文字应用，2009（1）.
[26] 周洪波. 字母词的使用要区别对待，“疏”而不“堵”. 科技术语研究，2004（3）.
[27] 邹玉华. 现代汉语字母词研究. 北京：语文出版社，2012.
[28] Bourdieu, P. *The Field of Cultural Production: Essays on Art and Literature*.Cambridge: Polity Press, 1993.

（原载《语言文字应用》2020 年第 3 期）

融媒体语境中的汉译传播
——以外来词为例

赵丽萍
（平顶山学院文学院）

融媒体运作模式将广播、互联网、电视等媒体优势相互整合，其在传播对外文化方面发挥了显著作用，也使外来词得到广泛传播。外来词作为我国语言生活景观的一面镜子，涵盖经济、文化、科技和社会生活等领域，如“物联网”“AI”“托福”“南无”等。同时，新闻媒体语言在大众语言生活景观中起着引领和示范作用。因此，融媒体语境中外来词的汉译形式使用和传播引起了学界和业界的广泛关注。

一 外来词的范畴界定

跨入21世纪，我国与国际社会接触与交流进入全新阶段。广泛的社会接触会带来语言方面的接触，主要表现为外来词的使用。目前，学界对于外来词的范畴界定有不同观点，主要分为两大类。

一类观点认为“外来词也叫借词，指的是从外族语言里借来的词”（黄伯荣、廖序东，2017）。此种概念的外来词不仅包括借自英语、日语、韩语等其他国家语言的词，也包括借自国内维吾尔语、蒙古语等少数民族语言的词。例如，借自英语的“咖啡、沙发”是外来词，借自维吾尔语的“葡萄、哈密”也是外来词。另外，该观点并不认为意译词是外来词。如“黑板”是“blackboard”的翻译，但它不是外来词，因为“黑板”使用了汉语语素“黑”和“板”以及汉语语音的形式，并且利用了汉语的偏正型构词规则。所以，“黑板”的音和义均为汉语材料，不是外来词。

另一类观点主张将意译词纳入外来词的界定范围。“由音译产生的与外语词在语音形式上相似的词语以及译音成分与汉语成分结合而成的词语是狭义的外来词，通过意译或形译的方式产生的词语是广义的外来词。”（杨锡彭，2007）此类观点主要以外来词的来源为标准，即凡是借自外语的概念或事物皆为外来词。例如，“电话”虽然使用了汉语的构词材料和构词规则，但其借自英语事物“telephone”，因而应为外来词。

上述两类观点对外来词的范畴界定的核心范围是相同的，分歧之处在于意译词的归属情况。根据认知语言学中的原型范畴理论，笔者认为外来词的范畴界定本质上是一个连续统。原型范畴理论认为，“范畴的划分具有一定的模糊性和开放性，范畴成员之间的地位并不平等，典型性也不同”，“原型是范畴中的典型成员，具有最大的家族相似性”（李连伟、亢世勇，2020）。就外来词的范畴界定而言，音译词和字母词是外来词这一范畴中的典型成员，与音意兼译、意译词等成员之间具有最大的家族相似性；音意兼译词和日源借形词是处于中间地位的、具有次典型性的家族成员；离外来词核心范围最远的意译词是非典型成员，但跟音译词和字母词等典型成员在引入外来概念这一方面具有家族相似性。因此，外来词是一个连续统，可以解决意译词的归属问题。

二 融媒体语境下外来词的汉译传播特点

通过浏览报刊、互联网等媒体及查阅《近现代汉语新词词源词典》（2001）和《汉语外来词》（2016）的相关文献，笔者发现，在融媒体语境下，外来词的汉译传播有三个特点：音节结构双音化、外来成分语素化和汉译形式单一化。

1.音节结构双音化

双音化不仅是古代汉语发展到现代汉语的重要语音特点，也是外来词汉译规范化的重要特点。外来词根据音节结构可分为单音节词、双音节词和多音节词三类，其在发展的过程中为适应汉语表意和音节结构的特点，单音节词和多音节词多呈现双音化趋势。

从外来词的共时汉译现状看，双音节外来词数量最多，多音节外来词次之，单音节外来词最少。根据笔者所收集到的外来词数据，单音节外来词有23个，主要以化学元素和计量单位为主，如“磅（计量单位）、股、打（量词）、吧（词缀）、氮、令（计量单位）、码（长度单位）、迈、秒（计时单位）、帕、氢、镉、氧、世、属（种属）、塔、醇、铱、元（化学元素）、圆（货币单位）、角（直角）、卡、秀”。多音节外来词主要以地名、商标名称等专有名词为主，如“加利福尼亚、可口可乐”等。双音节外来词多以意译或仿译形式为主，涉及语义类别较广，如“软件 software、银行 bank、汽车 car、经济 economy”等。

从外来词的历时汉译现状看，外来词在引进后遵循汉语表意和音节结构的特点，将部分单音节词和多音节词双音化。如“迈 mile、帕 park”舍弃单音节形式，转用意译规则分别变为“英里、公园”；“比尔酒 beer、衮俄里士 congress、赛门德 cement、生米脱 centimeter”均淘汰多音节形式，分别双音化为“啤酒、国会、水泥、厘米”。

2. 外来成分语素化

汉语语素化依据语言三要素可分为词的语素化和音节语素化两种类型（孙道功，2018）。外来词作为汉语异质系统的特殊组成部分，经过人们的认知加工和汉语内部要素改造，其有可能具有构词能力而被语素化，从而进入汉语的构词系统。根据语素所承载的意义和位置，可将外来成分语素划分为词根语素化和词缀语素化。

词根语素化指外来成分经过改造和加工后能承载特定的基本意义，具有一定的构词能力，且位置不固定。如“秀”最初是“show”的音译词，在融媒体语境和人们日常生活中的使用频率较高，其词义活跃度较高，在广大受众的认知心理上形成一个最小的音义完形，进而具有了构词能力。一般具有“展示、炫耀”意义的词都可以用“秀”构词，且位置自由，如“作秀、秀文化、时装秀、才艺秀、科技秀、反串秀、秀电影、秀颜值”等。

词缀语素化指外来成分经过认知和加工后具有附加意义和构词能力，且位置固定。如“吧”最初是“bar”的音译词，指“酒吧”。因其具有较高的使用频率和义项活跃度，且具有一定的完形意义，“吧”被词缀化，仅位于词尾。其现指提供一定活动的虚拟或现实的场所，如“贴吧、考试吧、直播吧、唱吧、网吧”等。

外来成分语素化还存在一种特殊的情况，即类词缀语素化。类词缀语素化是词缀语素化的一种非典型现象。词缀语素化和类词缀语素化之间有异有同：不同之处在于外来成分语素化后所承载的意义虚实不同，前者意义较虚，后者意义稍实；相同之处在于二者被语素化后构词的位置均固定。如“粉丝”来源于“fans”，其中的“粉”是类词缀语素化的典型代表，可指崇拜和喜欢某类人或群体，语素化后增加了表示程度的语素义，如“钢丝粉、铁粉、黑粉”等。

3. 汉译形式单一化

外来词常因不同的汉译方式或认知方式形成多个汉译指称形式，但受使用频率、受众接受度和认可度等因素的影响，其最终会保留一个具有普适性的汉译形式。这种情况被称为汉译形式的单一化，主要分为两类。

一类单一化涉及同一种事物或现象的不同汉译称呼，多以意译称呼为标准形式。汉译称呼的不同与音译和意译这两种方式有关。音译产生的名称一般用于外来词引进之初，而意译形式的接受度一般较高，其是汉化和汉译规范化的结果。如医学术语“penicillin”既可音译为“盘尼西林”，也可意译为“青霉素”，最终采用接受度较高的意译形式“青霉素”。其他如“formalin 福尔马林 / 甲醛水”“hormone 荷尔蒙 / 激素”“laser 莱塞 / 镭射 / 激光”“microphone 麦克风 / 扩音器 / 话筒”等外来词均采用了接受度较高的意译称呼。

另一类单一化涉及同一种事物或现象的汉译用字，多以接受度较高的汉译用字为标准形式。汉译用字的不同主要体现在音译词上。因为追求目标语与输入语的语音相近或相同，所以音译外来词容易形成音近词或音同词，即异形词。例如，“guitar”指一种乐器，音译名称有“吉他、吉它、吉泰”多种形式，因为大众对“吉他”的接受度较高，所以“吉他”成为“guitar”的标准形式；“aspirin”指一种消炎药，音译名称有“阿司匹林、阿斯匹林、阿司匹灵、阿司必灵”等，受接受度影响，“阿司匹林”成为“aspirin”的标准形式。

上述分析表明，因认知的发展和汉语的表意要求，这两类外来词多淘汰接受度较低的汉译形式，转用接受度较高的汉译形式。因此，外来词一般会经历由音译词再到意译词的发展过程。

三　融媒体语境下外来词的汉译传播策略

外来词因时尚、简洁等特点受到广大语言文字工作者和青年群体的关注，其满足了使用者求新立异的心理诉求。然而，在外来词的使用场景中，不同文化水平、不同年龄、不同职业群体的受众对外来词的认知度和接受度具有异质性。因此，针对外来词的不同类型、受众对象和媒体语境，应用不同的方式来使用和传播外来词的汉译形式。

1. 传播外来词的标准汉译形式

音译外来词因追求汉译和源词在语音上的相似性，常常存在多个汉译形式。如计算机术语“internet”最初有“英特耐特、因特尔、因特网”等名称，后又出现“国际互联网、网际网路、互联网、网络、网”等名称。从这些汉译名称中可看出，“internet”的多个汉译形式与汉译规则关系密切。“英特耐特、因特尔”采用音译方式；“因特网”采用音译加意译方式；“互联网、网络、网”等采用意译方式。在众多汉译形式中，新闻媒体起着引领大众的作用，其要多注意汉译用字的传播，避免使用异形词、生造词、繁体字和方言字，可结合广大受众的接受度和认知度，选择合适的汉译形式使用。

2. 地名通名采取意译，地名专名采取音译规则

国家新闻出版署等相关部门明确提出了公开出版物中的语言文字使用标准。2019年9月，国家新闻出版署编著的《作者编辑常用标准及规范》（第四版）明确规定了英国、法国、德国、西班牙等国家外来地名的汉译规则，即地名通名采取意译，地名专名采取音译规则。融媒体语境中的地名“洛杉矶、亚利桑那州”分别采用了音译专名和意译通名的规则。

3. 专有名词可采取音意兼译或字母词规则

专有名词多指社会组织机构或企事业单位的名称，也包括会议、电影、电视、报刊

等名称。例如，MIT 采用字母词规则一般指“麻省理工学院”，“加州大学伯克利分校”采用了音意兼译规则。

4. 用汉文对外文进行注释

当外来词首次出现或外来词在受众中的接受度和认知度较低时，可采取注释的方式进行汉译。《中华人民共和国国家通用语言文字法》明确规定，“汉语文出版物中需要使用外国语言文字的，应用国家通用语言文字对外文做必要的注释”。例如，不同类型的受众对某事物的接受度存在异质性，某网科技板块刊登与此有关的新闻时采用汉文注释的方法，如“金属有机框架（metal-organic frameworks）”。

5. 遵循汉语特点汉译外来词

汉语属于汉藏语系，具有印欧语系语言所没有的特点。外来词尤其是印欧语系语言的外来词的汉译出版需要参考汉语的特点。在语音方面，汉语是声调语言，其音节界限明显，乐音占优势，无复辅音，具有音乐性强的特点。外来词的汉译出版应遵循汉语的语音特点。音译外来词时，应以汉译词和源词的音节之间的互相对应为主要准则，使汉译词与源词之间保持语音的相似或相同，在二者之间建立起自然的语音对应关系，方便交际双方理解。这类音译词主要以人名、地名等专有名词的汉译出版为主。例如，美国著名大学“Harvard University”中的“Harvard”包含 3 个音节，且第 3 个音节是塞音，因汉语无塞音韵尾，故将其音译出版为 2 个音节“哈佛”。同样，美国地名“Chicago”包含 3 个音节，可音译出版为“芝加哥”。

在词汇语法方面，汉语有三个主要特点。一是汉语主要采用语序和虚词来表达语法意义。这主要是由目标语和源语之间语法结构的异同决定的。当源词为定中结构时，汉译通常采用语序手段进行翻译，如互联网领域“internet of things”将 things 的语序提前，意译为“物联网”。二是汉语缺乏形态变化，故词类可充当多种句法成分，如名词可充当主语、宾语、定语甚至状语。如化学材料领域的“metal-organic frameworks”可直译为“金属有机框架”。三是汉语双音节词较多，在语素对应方面容易使汉译词和源词之间形成一对多的关系。如源词“coronavirus”对应汉译词有 6 个语素，为“新型冠状病毒”，对应简缩词有 4 个语素。

四　结语

语言与社会发展息息相关，外来词作为汉语异质系统中的特殊成员，其发展具有社会性。外来词是一个原型范畴的连续统，内部成员之间具有家族相似性，其认知度、受众度、使用频率和义项接受度都具有异质性，可结合外来词特点和汉语自身特点来多角度传播外来词的汉译标准形式。

如今，在融媒体的推动作用下，外来词频繁亮相于新闻媒体。报纸、电视等媒体在外来词的传播和语素化方面引领先机，出版业可综合考虑不同文化水平、不同年龄、不同职业群体的受众来使用和传播外来词，这不仅有助于提升我国的文化传播效力和影响力，而且可为“一带一路”建设提供语言服务体系。

参考文献

[1] 黄伯荣、廖序东. 现代汉语（增订六版）. 北京：高等教育出版社，2017.

[2] 杨锡彭. 汉语外来词研究. 上海：上海人民出版社，2007.

[3] 李连伟、亢世勇. 原型范畴理论视角下的赞同言语行为分析. 汉语学习，2020（5）：31—40.

[4] 孙道功. 音译外来词语素化的制约参数考察. 语言文字应用，2018（2）：44—51.

（原载《出版广角》2021 年第 2 期）

广电媒体使用外文缩略语的规范状况研究

张　荻
（安徽师范大学新闻与传播学院）

《中华人民共和国国家通用语言文字法》第十一条规定："汉语文出版物中需要使用外国语言文字的，应当用国家通用语言文字做必要的注释。"[①]相关管理部门也多次号召媒体避免使用外语词或外文缩略语，应尽量将其汉化。但是，在实际使用中仍可以看到大量外语词，而且汉语中的外语词有相当数量属于外文缩略语。

统计热点外文缩略语的出现情况发现：2014年，APEC在333个广播电视节目中出现了1455次，App在258个节目中出现了635次，PM2.5在344个节目中出现了674次，iPhone在57个节目中出现了111次，这反映出了媒体外文缩略语规范的复杂性。

不少学者（如李小华、段业辉等）通过词频统计和词频分布对外文缩略语和字母词的使用进行了研究，他们为研究外语词的规范提供了崭新的视角，但大多注重外语词的词类和分布情况，对中外形式的共生情况关注不足，难以全面反映语言使用的规范状况。本研究将同时监测外文缩略语的中外形式，考察二者之间的关系，同时还将语言监测与语用者访谈相结合，系统观照广播电视媒体使用外文缩略语的规范问题，以更好地把握媒体语言规范工作。

一　广播电视使用外文缩略语规范状况的语言监测

我们以语言影响力较大的广播电视媒体为范围，以国务院审议通过的《第一批推荐使用外语词中文译名表》（以下简称《第一批译名表》）[②]为调查词表。媒体外语词监测使用了国家语言资源监测与研究有声媒体中心"传媒文本语料库"。监测时间跨度为2006

---

① 《中华人民共和国主席令（第三十七号）》，http://www.gov.cn/gongbao/content/2001/content_61066.htm.

② 词表包含十个外文缩略语：AIDS（艾滋病）、E-mail（电子邮件或电邮）、GDP（国内生产总值）、IQ（智商）、IT（信息技术）、OECD（经济合作与发展组织或经合组织）、OPEC（石油输出国组织或欧佩克）、PM2.5（细颗粒物）、WHO（世界卫生组织或世卫组织）、WTO（世界贸易组织或世贸组织）。

年到2014年，共涵盖34 039个广播、电视节目的转写文本，总计9.25亿字次、167 629个文本，对《第一批译名表》中所有词汇的中英文形式分别加以监测。

(一) 年度使用情况的历时监测

1. 2006年至2014年主要词汇使用形式

通过监测，将广播电视媒体使用外文缩略语的中英文形式的情况进行统计，结果见表1。

表1 各词汇的主要使用形式

词语①	主要使用形式
AIDS（艾滋病）	艾滋病
E-mail（电子邮箱/电邮）	电子邮件
GDP（国内生产总值）	GDP
IQ（智商）	智商
IT（信息技术）	IT
OECD（经济合作与发展组织/经合组织）	经合组织
OPEC（石油输出国组织/欧佩克）	欧佩克
PM2.5（细颗粒物）	PM2.5
WHO（世界卫生组织/世卫组织）	世界卫生组织
WTO（世界贸易组织/世贸组织）	世贸组织/WTO②

从表1可见，主要使用形式为汉译形式的词有六个，主要使用形式为字母原型的词有三个，英汉并用的有一个。汉译形式中使用了汉译缩略语的有三个。也就是说，监测词表中60%的词汇多以规范的形式出现在广播电视媒体中，30%的词汇以不规范的形式出现，在不规范的词汇中，有出现不久的PM2.5，也有使用历史较长的GDP，10%的词语两种形式并用。

2. 知晓度视角下的使用情况

考察词语的主要使用形式和词语知晓度是否存在关系。将词语的知晓度分为高、中、低三个类别，知晓率在40%以下的为低，知晓率在40%—70%的为中，知晓率在70%以上的为高。具体情况见表2。

① 括号内为规范中文译名，有两个译名的以“/”隔开。

② 两种形式在不同年份中都曾位居首位，并且频次差距较小，属并行使用。

表 2　知晓度视角下的规范情况

词语	知晓度[①]	主要使用形式
AIDS（艾滋病）	中（56%）	汉语
E-mail（电子邮箱 / 电邮）	高（79.1%）	汉语
GDP（国内生产总值）	高（71.7%）	英语
IQ（智商）	高（73.6%）	汉语
IT（信息技术）	高（70.2%）	英语
OECD（经济合作与发展组织 / 经合组织）	低（18%）	汉语
OPEC（石油输出国组织 / 欧佩克）	低（34.5%）	汉语
PM2.5（细颗粒物）	中（65.8%）	英语
WHO（世界卫生组织 / 世卫组织）	中（47.2%）	汉语
WTO（世界贸易组织 / 世贸组织）	高（71.4%）	英语 / 汉语

从表 2 来看，高知晓度的词语有五个，中知晓度的词语有三个，低知晓度的词语有两个。《第一批译名表》整体知晓度偏高，属于公众较熟悉的词。

按照相关管理部门的要求，使用英语形式属于不规范用法。那么在高知晓度中，60% 的词语用法不规范；在中知晓度中，50% 的词语用法不规范；在低知晓度中，没有不规范形式。从这十个词语的统计结果来看，随着知晓度的降低，词语使用的规范度逐渐提升。这是由于知晓度越高，公众和媒体对词语各种形式越熟悉，不同使用形式带来的传播阻碍越小；反之，知晓度越低，公众和媒体对词语越陌生，使用字母原型越容易影响传播的效果，使用规范的汉译形式，则便于理解词语，实现沟通。

（二）月度分布监测

按月统计 2006 年至 2014 年词语使用的频次，发现频次焦点分布具有一定的规律性，仔细观察发现了以下规律：

词语使用的高频分布可分为散点分布和焦点分布。焦点分布的词语，词频变化有明显的分布规律，形成若干焦点时间段。其中，领域性和专业性的词语居多，其高频时段具有可预见的特点。根据焦点分布的不同特点又可分为常规型焦点分布和伴随型焦点分布。常规型焦点分布的词语，每年的高频焦点位置相对固定，周期性重复，如 AIDS（艾滋病）、GDP（国内生产总值）、PM2.5（细颗粒物）；伴随型焦点分布的词语，高频焦点伴随相关事件出现，焦点位置不固定，但也可预见，如 WHO（世界卫生组织 / 世卫组织）。

① 此为采用问卷调查的方法对词表中外文缩略语的知晓度进行调查的结果。有效问卷 924 份。

根据焦点数量的不同，常规型焦点分布又可分为常规型多焦点分布和常规型单焦点分布。

散点分布的词语，词频变化没有明显规律，日常化的词语居多，其高频时段随机发生，不可预见，如 IQ（智商）、E-mail（电子邮箱 / 电邮）、IT（信息技术）、OECD（经济合作与发展组织 / 经合组织）、OPEC（石油输出国组织 / 欧佩克）、WTO（世界贸易组织 / 世贸组织）。其结构如下图所示。

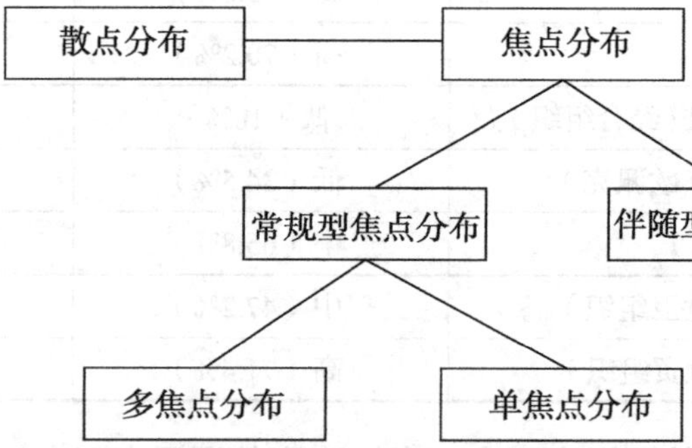

图 1　词汇高频位置分布特点

由于高频期在语言规范管理上的意义更加突出，通过科学的监测，准确把握词汇的高频分布时间点（段），有助于更加有针对性地进行语言规范的推广工作。比如，针对焦点分布的词汇，在掌握其分布时段后，可做到有效预知词汇的使用高峰，以便在高峰出现前有针对性地向广播电视媒体强化相关词汇的规范用法。从使用后规范提前到使用前规范，即实时观察、有效掌握、动态规范。

（三）词语使用特点监测

1. 在外文缩略语中存在“模糊知晓度”

在对 GDP 的使用监测中，发现大量汉译词的混用与错用，如将国内生产总值（GDP）和国民生产总值（GNP）的中英文形式相混淆。这种错误不少，其中不乏中央级媒体。

例 1 作为欧元区最大的经济体，德国也宣布了第二季度国民生产总值（GDP）比第一季度下降。（中央电视台《第一时间》2008 年 8 月）

例 2《政府工作报告》中将今年国民生产总值（GDP）目标定为……。（中央人民广播电台《央广新闻》2012 年 4 月）

应考虑一个新的概念——“模糊知晓度”。对于类似 GDP 和 GNP 这样的易混淆的外文缩略语，较高的知晓度并不等同于可以准确把握词义和准确使用词汇。其展现的较高的知晓度其实是“模糊知晓度”，即对其“概念范畴”的知晓，并非概念的知晓。“模糊知晓度”对语言解码的影响较小，可借助于语境准确理解，而对语言编码的影响较大，易因混用而产生歧义。由于字母不能表义，词形近似时极易混淆。26个有限的字母构成、字母词长度的限制使形态近似较容易发生，又如OPEC和APEC。“模糊知晓度”概念的提出对认识外来词汇问题和语言规范工作具有一定的意义。

2. 外文缩略语和汉译词存在词义内涵的差异

如“E-mail”可同指“电子邮箱”和“电子邮件”。而其汉译全称为“电子邮件”，是其外文缩略形式的部分词义。而汉译缩略形态“电邮”可涵盖“电子邮件”和“电子邮箱”两个词义。三个词汇形式出现的先后顺序应为：先外语词，再出现译词，后有译词的缩略形式。但在翻译和缩略阶段，分别出现了译词词义缩小和词义扩大的情况。

$$\text{E-mail} \xrightarrow{\text{词义缩小}} \text{电子邮件} \xrightarrow{\text{词义扩大}} \text{电邮}$$

3. 外语词汉化后可丰富汉语语素

以新闻标题《另眼看“艾滋”，还原“超级癌症”本来面目》①和《“零”艾滋，全球在行动》②为例。当“艾滋”已成为“艾滋病”的简化词稳定下来后，也逐渐演变成了一个词素，具有了一定的构词能力。经进一步简化，“艾”也具有了词素特征和构词能力，如“防艾”“治艾”“灭艾”。因此，字母词的汉化是拓展汉语词素的一个渠道，词素活用也是媒体语言创新的手段之一。

4. 外文缩略语同形词较多

IT虽然缩略程度较高、书写简便，但也易出现同形词，比如，Information Technology和Internet Technology的首字母缩略形式都是IT，易混淆，不便于使用。因此，在监测中发现，为表义更加明确，其汉译词的使用在最近几年出现了增长。

二　广播电视语用主体的访谈调查

（一）访谈情况

播音员、主持人是媒体语言的主要语用主体，也是语言影响力最大的群体。本次采访的对象是在岗的播音员和主持人，采访人数共计18人。按所在媒体级别统计：中央级媒体4人，地方级媒体14人。按所在媒体属性统计：广播媒体8人，电视媒体10人。按目前参与主持的节目类型统计：新闻类11人，专题类4人，文化娱乐类3人。按工作

① 《科技日报》2013年12月3日第6版网络版。

② 《人民日报》2013年12月4日第22版网络版。

所在地统计：北京8人，安徽4人，江西2人，河南3人，甘肃1人。

（二）访谈结果

广播电视机构还需进一步重视。通过对18位受访者的访谈发现，大部分受访者都知晓关于外语词和字母词的使用规定。但超过一半的受访者是通过媒体宣传获知的，广播电视机构也没有组织相关的培训。

不得不用外语词的情况不少。一些情况很难不使用外语词。如商品名称，再如手机软件App、游戏名称CS等，很难寻找替代词；与嘉宾、观众交流时难以避免；到港澳台地区工作难以避免。

语言习惯的改变还有一个过程。虽然大部分受访者都能有意识地在工作中换用中文词，但对一些司空见惯的字母词，突然改变说法还是需要适应。

外语词使用规范的宣传面有待拓宽。不仅是播音员、主持人需要在外语词的使用上规范，编辑、记者在撰写播出稿件时也需要具备词汇规范意识。

缺乏权威查询渠道。直接进入生活的外语词太多，遇到使用困难时没有权威的查询渠道。因此，译写工作必须及时、高效。同时，还需要开发更多权威的译写查询工具，如外语词查询的网络词典、软件等，并做到及时、权威的动态更新。

三　结论及成因

（一）从语言现象来看

1.规范度尚可，还有待提高

根据语言监测的结果，60%的词汇以使用汉语词为主，40%的词汇以使用外文缩略语为主。这一监测结果表明，多数情况下，广播电视媒体能规范使用外文缩略语的汉语形式，但也存在着相当数量的外文形式。

一方面，广播电视语言是语言规范的重点领域，是普通话推广和语言规范的示范阵地，长期以来，相关部门不断强化对广播电视播音员、主持人的规范管理。2010年4月，国家广播电影电视总局就曾向中央电视台下发通知，要求主持人口播、记者采访和字幕中，不要使用外语及外文缩略词，如NBA等。[①]2014年1月7日，中央电视台《新闻联播》播发《广播电视节目应带头规范语言文字》的新闻，号召广播电视媒体为形成良好的语言环境积极承担应尽的社会责任。另一方面，也应该看到，面对新的语言形式，仍存在

① 胡红云：《英语缩略词解读》，《哈尔滨学院学报》，2011年第11期。

大量的不规范现象。在主观上，首先是媒体从业人员对规范语言的重要性和必要性缺乏认识。体现在编辑、记者在撰稿时滥用外文缩略语，播音员、主持人播出时不能发挥能动作用，不经加工，照本宣科；其次是媒体从业人员专业知识、文化素养不足，想转化为规范用法却缺乏相关知识储备。在客观上，追求时效性的传播特点使节目制作周期不断缩短，直播节目日益增多，语言的精细化程度降低。

2. 外文缩略语的使用难以避免，并且种类不断增多

从外部环境来看，政治、经济、文化上的国际交流不断增多，使外文缩略语的增加成为必然。按照国际惯例，国际组织、国外机构多使用外文名称，如 OPEC、WHO。随着中国经济实力的提升，一些经济领域的词语和机构名称也不断出现，如 OECD、GDP、WTO。

从内部环境来看，媒体国际化程度提高，从业者的英语语言能力普遍增强，使外文缩略语的增加成为必然。从政治经济强国到文化强国的发展战略，要求中国迅速提升国际传播的地位，媒体的国际化接轨成为必然。同时，随着播音员、主持人素养的提升，能够使用英语的从业者不断增多，外语词的播读和使用能力在从业者中逐渐得到普及。

从语言发展的规律来看，语言是开放的系统，语言接触必然带来新词汇的出现。频繁的国际交流使语言接触增多，语言接触首先表现在最活跃的词汇层面，造成新词汇的增多，这是语言发展的必然规律。

3. 出现了一批频繁使用的外文缩略语

媒体使用外文缩略语的特点不仅体现为词汇的数量和种类增多，也体现为一些词汇在媒体中出现的频率较高。如在监测年份中，GDP 的年平均使用频次达到 2262 次，属于媒体经常使用的词汇。

一些外文缩略语形式简短、知晓度较高是广播电视媒体频繁使用的语言基础。甚至有些词，外文形式比汉语形式更被大家熟悉，如 PM2.5（细颗粒物）、CT（电子计算机断层扫描）等。播音员、主持人语言规范意识不足是外文缩略语频繁使用的另一原因。一些播音员、主持人以使用外语词为时髦，片面追求流行语。

（二）从语言发出者来看

1. 规范理念还需提升，规范知识还需补充

重经济效益，轻文化引导的思想严重。经济效益和文化引导本应是媒体发展的双翼，但目前唯收视率、哗众取宠、眼球效应等现象在传媒机构和部分主持人中盛行。在“语不惊人死不休”的轰动效应面前，语言的规范变得微不足道，造成媒体和主持人的文化

自觉丢失、文化引导失利、语言乱象层出。这样的媒体环境既不利于树立媒体的权威形象，也造成一定的语言污染，妨碍语言的健康发展。

知识结构难以适应新形势新变化。汉语系统中外语词汇的增多不可避免，必须针对新问题，加深对语言规律、语言规范、语言传播的认识，清醒地意识到语言使用越混乱越需要发挥语言规范的积极作用，越需要播音员、主持人承担语言示范的正面作用。播音员、主持人应不断学习和丰富新知识，加强规范用法的业务储备。但是，面对新形势新变化，一些从业者的规范知识还比较陈旧。一些播音员、主持人甚至认为，普通话标准、不读错字就是规范。

2. 传媒融合加深，媒体语言互相影响

当今时代，媒体的突出特点是高度融合，这种融合呈现出不断加深的趋势。姚喜双不仅看到了这种融合的加深和加剧，同时也看到了在此背景下语言规范的重要意义："当前形势下的报刊、广播、电视和网络分属传统媒体和新媒体，你中有我，我中有你。网站的标题和版面在很大程度上借鉴报纸标题和版面的设置；网络音频的传播实际上就是广播电台的翻版；网站视频的传播类似于电视台节目的传播。网络媒体模仿报纸、广播和电视，是因为有传播的诉求……在这种传播格局下，就有规范性的诉求，不规范就传播得不远，传播得不宽。"①

不同媒体的媒介属性、传播方式、受众构成具有不同的特点，显示出不同的媒体特征，当然也表现在语言上。但随着媒介融合的加深，这种差异的边缘区域不断扩大，给不规范现象创造了环境。比如，用于阅读的文字语言不加处理直接拿来进行口语播出，"IT"和"挨踢"难分，造成听觉上的混乱。如此正应了姚喜双的话，"不规范就播得不远，传播得不宽"。

总之，广播电视媒体规范使用外文缩略语的意义和作用重大。需要进一步引导媒体从业者树立科学的规范观，不断提高媒体语言规范的水平，为和谐的传播环境、为汉语健康发展的语言环境服务。

（原载《中国广播电视学刊》2016 年第 1 期）

① 姚喜双：《新媒体背景下的广播电视语言研究》，《语言文字应用》，2012 年第 2 期。

Altmetrics的译名分歧：困扰、影响及其辨析

余厚强[1]　任全娥[2]　张　洋[3]　刘春丽[4]
（1. 南京理工大学经济管理学院信息管理系；2. 中国社会科学院文献信息中心；
3. 中山大学资讯管理学院；4. 中国医科大学图书馆）

一　引言

从2010年Priem等人发表*Altmetrics*：*A Manifesto*算起，*Altmetrics*这个研究主题已经走过了八年。学术界对该新兴主题的捕捉十分敏锐，国内学者尤其注重跟进国际研究热点，产生了一批优秀的学术成果。但是，眼下的Altmetrics研究却面临着诸多难题亟待解决：① Altmetrics的头上始终顶着一朵“乌云”，即Altmetrics数据究竟传递什么内涵？这个问题没有研究透彻的情况下，各种基于Altmetrics数据和指标的评价研究，都将饱受质疑。② Altmetrics的价值是什么？这是前述问题的衍生问题。不论是用于科学知识发现、学术成果评价，还是用于解决其他问题，Altmetrics必须不断探索和丰富实质性的应用场景，否则最终将失去研究的意义和必要的支持。③ Altmetrics多样化的数据源如何进行关联？目前缺少一个统一的理论框架联通各个孤立的Altmetrics数据源，导致Altmetrics指标的研究常常令人“只见树木，不见森林”，例如，科学推文的数据被研究得最多，以至于可能令非专业人士误以为Altmetrics研究就是科学推文研究。④ Altmetrics数据源的拓展遭遇了瓶颈。理论上可以获取到的数据，由于平台数据开放政策的限制而可能无法获取，例如ResearchGate是重要的学术交流平台，却因为没有开放数据接口而被排除在Altmetrics数据库采集范围之外。⑤ Altmetrics数据质量和指标标准化研究都刚迈入起步阶段，数据防操控机制的构建更是任重道远。⑥过去Altmetrics研究者批判引文指标存在的缺陷，一定程度上Altmetrics指标也有，例如政策文件指标的滞后比引文还要严重（余厚强、肖婷婷、王曰芬，2017）。

除了这些一般性问题以外，中国在Altmetrics研究方面还有自身要解决的难题，其中一个突出问题莫过于国内Altmetrics数据集成问题。国内由于缺乏有效的数据来源，很难开展深入的Altmetrics研究，导致大量研究停留在表面的探讨和二次文献研究上，虽然

这些研究提高了 Altmetrics 主题研究的热度，但是客观上使得国内 Altmetrics 研究整体呈现出空泛的特点。数据集成是后期研究的基础，我国可用的数据源其实十分丰富，例如微信、微博、科学网、新闻媒体、政策平台等，将这些来源的科学交流数据汇聚在一起，才能做好中国的 Altmetrics 研究和服务。

在这么多研究问题亟待解决的情况下，国内 Altmetrics 的译名分歧已经造成了诸多消极影响，严重妨碍了国内学者集中力量研究 Altmetrics 的核心问题。本文从统计分析和科技翻译角度，系统地分析了 Altmetrics 译名分歧的源起、现状和影响，并从英文原词、词典释义、提出者本意、循例借鉴、定义阐释、背景溯源、发展前景和实践考虑这八个角度，对 Altmetrics 译名做了辨析，旨在统一其译名和基本认识，为促进该领域健康发展做出努力。

二 Altmetrics 译名分歧的困扰

（一）不同译名的相继提出

2012 年，刘春丽将 Altmetrics 引介到国内，译为“选择性计量学”，引起业界关注，但该译法较少被采纳。2013 年，邱均平等人和由庆斌等人先后从不同的角度综述了 Altmetrics，并分别译为“替代计量学”和“补充计量学”。随后 Altmetrics 引发热议，讨论的阵地既包括正式出版的论文，也包括非正式发布的博客，例如在科学网博客和新浪博客上均有知名博主撰文讨论。在非正式场合，也有专家提出考虑“社媒影响计量学”的译名，我国台湾则有学者考虑采用“另类计量学”的译名等。同年，Rousseau 等人提出用“Influmetrics”代替“Altmetrics”，不过国内外响应者不多。2017 年，刘则渊在一本书的序言中提出，可以考虑用“Complemtrics”代替“Altmetrics”，虽然没有引起关注，但是反映了作者对该术语的思考。

（二）不同译名的使用现状

为了比较 Altmetrics 不同译名的使用现状，笔者在中国知网中检索了 Altmetrics 的相关学术论文数据，检索时间是 2018 年 5 月 31 日。以“替代计量学”译名为例，检索式为“TI=‘替代计量学’OR TI=‘替代计量’OR KY=‘替代计量学’OR KY=‘替代计量’OR AB=‘替代计量学’OR AB=‘替代计量’”，将检索结果中的报道、前言等非学术论文以及与 Altmetrics 主题无关的论文剔除，得到检索结果如图 1 和图 2 所示。

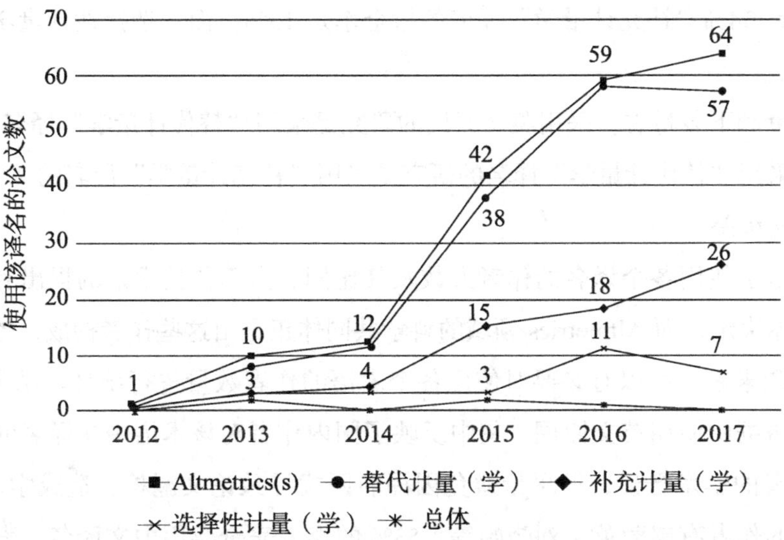

图 1　“Altmetrics”的不同译名对应的历年发文量（2012—2017 年）

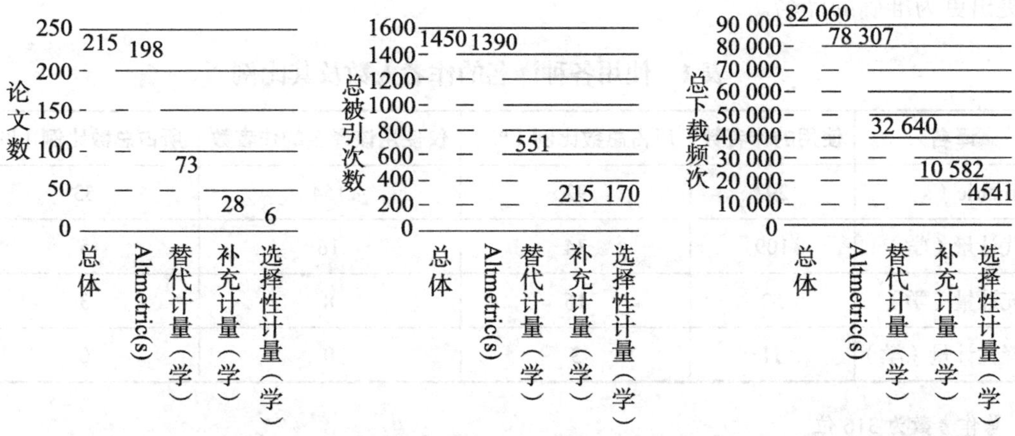

图 2　“Altmetrics”的不同译名对应的总发文量、总被引频次和总下载频次

从图 1 可以看到，Altmetrics 研究的数量整体呈逐年上升趋势，2014 年到 2015 年增长幅度最大，其后增长速度有所下降。使用“替代计量学”译名的研究，增长趋势与整体保持一致。使用“补充计量学”译名的研究，自 2016 年以后呈下降趋势。“选择性计量学”译名曾在最初被少量使用，但后来几乎不被使用。原词直用的研究数量逐年变化曲线与总体相关研究历年变化曲线几乎重合，说明绝大多数研究者在发表论文时会在元数据中包括英文原词。

图 2 对比了“Altmetrics”不同译名对应的总发文量、总被引频次和总下载频次。可以看到，元数据包含英文原词的论文有 198 篇，而所有论文总数是 215 篇，所以使用英文原词的检全率最高，达 92%，但是仍有 8% 的漏检。同理计算可知“替代计量学”译

名的检全率是 34%“补充计量学”译名的检全率是 13%，而“选择性计量学”译名的检全率只有 3%。

从被引量和下载量看，采用英文原词的研究是采用“替代计量学”译名的研究的 2.5 倍左右，而采用“替代计量学”译名的研究是采用“补充计量学”译名的 2.5 倍左右，形成了显著的倍级差。

表 1 展示了使用各个译名的作者人数及其比例。由于科技术语的提出和采用，最终由科学共同体决定，而 Altmetrics 领域的科学共同体正是由这些作者构成，他们决定了该术语的现状和未来，所以有必要对使用各个术语的作者数量进行统计。结果显示，92% 的作者在元数据中使用英文原词，集中反映了国内作者对该术语中文译名的顾虑，也体现了国内作者的学术严谨，即尽量避免因译名困扰导致论文漏检、造成学术交流障碍，发文量较大的作者有赵蓉英、刘晓娟等。53% 的作者完全弃用中文译名，表明国内有一半以上的学者对现有的中文译名均不认同或者碍于译名分歧造成的隐性压力，并且也没能提出更为准确的译名。

表 1　使用各种译名的作者人数及其比例

译名	使用的作者数	所占总数比例（%）	仅使用该译名的作者数	所占总数比例（%）
Altmetric（s）	292	92	154	53
替代计量（学）	109	34	16	5
补充计量（学）	52	16	8	3
选择性计量（学）	11	3	0	0

注：总作者数为 316 位

但是，由于采取中文译名的作者通常也会在元数据中使用英文原词，所以若将仅使用英文原词的作者数（154 位）视作英文原词的使用作者数，则“替代计量学”译名的使用作者数（109 位），在规模上可与之相较，而“补充计量学”译名的使用作者数（52 位），也反映该译名得到了一定程度的支持。有趣的是，有 7 位学者交替使用“替代计量学”和“补充计量学”这两种译名，充分体现了译名分歧造成的困扰。

（三）不同译名的不利影响

虽然不同译名反映了该主题研究较为活跃，但是也造成了若干不利影响，并且这些不利影响将随着时间推移日益加重。

（1）给非 Altmetrics 研究人员带来理解上的困难，妨碍社会各界对 Altmetrics 研究成果的利用。作为 Altmetrics 主题的研究者，学者都清楚两种译名（替代计量学和补充计量学）的由来，对其含义的解读也基本相同，但是非 Altmetrics 研究人员却很难理解这两种截然不同的译名指的是同一个对象。不仅在学术论文中如此，在不同的学术专著中两种译名也均有采用，例如中国科学院刘细文等所著《科技政策研究之科学计量学方法》使用“替代计量学”，而王贤文所著《科学计量大数据及其应用》一书使用了“补充计量学”。此外，不同译名也给刚进入该主题研究的研究生带来了不必要的困惑。

（2）Altmetrics 专业研究人员检索结果不全，妨碍科学共同体对 Altmetrics 的深入研究。即使是检全率最高的英文原词，也仍然会有 8% 的漏检，即使绝大多数学者发表文章时将英文原词纳入元数据，也仍然有 8% 的学者仅采用中文译名。虽然“替代计量学”译名的使用频次、被引频次和下载频次均多出“补充计量学”译名一倍以上，但是也并没有形成压倒性的主导局面。

（3）在学术界造成人为的学术交流障碍，分散了有限的研究力量。尽管中国学者保持着谦逊严谨的学术态度，但是不论是同行评议还是会议交流，如果两种采用不同译名的学术论文或学术报告同时出现，也会造成一定的尴尬局面。甚至，研究 Altmetrics 的学者可能因为不同的译名，在心理上形成了两个阵营，使得原本就有限的研究力量进一步分散。

这些不利影响最终都阻碍了我国 Altmetrics 研究主题的健康发展，所以迫切需要对译名进行辨析和统一。

三　Altmetrics 译名多维度辨析

造成 Altmetrics 术语翻译困境的源头有两个，第一是英文术语本身的涵义早期在不断的演化之中，第二是“Alternative”的中文翻译含义不甚明确。经过八年的发展，Altmetrics 的含义已经基本定型，这为本文的辨析奠定了基础。

（一）英文原词的“过”与“得”

英文原词 Altmetrics 本身在早期饱受争议，根本原因是该词并不符合一般科学术语的命名规则。根据历史上计量学科的命名惯例，均使用“名词 +metrics”的法则，这个“名词”一般使用最有代表性的计量对象，例如文献计量学、科学计量学、信息计量学、生物计量学、社会计量学直至网络计量学，皆是如此，这些术语本身研究对象明确，较少存在歧义，因而不会受时代影响，其含义最终会逐渐固定下来。相比之下，Altmetrics 从字面上看将自身依赖于另一个概念而存在，即相对于“传统计量学”存在，是指与传统计量学不同的新的计量研究。那么，如果没有传统计量学，也就没有 Altmetrics，这就造成了 Altmetrics 的历史局限性。并且 Altmetrics 计量什么对象？术语本身没有给出答案，这就造成对 Altmetrics 的解读没有客观统一的标准。

根据 Altmetrics 主要提出者 Priem 的导师 Hemminger 教授的介绍[①]，“Altmetrics”是在实验室里的讨论中诞生的，最初形式是“Altmetrics”。当时，Hemminger 教授认为互联网将引发科学交流体系的变革，带领团队着手研究新的科学交流形式，同时收集不同平台中体现科学交流的数据，逐渐形成捕捉科学交流全过程的思路，即通过数字痕迹描述和分析学术成果从构思到利用的过程，因此，从这个角度来看，引文数据只是交流环节中的引用行为产生的一种数据，基于科学交流过程产生的多样化数据来计量科学交流，就构成了“Alt-metrics”。“Alt-”是 20 世纪 90 年代计算机科学家在使用文件夹时的一种习惯，将不能归类到既有文件夹中的新文件放到名为“Alt-”的文件夹中，所以“Alt-metrics”可以说是个中间阶段的词，是个“半成品”，是指基于新数据源的新计量，因而早期 Hemminger 教授并不十分支持这个词作为术语。可是，Altmetrics 这个词的魅力在于，为所有新型数据来源和计量研究提供了讨论的平台。早在 Altmetrics 出现之前，不同的研究者就探索并研究了诸多类型的新数据源，但是这些研究分散在各处，没有形成合力，Altmetrics 可以说将这些研究统一到了一个战线下。然而，也正是因为这种多源性，使得早期很难对其进行明确的定义，也很难找到一个合适的术语能够囊括所有被视作 Altmetrics 研究的内容。

美国国家信息标准化组织（National Information Standards Organization，NISO）对 Altmetrics 的发展起到了关键作用，其突出贡献在于汇集各方权威人士阐明了 Altmetrics 从定义到数据标准的诸多基本问题，从而消除了部分学者对该术语的疑虑。更重要的是，人们不再从 Altmetrics 的构词上来理解它，而是将其视作一个整体来看，从其自身的定义出发去理解，从而消除了依赖于另一个对象而存在的问题，使其成为真正意义上的科学术语。

（二）词典释义

Altmetrics 一般认为是“Alternative metrics”演化而来，“-metrics”的含义比较明确，是指“计量学”，“Alternative”一词却有若干种含义。笔者查阅了三种比较权威的词典，分别是柯林斯词典、韦氏词典和朗文词典，结果如表 2、表 3 和表 4 所示，其中英英释义译成了中文。

① 系笔者在 UNC CHAPEL HILL 实验室中与 Brad Hemminger 教授讨论的内容。

翻译的首要原则是忠实于原义，术语的提出者用“Alternative”而非“Complementary”或“Supplementary”，可见术语的含义与“补充”相去甚远。不过，术语的提出者也没有使用“Substitution”或“Replacement”，可见术语的含义也并非中文语境字面意义上的“替代”。从表2、表3和表4可以看到，事实上，对应狭义的替代计量学，释义为“另外的；另类的；非传统的”最为贴切，即Altmetrics研究不同于传统计量的其他新的计量数据，只可惜在大陆语境下，“另类”带有贬义，所以不宜采用；“补充”则既与该词的原义没有关联，也没有体现出该词的内在含义，不属意译，亦不宜采用；而“替代”可视作一种直译，也部分反映了其含义（见前文），相较之下是最优的选择。

表2　“Alternative”一词的词典释义（柯林斯词典）

序号	翻译	解释
1	替代品	若某物是另一物的alternative，则前者可以替代后者被发现、使用或完成。
2	另外的	一个alternative计划或服务不同于你既有的那个计划或服务，可以取而代之地被行使或使用。
3	另类的	alternative用于形容现代西方社会中与同类事物中一般事物不同的事物，或与一般做法不同的做法。
4	替代性的（疗法）	Alternative医学利用非现代西医的方式来治疗，诸如中药、按摩和针灸。
5	可再生的（能源）	Alternative能源使用自然的能量来源，诸如太阳能、风能或水能来借给能量，而不是石油、煤矿或核能

表3　“Alternative”一词的词典释义（朗文词典）

序号	翻译	解释
1	可替代的；另外的；两者择一的	一个alternative想法或计划等，与你既有的那个不同，可以取而代之地使用
2	非传统的；另类的	刻意与一般的、可预见的或传统的不相同的

表4　“Alternative”一词的词典释义（韦氏词典）

序号	解释	进一步解释
1	提供或表达一种选择	无
2	与一般的或传统的不同的	存在或作用于既已成熟的文化、社会或经济系统之外，例如alternative报纸。
		与摇滚乐有关，被视作与传统摇滚不同，通常受到庞克摇滚、说唱或民谣影响。
		与alternative医学相关。

（三）术语提出者的观点

英文术语“Altmetrics”是由 Priem 于 2010 年首次提出，如图 3 所示，随后 Priem 和 Neylon 等同事一起发表了 *Altmetrics*：*A Manifesto*。

笔者近期与 Priem 就“Altmetrics”的含义进行了深入探讨，并就中国的译名情况做了沟通，Priem 将通信的部分内容整理成博文发表在 ImpactStory 的官网上[①]。Priem 认为：

（1）为什么用 Altmetrics（Alternative Metrics）而不是 Replacement/Substitution Metrics？Replacement 或 Substitution 所表达的替代是用 A 取代 B，从此只用 A 而不再用 B，而 Alternative 所表达的替代是使用 A 而没有使用 B，A 和 B 可以共存。因此，Altmetrics 并不意味着替代传统计量学、弃之而不用“Alternative”一词所蕴含的替代，并不排斥共存和合作。“如果不走原来的路线，而走另一条路线，就发生了替代”。例如，如果骑自行车到达目的地，而不是开汽车，那么就是用自行车替代了汽车，然而显然自行车在市内交通中不能完全替代汽车的主导地位，这与中文语境下的“替代性方案”相似。

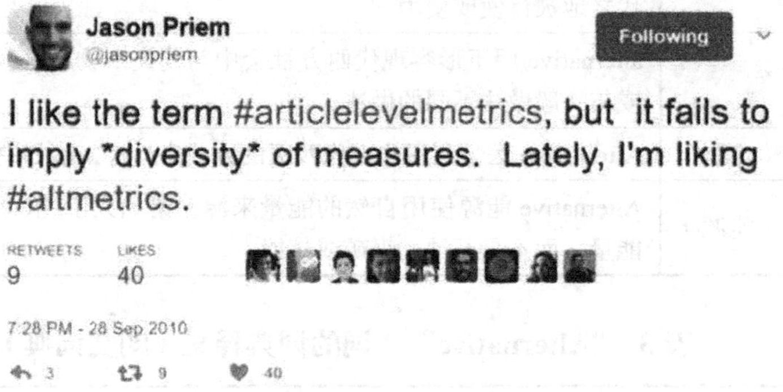

图 3　Jason Priem 首次使用“Altmetrics”的推文

（2）为什么用 Altmetrics（Alternative Metrics）而不是 Complemetrics（Complementary Metrics）？因为尽管传统计量指标是主流，造成 Altmetrics 很多时候被视作补充，但是它们是处于平等的地位，Altmetrics 指标研究新的对象，提供了新的思路，其初衷是催生更好的科学文献过滤系统和更全面科学的评价机制，推动新一代科学交流体系的诞生。

（3）Altmetrics 指标在特定情境下要比传统计量指标更加适用，甚至传统计量指标根本就不适用，例如用于理解学术成果对那些不写论文的公众的影响。

（4）当 Altmetrics 的研究内容逐渐成为主流、得到认可和使用，终究会有一天，人们

① 参见 http://blog.impactstory.org/altmetrics-and-bikes/。

不再区分传统计量学和 Altmetrics，而是在整个计量工具集中选取适当的工具和指标，来解决面临的问题。

（四）循例借鉴

在“Altmetrics”（Alternative metrics）出现之前，“Alternative”这个词在若干学科早已经得到了使用和翻译。

医学界早已有“Alternative Medicine”，是指“由西方国家划定的常规西医治疗以外的补充疗法，是传统中医学、印度医学及阿拉伯医学以及各种形式民间疗法的统称”，早期译为“替代医学”或“非传统医学”，但是现在已经鲜有人采用“非传统医学”的译法。与此同时，医学界还有“Complementary Medicine”，译为“补充医学”，是指“将替代医学与传统医学相结合来提高整体治疗效果”。近年来“替代补充医学”（Alternative and Complementary Medicine）的术语也较为盛行，并且形成了专门的发文阵地，例如《替代补充医学杂志》（*The Journal of Alternative and Complementary Medicine*）。

在旅游学中有“Alternative Tourism”，译为“替代性旅游”，是相对于传统的大众旅游而提出的概念。

在农学中有“Alternative Agriculture”，译为“替代农业”，是努力克服现代常规农业弱点和问题的农业体系的统称。

“Altmetrics”一词与上述科技术语有相同的结构组成，因此可以参照其译法。从替代医学等学科的发展历程可以看到，它们并非要替代和抛弃传统主流学科的研究内容，而是研究新环境新形势下的新对象、新内容，提供“替代性方案”，同样，Altmetrics 也并非要“替代”和“抛弃”传统计量学，而是完善和发展计量学研究。

（五）定义阐释

尽管 Priem 等人在发表宣言时已经给出 Altmetrics 的定义“Altmetrics 是出于分析和理解学术的目的，对基于社交网络的新型计量的构建和研究”，但是该定义没有得到学术共同体的采纳，判断某项研究是否属于 Altmetrics 研究范畴的实质标准变成：①非引文分析相关的研究；②与学术成果相关；③数据来源是通过网络可获取的。因此，不断有新的研究内容被置于 Altmetrics 的范畴之内，以往非引文分析的基于网络数据源的零散的研究有了统一的术语，即 Altmetrics。Haustein 等学者起初将社交媒体计量（Social Media Metrics）等同于 Altmetrics，但是后来认识到 Altmetrics 的数据源除了社交媒体，还有主流媒体、政策文件等，Altmetrics 的范畴显然要大于社交媒体计量。同样的道理，Priem

提出 Altmetrics 的初衷正是因为深感“论文层面计量（Article Level Metrics，ALM）没能包含测度的多样性”（见图 3），所以 Altmetrics 的范畴也大于论文层面计量。

在其后的发展过程中，许多学者对 Altmetrics 的定义有过不同的见解，但是随着 NISO 于 2016 年发布了推荐标准报告 *Outputs of the NISO Alternative Assessment Metrics Project*，各方主体都做了积极响应，因为制定该标准的委员会中既有世界范围内 Altmetrics 领域的著名学者、高校和图书馆代表，也有提供 Altmetrics 服务的业内知名企业家和出版商代表，其结果具有相当高的权威性。报告中对 Altmetrics 的定义如下：Altmetrics 是个宽泛的术语，囊括与学术成果相关的一系列多样化的数字化指标，这些指标来源于学术生态系统包括公共空间中各种不同利益相关者和学术成果的活动和交互（Altmetrics is a broad term that encapsulates the collection of multiple digital indicators related to scholarly work.These indicators are derived from activity and engagement among diverse stakeholders and scholarly outputs in the research ecosystem, including the public sphere）。

该定义首次较为明确地界定了 Altmetrics 的研究内容：① Altmetrics 的研究对象，是不同利益相关者和学术成果之间的活动和交互；② Altmetrics 的研究范围，是学术生态系统，并且包括公共领域；③ Altmetrics 的表现形式，是与学术成果相关的多样化的数字化指标。

该报告进一步指出，“在 Altmetrics 定义中包括不同类型的产出和不同形式的交互，既区别于已成熟的基于引文数据的计量学，同时保留了补充使用传统计量学的可能，包括测度学术影响力等方面。但是，在替代性评价背景下（Context of Alternative Assessment）发展出的 Altmetrics，其测度的内容必然区别于传统基于引文的学术评价实践”（报告第 1 页）。由此可见，Altmetrics 拥有自己特定的研究对象、范围和表现形式，区别于传统的计量学。

（六）背景溯源

科技术语的产生与当时的背景密不可分，为了理解 Altmetrics 的译名，有必要追溯其形成的背景。

（1）时代背景。Altmetrics 的时代背景是学术交流步入互联网时代，相比基于期刊体系的学术交流，互联网时代有潜力形成更加高效的科学交流体系，突出表现为新型交流平台的涌现和盛行、新型学术成果不断增加和丰富。

（2）应用背景。Altmetrics 的应用背景是传统定量科技评价体系存在缺陷，迫切需要研究和开发新的数据源和计量指标，以期产生更好的定量科技评价体系。

（3）政策背景。政策背景是基金资助机构面临日益增长的压力去证明资助的绩效，不再局限于在学术界产生的影响力，也不再局限于学术论文等传统形式的学术成果。

因此，Altmetrics 的核心理念是促进对新型学术成果的认可和更广泛的科学交流，旨在建立面向“多种类型学术成果的全面影响力”的定量评价体系，以替代唯引文指标是从的定量评价体系。必须以更宽广的视野，认识到引文只是众多数字化指标的一种，这也是大数据时代给我们的启迪。

然而，虽然理论上我们可以捕捉不同利益相关者与学术成果的所有活动和交互，但是实际上受各数据来源平台数据政策影响，目前网络上可捕捉的痕迹和可获取的数据仍十分有限。

（七）发展前景

从 Altmetrics 领域的发展前景来看，它绝不是对传统计量学“边角”的“修修补补”。Altmetrics 是网络学术交流发展的产物，从发展的眼光看，应当将其视作相对独立的研究主题，而不再将其依附于传统的计量研究去理解、定义和探索。

时代在发展，数据的存在形式和存储方式也在悄然发生变化。互联网已经模糊了纸上和线上的界限，例如引文数据已经基本电子化，融入成为网络数据的一部分，谷歌学术等学术搜索引擎正是基于海量的电子引文数据才不断地走向智能化、改善检索结果。学术交流在互联网上变得更加自由和高效，例如，PLoS ONE 的兴起和成功、JoVE（Journal of Video Experiment）的创立和发展、ResearchGate 等平台的盛行，无一不是对僵化的传统学术交流体系的冲击。

因此，随着时代的发展，传统期刊学术交流体系完全可能受到网络学术交流体系的挑战，以网络学术交流体系为依托的 Altmetrics 研究的地位也可能由从属变为主流。所以，研究主题当前所处的地位不宜作为翻译的依据。

（八）实践考虑

从译名推广的实践来看，“替代计量学”译名和“补充计量学”译名都可能给非专业人士带来误解。

“替代计量学”译名可能让人误以为要“取代”传统计量学，因为按照汉语字面的理解，“替代”是新的事物取代旧的事物，是“取而代之”的关系。虽然容易令人望文生义而产生误解的科学术语不在少数，例如“绿色食品”并非指绿色的食品，“变态生物”也并非心理扭曲的生物等，但是通过科普消除误解需要一定成本。对于国内学者而言，这种误解也会导致传统计量学者对 Altmetrics 研究产生排斥心理。

“补充计量学”译名可能让人误以为 Altmetrics 在“修补”传统计量学的“细枝末节”，而没有认识到 Altmetrics 是个独立的研究主题。当前，Altmetrics 在许多应用情境下是传统引文指标的补充，造成“补充计量学”译名看来顺理成章，未经深入推敲的前提下，在心理上更容易被接受。其实，正如前一节所述，当前研究主题的相对地位不宜作为翻译的依据。学术创新都是建立在前人的研究基础上，新的研究主题也是从既有的研究领域中衍生出来，相对传统研究领域当然是“后”产生的，为科研的大厦添砖加瓦，无疑是“补充”。若按照“补充计量学”译名的翻译逻辑，则 Webometrics（网络计量学）、Knowledgometrics（知识计量学）等皆是 Informetrics（信息计量学）的“补充”，都应当译为“补充计量学”，然而这是有悖于事实的。

四　讨论

（一）Altmetrics 是个“错误”吗？

正如前文所描述的那样，Altmetrics 这个词有点阶段性和“半成品”的味道，命名存在局限性，但是 Altmetrics 术语是个错误吗？ Complemetrics、Influmetrics 和 AlternativeIndicator 等倡议之所以没有引起太大关注，不仅是因为 Altmetrics 已经得到约定俗成的使用，而且因为这些词语都不能准确表达 Altmetrics 所预期表达的涵义。并且，若深入比较这些新提法，每种提法均存在一定的局限性。所以，尽管 Altmetrics 的提法带有一些缺陷，但是不至于被视作一种“错误”，社会各界对该主题研究成果的重视足以说明其重要的学术价值和应用价值，目前也找不到更加合适的词能表达 Altmetrics 所代表的研究内容。

（二）不同译名的相同认识

时至今日，“Altmetrics”仍然在使用的中文译名，主要是“替代计量学”和“补充计量学”。有趣的是，这两种译名虽然看似“南辕北辙”，但是其提出者和使用者对“Altmetrics”的基本认识却是相似的。

（1）“Altmetrics”并不是“替代”传统计量学，传统计量指标在当今仍然是主流，大多时候 Altmetrics 指标是对传统计量指标的“补充”。

（2）“Altmetrics”和传统计量学一起使用，将有助于产生新的更好的科学交流和科技评价体系。

（3）"Altmetrics"具有一些传统计量学不具备的优点，在特定情境下比传统计量学更加适用。

（三）不同译名的不同认识

两种译法的提出者和使用者对"Altmetrics"认识的不同之处在于：

（1）"补充计量学"译名的支持者将传统计量学和Altmetrics在学界和实业界的相对地位作为翻译的依据：传统的计量指标已经被研究和应用了几十年，而Altmetrics是新兴的研究主题；Altmetrics在当下和可预见的未来都不能挑战传统计量学的主流地位。但是，"替代计量学"译名的支持者认为这不能构成科技术语翻译的依据，科技术语的译名应按照科技翻译的原则进行。

（2）"替代计量学"译名的支持者认为，"替代计量学"在大多时候"补充"传统计量学，这与其译名并不矛盾，强调"替代计量学"与传统计量学的共生和繁荣。但是，"补充计量学"译名的支持者始终认为"替代计量学"的译法容易让人"望文生义"地认为要取而代之，"补充计量学"译名则不会产生这样的误会，其实，本文已经指出"补充计量学"译名会带来更深层次的误会。

（3）"替代计量学"译名的支持者认为，互联网终究会像改变经济领域那样深刻地改变科学交流，终究会产生基于网络的比现行期刊体系更加高效的科学交流体系，最终大家会形成从科研全过程来看待学术成果和引文数据的视角，这种革新是具有里程碑意义的，将伴随着巨大的挑战，也会迎来无数创新的机遇。随着计量学的持续发展，将不断有新的数据源和指标产生，为计量方案提供更多选择。"补充计量学"译名的支持者认为，这些新的数据和指标注定只能起到对引文指标的补充性辅助作用。

（四）统一译名使用的思考

根据目前的统计结果，"替代计量学"译名的使用呈上升趋势，"补充计量学"译名的使用呈下降趋势，但是原词直用的使用量稳居第一。显然，回归原词直用是统一Altmetrics研究用词的最佳方案。但是，由于我国科技术语字母词问题已经相当严重，国家鼓励和提倡使用中文科技术语，并通过多种措施加大力度推广中文科技术语，例如权威出版社均要求必须使用英文术语对应的中文译名。

不得不承认的是，目前还没有对应Altmetrics的完美译名，除了在正式发表文献中被使用过的"替代计量学""补充计量学""选择性计量学"，还有在各种场合讨论中提出过的“社媒影响计量学”“全计量学”“综合计量学”“泛计量学”“复式计量学”“交叉计量学”等，但是这些非正式提法都没有得到广泛认同。那么既然现在 Altmetrics 的定义已经明确了，能否提出一个更好的、没有争议的中文译名呢？实则不然，Altmetrics 测度的是学术生态系统中不同利益相关者与学术成果的交互，实际上范围很广，所以无法提炼出简明的研究对象，例如“交互计量学”看上去也是不知所云。

从国外的现状来看，Altmetrics 已经得到了认可和使用，自 2016 年 NISO 的推荐标准发布以来，已经鲜有争议。从国内的经验来看，其他学科也曾经就“Alternative”这个词发生过“替代”和“补充”的译名“交锋”，最终都采用了“替代”的译法，也很快得到了理解和推广，没有发生长期误会的情况或产生其他负面效应。

Altmetrics 中的 Alternative 有“替代”的含义，是从“替代性方案”这个角度来阐述的，但是没有“补充”的含义；Altmetrics 构成独立的研究主题，依托于新型网络学术交流体系，拥有良好的发展前景，在学术上与传统研究主题是平等的关系，而非“补充”的依存关系；研究主题出现的先后顺序、所处的相对地位不宜作为翻译的依据，更何况研究主题所处的地位可能随着时代发展发生变化。

因此，经过推敲，笔者认为目前“替代计量学”是最合适的中文译名，应当得到推广和统一使用，并且对 Altmetrics 的理解应停止从字面去解读，而直接从定义入手去理解。

五 结论与展望

Altmetrics 自引介到中国以来，其译名一直没有形成统一的认识，严重阻碍了该主题的学术交流，制约了该领域的健康发展。本文回顾并总结了译名之乱的形成过程，基于学术论文的发文量、被引量、下载量和作者数，统计分析了目前不同译名的使用现状，指出译名统一的必要性和紧迫性，然后从英文原词、词典释义、提出者本意、循例借鉴、定义阐释、背景溯源、发展前景和实践考虑八个方面，较为深入和全面地对 Altmetrics 的译名问题做了辨析。主要结论如下：

（1）从 Altmetrics 不同译名的使用情况来看，英文原词的使用频次最高（检全率为 92%、使用学者数 154 位），其次是“替代计量学”（检全率为 34%、使用学者数 109 位），接着是“补充计量学”（检全率为 13%、使用学者数 52 位），“选择性计量学”使用较少。

（2）Altmetrics 的译名分歧带来了不利影响，迫切需要统一。Altmetrics 译名分歧不仅给非专业研究人员（包括社会各界人士和新进入该领域的研究生）带来了困扰，而且人为造成了文献检索的漏检和国内研究力量的分散，严重阻碍了该领域在国内的发展和应用。

（3）从英文原词、单词释义和提出者本意出发来看，Altmetrics英文术语虽然不够完美但是发挥了重要作用；“替代”和“补充”都不能完美地反映原义，最切合的含义是“另类的；非传统的”，从翻译角度而言，“Alternative”没有“补充”的含义，但是有“在特定情境下替代”的含义；提出者的初衷是发展新的指标、新的解决方案、新的科学交流体系，Altmetrics蕴含的“替代”不排斥共存和合作。

（4）从循例借鉴的角度来看，“Alternative”早已在国内学术界若干学科的科技术语中出现，并译为“替代”，然而并没有出现本领域学者所担心的长期误解问题。在医学有“替代医学”（Alternative Medicine），在农学有“替代农学”（Alternative Agriculture），在旅游学有“替代性旅游”（Alternative Tourism），这些“替代”本质上都是指相对于传统形式而产生的新形式，提供的“替代性方案”，旨在完善和发展相应领域。

（5）从术语定义、背景溯源及发展前景的角度来看，“Altmetrics”与传统计量学是和谐的共生关系，并非依存的“补充”关系。“Altmetrics”已经形成了自己相对稳定的定义、研究对象和研究范式，旨在促进多样化学术成果的科学交流，鼓励新型科学交流平台的创新和发展。随着在互联网环境下成长的科学家逐渐占据主导地位，“Altmetrics”的研究数据会更加丰富，新型科学交流方式的使用比例也将不断增加。

（6）从实践考虑来看，虽然“替代计量学”译名可能令人产生望文生义的误解，但是国内外的发展都表明这种潜在的误解并没有想象中那么严重，都很快得到了消除。

综上所述，目前对应Altmetrics最合适的中文译名是“替代计量学”。虽然英文原词在译名不确定的情况下得到绝大多数学者的使用，但是有悖于我国目前推广使用中文科技术语的科技政策，所以为了推动Altmetrics研究在国内的健康可持续发展，建议推广和统一使用“替代计量学”的中文译名。未来，对Altmetrics的认识将建立在对其定义的直接认识上，而不再受其名称构成的影响。

参考文献

[1] Priem J, Taraborelli D, Groth P, et al. Altmetrics: a manifesto [EB/OL]. [2018-06-01]. http://altmetrics.org/manifesto/.

[2] 余厚强、肖婷婷、王曰芬、等. 政策文件替代计量指标分布特征研究. 中国图书馆学报，2017，43（5）：57—69.

[3] 刘春丽. Web 2.0 环境下的科学计量学：选择性计量学. 图书情报工作，2012，56（14）：52—56，92.

[4] 邱均平、余厚强. 替代计量学的提出过程与研究进展. 图书情报工作，2013，57（19）：5—12.

[5] 由庆斌，汤珊红. 补充计量学及应用前景. 情报理论与实践，2013，36（12）：6—10.（You Qingbin, Tang Shanhong. Altmetrics and its potential applications.Information Studies. *Theories and Applications*, 2013, 36（12）：6—10.）

[6] Rousseau R, Ye F Y. A multi-metric approach for research evaluation. *Chinese Science Bulletin*, 2013, 58（26）：3288—3290.

[7] 王贤文. 科学计量大数据及其应用. 北京：科学出版社，2017.

[8] 赵蓉英、魏明坤、汪少震. 基于 Altmetrics 的开源软件学术影响力评价研究 . 中国图书馆学报，2017，43（2）：80—95.

[9] 刘晓娟、宰冰欣. 图书情报领域文献的 Altmetrics 指标分析 . 图书情报工作，2015，59（18）：108—116.

[10] 刘细文. 科技政策研究之科学计量学方法. 北京：科学出版社，2018：15—18.

[11] 邱均平、余厚强. 论推动替代计量学发展的若干基本问题 . 中国图书馆学报，2015，41（1）：4—15.

[12] Joyce C R B. Placebo and complementary medicine. *Lancet*, 1994, 344（8932）：1279—1281.

[13] 陆均良、张璐. 替代性旅游发展的条件和技术要素研究 . 商业研究，2010（4）：191—194.

[14] 王小利、马礼、张永华等. 替代农业研究综述 . 首都师范大学学报（自然科学版），2004，25（2）：94—98.

[15] Haustein S, Bowman T D, Costas R. Interpreting "Altmetrics"：viewing acts on social media through the lens of citation and social theories [EB/OL]. [2018-05-25] .https://arxiv.org/abs/1502.05701.

[16] Priem J. Scholarship: beyond the paper. *Nature*, 2013, 495（7442）：437—440.

[17] 刘青. 关于科技名词中字母词问题的探讨 . 中国科技术语，2014，16（2）：10—14.

（原载《中国图书馆学报》2019 年第 239 期）